高中历史单元教学
文本研读与问题探究（一）

姚 虹　陈蔚琳／主编

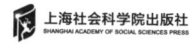

上海社会科学院出版社
SHANGHAI ACADEMY OF SOCIAL SCIENCES PRESS

图书在版编目(CIP)数据

高中历史单元教学：文本研读与问题探究.1 / 姚虹，陈蔚琳主编 .— 上海：上海社会科学院出版社，2024
 ISBN 978-7-5520-4308-2

Ⅰ.①高… Ⅱ.①姚… ②陈… Ⅲ.①中学历史课—教学研究—高中 Ⅳ.①G633.512

中国国家版本馆 CIP 数据核字(2023)第 250015 号

高中历史单元教学
——文本研读与问题探究 1

主　　编：姚　虹　陈蔚琳
责任编辑：杜颖颖
封面设计：杨晨安
出版发行：上海社会科学院出版社
　　　　　上海顺昌路 622 号　邮编 200025
　　　　　电话总机 021-63315947　销售热线 021-53063735
　　　　　https://cbs.sass.org.cn　E-mail：sassp@sassp.cn
照　　排：南京理工出版信息技术有限公司
印　　刷：上海龙腾印务有限公司
开　　本：710 毫米×1010 毫米　1/16
印　　张：16
字　　数：275 千
版　　次：2024 年 4 月第 1 版　2024 年 4 月第 1 次印刷

ISBN 978-7-5520-4308-2/G·1284　　　　　　　定价:75.00 元

版权所有　翻印必究

《高中历史单元教学：文本研读与问题探究 1》编委会

主编：姚 虹 陈蔚琳

编委：

姚 虹	陈蔚琳	王小雅	王春艳	尹近赓	冯峰岭	朱广超
朱幸福	刘艳丽	李怡婷	李倩夏	杨润华	张亚婷	张琳佳
邵有益	周 珂	周 懿	荣 赟	俞 岚	俞颖杰	郑海艳
施如怡	顾云雷	徐恺成	楼佳如	鲍彦悦	谭 倩	缪宏燕

目 录

前言 / 1

第一单元
从中华文明起源到秦汉统一多民族封建国家的建立与巩固 / 1

第一部分　单元解析 / 1

第二部分　教材比较 / 3

第三部分　核心问题释读 / 11

第二单元
三国两晋南北朝的民族交融与隋唐统一多民族封建国家的发展 / 27

第一部分　单元解析 / 27

第二部分　教材比较 / 29

第三部分　核心问题释读 / 34

第三单元
辽宋夏金多民族政权的并立与元朝的统一 / 52

第一部分　单元解析 / 52

第二部分　教材比较 / 54

第三部分　核心问题释读 / 58

第四单元
明清中国版图的奠定与面临的挑战 / 75

第一部分　单元解析 / 75

第二部分　教材比较 / 77

第三部分　核心问题释读 / 82

第五单元

晚清时期的内忧外患与救亡图存 / 103

第一部分　单元解析 / 103

第二部分　教材比较 / 105

第三部分　核心问题释读 / 109

第六单元

辛亥革命与中华民国的建立 / 126

第一部分　单元解析 / 126

第二部分　教材比较 / 128

第三部分　核心问题释读 / 132

第七单元

中国共产党成立与新民主主义革命兴起 / 151

第一部分　单元解析 / 151

第二部分　教材比较 / 153

第三部分　核心问题释读 / 158

第八单元

中华民族的抗日战争和人民解放战争 / 176

第一部分　单元解析 / 176

第二部分　教材比较 / 178

第三部分　核心问题释读 / 182

第九单元

中华人民共和国的成立和社会主义革命与建设 / 198

第一部分　单元解析 / 198

第二部分　教材比较 / 200

第三部分　核心问题释读 / 206

第十单元
改革开放和社会主义现代化建设新时期 / 221

第十一单元
中国特色社会主义新时代 / 221
第一部分 单元解析 / 221
第二部分 教材比较 / 224
第三部分 核心问题释读 / 230

前　言

我国著名史学家梁启超曾对"史学"作出如下阐释："史者何？记述人类社会赓续活动之体相，校其总成绩，求得其因果关系，以为现代一般人活动之资鉴者也。"[①]这番论述既揭示了人兼具史学主体和史学研究对象的双重身份，及由此带来的史学复杂性，又突显了史学"资治""借鉴"的社会功能。普通高中历史课程是史学在高中阶段的课程化体现。《普通高中历史课程标准（2017年版2020年修订）》(以下简称"高中课程标准")明确指出高中历史课程的作用是：学生通过高中历史课程的学习，进一步拓宽历史视野，发展历史思维，提高历史学科核心素养，能够从历史发展的角度理解并认同社会主义核心价值观和中华优秀传统文化，认识并弘扬以爱国主义为核心的民族精神和以改革创新为核心的时代精神，具有广阔的国际视野，树立正确的世界观、人生观、价值观和历史观，为未来的学习、工作与生活打下基础。[②]

自教育部统编教材《中外历史纲要》实施以来，如何在教学实践中切实落实核心素养的培育、有效实现立德树人的目标，成为高中历史教学实践探索的核心话题之一。《高中历史单元教学：文本研究与问题探究1》一书积极回应了"双新"背景下的新挑战，是基于教学实践的思考、总结、归纳和提炼，旨在为一线高中历史教师的课堂教学实践提供一条有效的实施路径。

在编纂体例上，本书以《中外历史纲要》教材文本的单元为基本单位，每一单元包含"单元解析""教材比较"和"核心问题释读"三大板块。"单元解析"

[①] 梁启超撰，汤志钧导读.中国历史研究法[M].上海：上海古籍出版社.1998：1。
[②] 中华人民共和国教育部制定.普通高中历史课程标准（2017年版2020年修订）[M].北京：人民教育出版社.2020：1。

侧重于单元内容、单元结构及核心素养水平的解读，建构高中课程标准、教材文本与课堂教学间的紧密联系。"教材比较"关注初中历史统编教材、华东师范大学版高中历史教材（2019年之前上海地区使用的高中教材）与《中外历史纲要》间的异同点，揭示了《中外历史纲要》表述的立意之新。"核心问题释读"以"核心问题"为支架统整单元教学逻辑，聚焦问题驱动下素养本位的课堂教学。

本书所探索的实施策略主要凸显以下三大特点。

第一，化繁为"通"的整体意识。"通"意指"贯通"，"贯通"意在"融"。在本书中，"通"具体表现在两个层面。第一层是打通初、高中历史教学，实现两者在核心素养培育上的有效衔接。本书"教材比较"板块，以《中外历史纲要》中的单元为基本单位，用表格形式呈现单元在初、高中课程标准中的相关表述，以及在初、高中统编教材中的具体编排，聚焦初、高中课程标准、教材文本的共性、差异与变化，有助于一线教师进一步明确高中通史课的教学内容，即领会掌握大的时代特征而非史实的面面俱到，从而更精准地把握初、高中历史教学的循序渐进与核心素养培育的统一性。第二层是通联单元内每一课间的内在逻辑，强调单元结构的宏观分析和单元内容的整体性理解。《中外历史纲要》教材文本的单元结构完整、主题突出，单元标题、单元导言正是单元文本内容主旨的核心所在，单元中每一课内容的设置都围绕单元主题展开。因此，本书采用教材文本的单元而非单元中的每一课作为基本研究单位，更契合教材文本的编写逻辑，凸显人类历史发展基本规律和大趋势这一高中历史课程的核心主题。

第二，依"纲"据"本"的文本意识。依"纲"指领会高中课程的精神，理解高中课程标准是解读教材文本的起点。据"本"指以《中外历史纲要》教材文本为最重要的课堂教学资源，从教材文本出发、深耕教材文本是高中历史教学实践的出发点。依"纲"据"本"，重点关注高中课程标准中"内容要求""教学提示""学业要求"与教材文本立意、导向和方法间的关联，挖掘教材文本表述的内涵意蕴和内在逻辑结构。在本书中，依"纲"据"本"着重体现在两个方面。一方面，在理解高中课程标准的基础之上，本书围绕单元标题的关键词、单元导言中的关键语句，重点解读单元主题，揭示单元与课、课与目之间的内在联系。另一方面，本书"核心问题释读"板块充分运用教材文本"学思之窗""史料阅读""历史纵横""问题探究"中的史料，积极探究史料的深意，如史料的叙述、解释、逻辑及作者的立场、态度、情感价值观等，揭示史料背后的史学思想方法。

　　第三，"问"中求"知"的问题意识。问题意识在高中历史的"教"与"学"中都占有重要的地位。高中历史教学中的"问"，不是简单的就事论事，而要"循着历史发展的过程，循着学生认识历史的过程，追问乃至抽离出思维方式，进而通过思想方法的建模为之后的历史学习（认识）指引路径"。[①] 本书"核心问题释读"板块，聚焦于"设问"，以及"问"所蕴含的思想、方法和价值观。该板块的"问"分为两大部分。第一部分是以单元线索的形式、以问题为导向，结构化、系统化地呈现出教材文本单元主题下"课"的教学方向。单元线索具体分解为一系列问题集合，其中的问题既基于教材文本又高于教材文本、既提纲挈领又逻辑清晰、既环环相扣又层层推进、既传达史学思想方法又落实学科素养培育。第二部分是借助"问"的形式，将教材文本单元中值得进一步深入探究的话题与相关史学研究的焦点问题相结合，以"问"促思，以"问"促学，进一步提升单元教学内容的深度与广度。

　　本书由上海市特级教师、正高级教师姚虹老师领衔的历史名师工作室项目组，在教学实践基础上对优化高中历史单元教学、文本解读的初步尝试和思考。随着研究的进一步深入开展，我们将对进一步丰富和完善我们的研究成果，并期待同行们的指正。

本书编写组
2024 年 3 月

[①] 於以传.中学历史：基于主旨和目标的选材与设问[J].上海课程教学研究，2020（06）：68—70.

第一单元

从中华文明起源到秦汉统一多民族封建国家的建立与巩固[①]

第一部分　单元解析

- 课程标准要求

高中课程标准[②]对本单元的内容要求阐述如下。

（1）通过了解石器时代中国境内有代表性的文化遗存，认识它们与中华文明起源以及私有制、阶级和国家产生的关系。

（2）通过甲骨文、青铜铭文及其他文献记载，了解私有制、阶级和早期国家的特征。

（3）通过了解春秋战国时期的经济发展和政治变动，理解战国时期变法运动的必然性。

（4）了解老子、孔子学说。

（5）通过孟子、荀子、庄子等了解"百家争鸣"的局面及其意义。

（6）通过了解秦朝的统一业绩和汉朝削藩、开疆拓土、尊崇儒术等举措，认识统一多民族封建国家的建立及巩固在中国历史上的意义。

---

① 教育部组织编写：《普通高中教科书　历史　必修　中外历史纲要（上）》，人民教育出版社2021年版。以下简称《中外历史纲要（上）》，本书所列单元与其一致。

② 中华人民共和国教育部：《普通高中历史课程标准（2017年版2020年修订）》，人民教育出版社2020年版。以下简称"高中课程标准"。

（7）通过了解秦汉时期的社会矛盾和农民起义，认识秦朝崩溃和两汉衰亡的原因。

单元主题解读

本单元大标题"从中华文明起源到秦汉统一多民族封建国家的建立与巩固"高度概括了从史前至秦汉时期古代中国历史发展的历程，包含"中华文明起源"与"统一多民族封建国家的建立与巩固"两大主题，并点明中华文明整体发展具有多元一体、源远流长的特征。

在本单元的导言中，具体叙述内容可分为4个阶段：第一阶段为中国原始文化，呈现出星罗棋布、多姿多彩的特点；第二阶段为夏、商、西周3代，是中华文明和早期国家的形成与发展时期，也是奴隶制社会形成、发展与繁荣时期；第三阶段为社会出现大变动的春秋战国；第四阶段为统一多民族封建国家形成，即秦汉时期。其中，前两个阶段指向标题的"中华文明起源"，最后一个阶段直接对应"统一多民族封建国家的建立与巩固"。第三个阶段则作为中国历史上一次重要的社会转型，前承奴隶社会，后启封建社会，是勾连"中华文明起源"与"统一多民族封建国家的建立与巩固"的关键环节。

单元内容结构

本单元包括4课：第1课《中华文明的起源与早期国家》、第2课《诸侯纷争与变法运动》、第3课《秦统一多民族封建国家的建立》、第4课《西汉与东汉——统一多民族封建国家的巩固》，从史前一直叙述至秦汉时期，涵盖了中华文明早期发展阶段的历史脉络。

从整体看，文本内容按照时序进行编纂，每一课的内容都与单元标题中的"中华文明起源"与"统一多民族封建国家的建立与巩固"两大主题以及单元导言中的几个阶段相呼应。第1课三目具体阐释了"中华文明起源"。其中，第一目"石器时代的古人类和文化遗存"和第二目"从部落到国家"的前半部分，内容指向单元导言中的中国原始文化阶段；第二目后半部分内容到第三目"商和西周"指向单元导言中的第二阶段。第2课第一目"列国纷争与华夏认同"、第二目"经济发展与变法运动"、第三目"孔子和老子"及第四目"百家争鸣"从政治、经济、文化等角度描绘春秋战国的大变动，对应单元导言中的第三阶段，同时作为"中华文明起源"的"果"与"统一多民族封建国家的建立与巩固"的"因"串联起这两个主题。第3课和第4课前三目主要从政治、经济两个方面简洁地勾勒出秦汉两朝历史，用相关史实说明统一多民族封建国家如何建立与巩固。第4课第四目"两汉的文化"，借助文化成就进一步补充论证统一多民族封建国家形成的意义与价值。

核心素养教学建议

（1）能够客观、全面地把握史前至秦汉时期中国的发展状况，并能运用唯物史观的相关理论，如生产力与生产关系、经济基础与上层建筑的关系解释这一阶段历史发展的进程。

（2）能够将春秋战国至秦汉时期的历史置于中国统一多民族封建国家的发展过程中去思考，从而理解这一阶段对中国历史的意义。

（3）能够通过阅读、分析相关史料了解私有制、阶级和早期国家的特征、统一多民族封建国家建立与巩固的主要史实；能够分辨、解读考古发现、古史传说与文献记载的史料价值，掌握基本的证史路径。

（4）能够在充分占有史料的基础上，了解秦汉时期的主要社会矛盾，从动机与结果、主观与客观等角度合理、全面地评价重要历史人物与中央集权体制。

（5）能够充分体会中华文明的源远流长，感受中华文明的独特魅力。

第二部分　教材比较

与初中课程标准[①]、教材比较

《中外历史纲要（上）》第一单元文本内容是《中国历史第一册》[②]中第一单

[①] 中华人民共和国教育部制定：《义务教育历史课程标准（2022年版）》，北京师范大学出版社2022年版。以下简称"初中课程标准"。

[②] 教育部组织编写：《义务教育教科书（五四学制）　中国历史　第一册》，人民教育出版社2022年版。以下简称《中国历史第一册》。

元"史前时期：中国境内早期人类与文明的起源"、第二单元"夏商周时期：早期国家与社会变革"、第三单元"秦汉时期：统一多民族国家的建立和巩固"的合并与延伸，两者既有共性又有差异。

1. 课程标准相关内容表述

初中课程标准与高中课程标准相关课程内容要求对照见表1-1。

表1-1　初中课程标准与高中课程标准相关课程内容要求对照

初中课程标准	高中课程标准
1. 通过了解元谋人、蓝田人、北京人等旧石器时代的人类及其文化遗存，知道中国境内原始社会时期的人类活动； 2. 通过了解河姆渡、半坡、良渚、陶寺等新石器时代的文化遗存，知道中国的原始农耕生活； 3. 了解私有制、阶级和早期国家的产生； 4. 知道考古发现是了解原始社会的重要依据； 5. 通过古代文献中记述的黄帝、炎帝等神话传说，了解其中蕴含的历史信息； 6. 知道甲骨文是已知最早的汉字； 7. 通过了解甲骨文、青铜铭文、其他文献记载和典型器物，知道具有奴隶制特点的夏、商、西周王朝的建立与发展，了解西周分封制等重要制度； 8. 知道老子、孔子的生平与思想； 9. 通过了解这一时期的生产力水平和社会关系的变化，初步理解春秋时期诸侯争霸局面的形成、战国时期商鞅变法等改革和"百家争鸣"局面的产生； 10. 通过《黄帝内经》和名医扁鹊，了解这一时期的医学成就； 11. 通过都江堰工程，感受古代劳动人民的智慧和创造力； 12. 通过了解秦朝统一、陈胜和吴广等领导的秦末农民起义、西汉"削藩"和尊崇儒术，知道统一多民族封建国家建立和早期发展的过程；	1. 通过了解石器时代中国境内有代表性的文化遗存，认识它们与中华文明起源以及私有制、阶级和国家产生的关系； 2. 通过甲骨文、青铜铭文及其他文献记载，了解私有制、阶级和早期国家的特征； 3. 通过了解春秋战国时期的经济发展和政治变动，理解战国时期变法运动的必然性； 4. 了解老子、孔子学说； 5. 通过孟子、荀子、庄子等了解"百家争鸣"的局面及意义； 6. 通过了解秦朝的统一业绩和汉朝削藩、开疆拓土、尊崇儒术等举措，认识统一多民族封建国家的建立及巩固在中国历史上的意义； 7. 通过了解秦汉时期的社会矛盾和农民起义，认识秦朝崩溃和两汉衰亡的原因

（续表）

初中课程标准	高中课程标准
13. 通过了解休养生息政策、"文景之治"、张骞通西域、"丝绸之路"的开辟、汉武帝的大一统，知道西汉从建立之初的社会残破发展到国力强盛的变化及原因； 14. 通过了解西汉末到东汉的政治、社会动荡，了解佛教传入和道教产生的背景； 15. 知道这一时期的重要文化和科技成就，如司马迁与《史记》、蔡伦与造纸术、张仲景与《伤寒杂病论》、华佗的故事等	

初中课程标准对史前时期、夏商周时期、秦汉时期的基本史实提出了明确的要求。相较于初中课程标准，高中课程标准突显"中华文明起源"和"统一多民族封建国家的建立与巩固"两大主题，从整体上把握这一阶段的历史发展脉络，强调从生产力与生产关系、经济基础与上层建筑等角度理解这一时期重大历史事件的发生。

2. 教材相关单元、课、目编排

《中国历史第一册》与《中外历史纲要（上）》相关单元、课、目编排对照见表1-2。

表1-2 《中国历史第一册》与《中外历史纲要（上）》相关单元、课、目编排对照

《中国历史第一册》		《中外历史纲要（上）》	
第一单元 史前时期：中国境内早期人类与文明的起源 第二单元 夏商周时期：早期国家与社会变革 第三单元 秦汉时期：统一多民族国家的建立和巩固		第一单元 从中华文明起源到秦汉统一多民族封建国家的建立与巩固	
第一单元第1课 中国境内早期人类的代表——北京人	我国境内的早期人类	第1课 中华文明的起源与早期国家	石器时代的古人类和文化遗存
	北京人		
	山顶洞人		

（续表）

《中国历史第一册》		《中外历史纲要（上）》	
第一单元第2课 原始农耕生活	原始农业的发展	第1课 中华文明的起源与早期国家	石器时代的古人类和文化遗存
	河姆渡人的生活		
	半坡居民的生活		
第一单元第3课 远古的传说	炎黄联盟		从部落到国家
	传说中炎帝和黄帝的发明		
	尧舜禹的禅让		从部落到国家
第二单元第4课 夏商周的更替	夏朝的建立与"家天下"		
	商汤灭夏		商和西周
	武王伐纣		
	西周的分封制		
第二单元第5课 青铜器与甲骨文	青铜器的高超工艺		
	甲骨文记事		
	甲骨文的造字特点		
第二单元第6课 动荡的春秋时期	春秋时期的经济发展	第2课 诸侯纷争与变法运动	经济发展与变法运动
	王室衰微		
	诸侯争霸		列国纷争与华夏认同
第二单元第7课 战国时期的社会变化	战国七雄		
	商鞅变法		经济发展与变法运动
	造福千秋的都江堰		
第二单元第8课 百家争鸣	老子		孔子和老子
	孔子和儒家学说		
	百家争鸣		百家争鸣
第三单元第9课 秦统一中国	秦灭六国	第3课 秦统一多民族封建国家的建立	秦的统一
	确立中央集权制度		
	巩固统一的措施		
第三单元第10课 秦末农民大起义	秦的暴政		秦朝的暴政
	陈胜、吴广起义		秦末农民起义与秦的速亡
	楚汉之争		

（续表）

《中国历史第一册》		《中外历史纲要（上）》	
第三单元第11课 西汉建立和"文景之治"	西汉的建立	第4课 西汉与东汉——统一多民族封建国家的巩固	西汉的建立与"文景之治"
	休养生息政策		
	"文景之治"		
第三单元第12课 汉武帝巩固大一统王朝	"推恩令"的实施		西汉的强盛
	"罢黜百家，尊崇儒术"		
	盐铁专卖		
	北击匈奴		
第三单元第13课 东汉的兴衰	光武中兴		东汉的兴衰
	外戚宦官交替专权		
	黄巾起义		
第三单元第14课 沟通中外文明的"丝绸之路"	张骞通西域		西汉的强盛
	丝绸之路		
	对西域的管理		
第三单元第15课 两汉的科技和文化	造纸术的发明		两汉的文化
	张仲景和华佗		
	历史巨著《史记》		
	道教和佛教		

◆ 从内容编排看，《中国历史第一册》第一单元"史前时期：中国境内早期人类与文明的起源"、第二单元"夏商周时期：早期国家与社会变革"及第三单元"秦汉时期：统一多民族国家的建立与巩固"，共15课时，单元主题聚焦史前时期早期人类与文化遗存、夏商周时期国家的产生与社会的变革以及秦汉时期建立和巩固统一多民族国家的重大史事与过程。《中外历史纲要（上）》第一单元"从中华文明的起源到秦汉统一多民族封建国家的建立与巩固"共4课时，单元主题不仅围绕从史前到秦汉这一阶段的重大历史事件，更侧重于从"中华文明起源"和"统一多民族封建国家的建立与巩固"这两个历史主题入手，整体性把握中华文明的发展脉络。

◆ 就知识点而言，《中外历史纲要（上）》第一单元相较于《中国历史第一册》第一、二、三单元新增知识点大致有：新石器时代的代表性文化遗存、中国原始社会的三个阶段、西汉初年的郡县与分封并行制（初中教材的"相关史事"栏目提到刘邦分封诸侯王）、两汉时期的文学成就等。《中国历史第一册》第一、二、三单元中北京人、山顶洞人、半坡居民等文化遗存、青铜器、甲骨文、张骞通西域的过程等内容在《中外历史纲要（上）》第一单元中不再详细介绍，传说中炎帝黄帝的发明、都江堰、道教与佛教的产生与发展等内容则不再重复出现，张仲景和华佗相关知识仅出现在《中外历史纲要（上）》的"历史纵横"栏目中。

◆ 从行文表述上看，需要特别指出的下列方面。

《中国历史第一册》第三单元标题是"秦汉时期：统一多民族国家的建立和巩固"；《中外历史纲要（上）》第一单元标题是"从中华文明起源到秦汉统一多民族封建国家的建立与巩固"，并在"单元导语"中明确指出，"秦汉是中国统一多民族封建国家的形成时期，奠定了大一统中央集权国家治理的基本模式。"高中统编教材在单元标题中"统一多民族"和"国家"之间加上了"封建"一词，并出现了"大一统中央集权国家治理模式"这一概念。

对中国境内早期人类所处时段的描述，《中国历史第一册》第一单元"单元导语"表述为"大约在一万年前……距今约五六千年时"，《中外历史纲要（上）》则表述为"先后经历了旧石器时代与新石器时代"，更强调生产力的发展这一历史分期标准。

对夏商西周三代特征的总结，《中国历史第一册》第二单元"单元导语"表述为"夏朝是奴隶社会……商朝，创造了以青铜器、甲骨文为特征的文明成就。……西周时期，统治者实行分封制"；《中外历史纲要（上）》的"单元导语"表述为"夏、商、西周是中华文明和早期国家的形成与发展时期，也是奴隶制社会的形成、发展与繁荣时期"，将夏商西周作为整体置于长时段历史中，不仅关注当时的文化成就，更侧重这一阶段在整个中华文明发展过程中的重要地位。

对中华文明早期发展阶段民族关系的认识，《中国历史第一册》表述为"中原的'诸华''诸夏'在同周边的戎、狄、蛮、夷等民族长期交往和斗争中，出现了大规模的民族交融。"《中外历史纲要（上）》表述为"中原各国因社会发展比相邻的戎狄蛮夷先进，自称'华夏'。在频繁往来和密切联系中，这些民族也产生了华夏认同观念。"侧重从社会存在与社会意识的角度帮助学生更深层次地理解中华民族的形成过程。

▪ 与华师大版高中教材比较

《中外历史纲要（上）》第一单元文本内容与华东师范大学（简称华师大）版《高中历史第二分册》①第一单元"从史前时期到夏商王朝"、第二单元"从周王朝到秦帝国的崛起"、第三单元"从两汉到南北朝的分合"中第8课至第10课所涉及时空与内容基本一致，但两者在内容的编排、详略、表述等方面存在一些差异。

◆ 从内容编排看，华师大版《高中历史第二分册》相关文本内容的编写基本按照时序、遵循"一课一朝代"的模式，有助于学生对中国早期国家朝代更迭形成清晰的认识。《中外历史纲要（上）》第一单元围绕"中华文明起源"与"统一多民族封建国家的建立与巩固"两大主题展开，有助于从整体上把握这一时期的历史发展脉络。

◆ 就知识点而言，相较于华师大版《高中历史第二分册》的相关文本内容，《中外历史纲要（上）》第一单元新增知识点大致有：中国石器时代重要人类遗存特点介绍、中国原始社会分期（原始人群、母系氏族社会、父系氏族社会）、奴隶制国家、"国人暴动""共和行政"、春秋战国时期华夏认同观念的产生、战国时期其他学派的思想主张（邹衍的"相生相胜"、墨子的"兼爱""非攻""尚贤"）、汉武帝在经济上加强中央集权的举措、"党锢之祸"、两汉时期的文化成就（《黄帝内经》《神农本草经》《九章算术》等）。华师大版《高中历史第二分册》中商朝青铜器的象征意义与功能、甲骨文的造字方法、周公"制礼作乐"、秦朝基层设三老与啬夫、秦二世篡改遗诏、西汉初年的布衣将相之局、汉武帝的"儒表法里"、地方豪强的特征等相关内容在《中外历史纲要（上）》第一单元里没有涉及。

---

① 余伟民主编：《高级中学课本　高中历史第二分册（实验本）》，华东师范大学出版社2014年版。以下简称华师大版《高中历史第二分册》。

◆ 从行文表述上看，需要特别指出下列方面。

关于"中华文明起源"的时间，华师大版《高中历史第二分册》从"距今1万年前后的新石器时代"开始叙述，认为"历史悠久的农业，对中华民族的生存发展和文明创造产生了深远的影响。"《中外历史纲要（上）》第一单元则以"石器时代的古人类和文化遗存"为开端，回溯至旧石器时代的元谋人与北京人。

关于中国早期人类分布特点，华师大版《高中历史第二分册》表述为"满天星斗，八方雄起。其中，黄河中游的中原地区是部族迁徙、分合、冲突最为集中的区域，也是中华文明融合、诞生的核心地区。"《中外历史纲要（上）》第一单元的表述则为"分布广泛，奠定了多元一体的发展基础"。这一表述在强调整体空间分布特点的基础上，还关注了文化遗存之间的共性与差异，以及后续的发展趋势。

关于夏史，华师大版《高中历史第二分册》认为"夏朝是我国历史上第一个王朝"，并将启的继位表述为"传说，禹在晚年暗中培植儿子启的势力。禹死后，启杀死公举的继承人伯益，夺取权位"。《中外历史纲要（上）》第一单元将夏朝定性为"我国最早的奴隶制国家"，更强调社会形态，将有关启继位的不同记载置于"学思之窗"栏目，关注历史解释能力的培育。

关于百家争鸣的意义，华师大版《高中历史第二分册》表述为"是中国乃至世界古代史上学术思想最为灿烂的一页。"《中外历史纲要（上）》第一单元表述为"百家争鸣是春秋战国时期社会经济发展、阶级关系变化在思想领域内的反映，是中国历史上第一次波澜壮阔的思想解放运动。它不仅为新兴的地主阶级登上历史舞台奠定了思想理论基础，而且成为后世中华思想文化的源头活水，影响十分深远。"这一表述不仅肯定了百家争鸣在学术、思想方面的重要价值，更借此凸显经济基础与上层建筑的互动关系。

关于焚书坑儒，华师大版《高中历史第二分册》将之列在第6课《大一统中央集权国家的形成》第二目"皇帝与中央集权体制"下，作为秦始皇巩固新建中央集权体制的举措。而《中外历史纲要（上）》则将其编排在第3课《秦统一多民族封建国家的建立》第二目"秦朝的暴政"中。

关于秦的暴政，华师大版《高中历史第二分册》主要表述为"秦朝统治者的横征暴敛已远远超出社会所能承受的限度"，他们"是大一统的胜利者，在长期群雄角逐中积累起来的经验，并不完全适合统一后社会发展的需要。""不能审时度势，改弦易辙，仍一味重功利、恃酷法，最终导致了社会矛盾的激化"，以及"秦二世即位后，……统治者仍忙于宫廷争斗，大肆诛杀宗室朝臣"。《中外历史纲要（上）》第一单元表述为"完成统一后的秦始皇，穷奢极欲，大兴土木，……征发繁重"，"秦朝刑法严苛，社会阶级矛盾严重激化"，"焚书坑儒"，以及"秦二世……残忍昏庸，实行严刑峻法，加重人民负担，致使阶级矛盾和统治阶层内部矛盾尖锐化"。该表述更强调秦暴政的阶级性，并分开叙述秦始皇与秦二世的统治问题。

第三部分 核心问题释读

线索一 从"天下为公"到"天下为家"

1. 我国早期人类分布有何特点？

中国是远古人类的重要起源地，中华文明是人类最古老的文明之一。中国云南发现的腊玛古猿距今约800万年，在湖北、广西也发现了属于南方古猿的化石，距今四五百万年。中华文明多元一体、源远流长、生生不息，展现了自身发展道路的独特魅力。

> 在距今5000—4000年间，在长江流域，中游有屈家岭文化发展而来的石家河文化，下游是由崧泽文化发展而来的良渚文化。在这些文化遗存中，发现有设防城堡、大型礼制性建筑、祭祀用的玉器、大小悬殊的墓葬等，说明长江中下游地区已处于文明时代。到了龙山文化时代的晚期……黄河流域成为中华文明的核心地区，特别是晋南、豫西地区，成为中华文明发展的中心，中原龙山文化之后的二里头文化即夏文化，标志着中华文明多元一体化格局的形成。
>
> ——毛曦：《中华文明形成的地理条件分析》，《西安联合大学学报》2002年第3期，第14页。

新石器时代中原两河流域中下游这个在生态条件上基本一致的地区的考古发现，已可以说明中华民族的先人在文明曙光时期，公元前5000年到前2000年之间的3000年中还是分散聚居在各地区，分别创造他们具有特色的文化,这是中华民族格局中多元的起点。

在这多元格局中,同时也在接触中出现了竞争机制,相互吸收比自己优秀的文化而不失其原有的个性。例如,在黄河中游兴起的仰韶文化,曾一度向西渗入黄河上游的文化区,但当其接触到了比它优秀的黄河下游山东龙山文化,就出现了取代仰韶文化的河南龙山文化。考古学者在龙山文化前加上各个地方的名称,表示它们依然是从当地原有文化中生长出来的,实际上说明了当时各族团间文化交流的过程,从多元之上增加了一体的格局。

——费孝通:《中华民族多元一体格局》,
中央民族大学出版社 1999 年版,第 7—8 页。

中国原始文化星罗棋布、多姿多彩,先后经历了旧石器时代与新石期时代。《中外历史纲要(上)》第 1 课第一目"石器时代的古人类和文化遗存"反映出中国境内的原始遗存"满天星斗"的多元局面,而新石器时代中期仰韶文化为代表的中原文化则表现出巨大的辐射力。考古发现证明,黄河流域、长江流域、珠江流域、西辽河流域,北方草原文化区,都是中华文明的摇篮,呈现多源性。但中华文明起源又表现出统一性,即以中原为核心的文明具有相对的稳定性,是主干,对周边产生深刻影响,夏商西周早期国家都是在这一区域形成并发展起来的。

2."氏族""部落""部族""邦国""方国"有何区别?

氏族是原始社会基本的、最初的社会组织形式,分母系氏族和父系氏族,是人类最早的群体,产生于旧石器时代的中期和晚期之交,由同一血缘关系的成员组成。氏族内部禁婚,生产资料公有,集体生产与消费。

部落是由血缘相近的氏族结合成的集体,具有特定语言与文化,但缺乏政治统一性。

部族是氏族和部落之后、民族之前的处于原始社会、奴隶社会或奴隶社会向封建社会过渡时期的共同体。几个相互通婚的氏族联合在一起组成部族,拥有自己的祖先崇拜或图腾崇拜,有共同的习俗和方言。一般来说,部族相比部落更大。部族制度发展到最后阶段产生民族。

龙山时代在各地出现大量的城址,根据近来对山西省襄汾县陶寺遗址和河南新密市古城寨的龙山文化城址的发掘,在城内发现有不止一处的宫殿宗庙之类的大型夯土建筑基址,特别是陶寺遗址,不但发现有大规模的城址、城内成片的大型夯土建筑基址,而且还有大量的能说明贫富分化、等级、阶层存在的墓葬材料，以及朱书陶文、小件铜器、龙盘、鼍鼓、特磬、玉钺等。……龙山时代的城址及其城内的大型建筑并不是为该地域内整个聚落群的人口居住所修建，它是为贵族中的上层及其附属人口的居住所营建，但却有权调动和支配整个聚落群的劳动力，显然这种支配力具有某种程度的强制色彩。这种带有强制性的权力与当时社会划分阶层或等级相结合所构成的社会形态，表明龙山时代已进入邦国类型的国家社会。

——王震中：《邦国、王国与帝国：先秦国家形态的演进》，《河南大学学报（社会科学版）》2003年第4期，第30页。

据考古发现，我国最早的邦国出现在夏代之前，相当于考古学上的龙山时代。其最显著的特征是强制性权力机构的出现。

陶寺早期遗址以13万平方米宫城及南外侧下层贵族居住区小城（近10万平方米）构成核心区。……宫城东西两侧为普通居民区，宫城东侧有大型仓储区。宫城东南为早期王族墓地，已发掘王墓6座，随葬品在百件以上，出土有龙盘、彩绘木器、玉石钺、大厨刀、彩绘陶礼器、日用陶器等。大贵族墓数10座，随葬品数10件，包括磬、鼓等礼乐器组合，彩绘陶器和日用陶器。其余近千座小墓几乎没有任何随葬品。

……此外，区域考古调查结果表明，陶寺都城至少被汾河以东的南北两个遗址群拱卫，各由一个200万平方米超大型地方中心聚落统领，从整体上构成5级聚落等级、4级社会组织层级的国家社会组织结构，并且存在中央与地方的行政关系。陶寺文化的国家社会形态完全具备。

——何驽：《试论传说时代历史重建的方法论——以陶寺遗址考古实践为例》，《华夏考古》2021年第4期，第119—120页。

"方国"一词最初由清代著名学者孙怡让在《契文举例》中提出。方国或方国部落主要指中国夏商之际的诸侯部落或部落国家，商朝殷墟遗址出土的甲骨卜辞提供了诸多研究史料。

3. 如何认识中国历史"从大同向小康"的转变？

根据《礼运》中的描述，儒家理想中的大同社会具有以下一些特点：全民公有的社会制度、选贤与能的管理体制、讲信修睦的人际关系、人得其所的社会保障、人人为公的社会道德、各尽其力的劳动态度，因此大同思想是反王权的。小康思想则是歌颂王权的，作为社会制度和社会景象，小康与大同几乎全是对立的。"天下为公"的口号改成了"天下为家"，一切社会现象都与大同世界相反。人们"各亲其亲，各子其子，货为己藏，力为己出"，人人为公的社会道德没有了，各尽其力的劳动态度也没有了。所有的变化都产生于权力的私有："大人世及以为礼"。

    大道之行也，天下为公。选贤与能，讲信修睦，故人不独亲其亲，不独子其子，使老有所终，壮有所用，幼有所长，矜寡孤独废疾者，皆有所养。男有分，女有归。货恶其弃于地也，不必藏于己；力恶其不出于身也，不必为己。是故谋闭而不兴，盗窃乱贼而不作，故外户而不闭，是谓大同。
        ——《礼记·礼运》，中华书局2007年版，第110页。

    今大道既隐，天下为家。各亲其亲，各子其子，货力为己。大人世及以为礼，城郭沟池以为固。礼义以为纪，以正君臣，以笃父子，以睦兄弟，以和夫妇，以设制度，以立田里，以贤勇知，以功为己，故谋用是作，而兵由此起。禹、汤、文、武、成王、周公，由此其选也。此六君子者，未有不谨于礼者也。以著其义，以考其信，著有过，刑仁讲让，示民有常。如有不由此者，在执者去，众以为殃。是谓小康。
        ——《礼记·礼运》，中华书局2007年版，第111—112页。

  小康取代了大同，世袭制代替了禅让制，多数史学家认为这种转变是历史的进步，认为这是生产力发展的必然结果，也是早期国家出现的标志之一。一般认为，国家是某一地域人类社会总体发展达到一定水平的标志，是人类进入文明时代的标志之一。世袭制取代禅让制，夏朝建立，标志着中国早期国家的产生。按照当代史学界一些学者的看法，从夏商时期起，中华民族的先民就通过聚落部族的生长壮大、融汇聚合，逐渐形成了一个多民族的统一体。

线索二　社会转型中的春秋战国

  春秋战国时期，是奴隶社会秩序解体时期，也是封建社会的形成时期。这一时期，社会经济形态出现由奴隶制向封建制转型，政治体制由君主、贵族等级分权制向君主专制、中央集权和官僚制转变，统一称为大势所趋，华夏族与周边族群以政治认同和文化认同为纽带而日趋融合。

  1. 宗法制、分封制为何在春秋战国时期走向瓦解？
  分封制、宗法制和井田制是西周时期较为成熟的政治制度和经济制度。分封制、宗法制起到维系、调整贵族阶级内部关系，保证国家对奴隶和平民进行统治的作用，是西周王朝强盛的政治保证。井田制规定了分封制下生产关系的主要内容，是决定西周政治统治的经济基础。

今以众地者，公作则迟，有所匿其力也；分地则速，无所匿其力也。

——《吕氏春秋》卷17《审分览》，三晋出版社2008年版，第156页。

春秋时代逐步进入铁器时代，铁和青铜农具逐渐替代以石、木器为主体的农具，牛耕开始使用，农业技术全面发展，整个社会生产力有了较大提高，原来因生产力低下所必需的大集体生产已不再需要，小家庭或个体生产已成为可能，势必导致公社中家庭的贫富分化，随着剥削关系的发展和个体农民的出现，这种公社组织就必然走向解体。

——顾德融、朱顺龙：《春秋史》，上海人民出版社2001年版，第230页。

春秋战国时期的经济有了重大发展。冶铁技术的出现，铁质农具开始使用，牛耕也得到推广。农业生产效率的提高引发了一系列连锁反应，农民开辟出更多的"私田"，不肯"尽力与公田"。诸侯国的"公田"普遍出现荒芜现象。"私田"出现最初可以不用交税，也没有阡陌限制，可以买卖、交换、抵押。"私田"实际上逐渐成为私有土地，而且数量日益增多。各国统治者为了增加国家收入，开始进行赋税改革。春秋后期，鲁国"初税亩"承认了私田主人对土地的所有权。新剥削方式的出现，封建地主对农民剥削方式的出现，导致了井田制的瓦解。

既然以买卖为手段的新兴地主阶级的土地占有制逐渐代替了领主贵族分封世袭的土地占有制，地主阶级已在经济上成为有势力的阶级，他们自然会要求解除领主经济在种种制度上的束缚，在经济上政治上酝酿废除那些和国内新的经济情况不相适合的领主贵族割据的世袭的经济制度和政治制度，从而建立一种保障地主经济的，并为它的发展服务的政治制度。这就是春秋战国间在地主经济向上发展时期各国新兴地主阶级进行政治改革的主要内容。

——杨宽：《战国史》，上海人民出版社1955年版，第71页。

战国时的商鞅变法，从法律上废除了井田制，土地私有制取代了井田制。封建依附关系的产生和发展主要表现在两方面。一方面是自耕农的出现。一些奴隶和平民凭借垦荒种地获得了小块土地的所有权，挣脱了奴隶主贵族的控制，从而成为自耕农。另一方面是新兴地主阶级的产生。面对奴隶大量逃亡、井田制趋于解体的困境，一些奴隶主贵族将土地分成小块，租给逃亡奴隶和破产平民并要求租地者缴纳田租。这些依靠土地进行剥削的奴隶主贵族由此转变为封建地主，逃亡奴隶和破产平民转变为依附农民。依附农民与地主的关系，成为正在形成中的日益发展壮大的阶级关系。新兴的地主阶级在向奴隶主贵族夺权过程中和夺取胜利之后，打击了贵族统治，宗法制开始动摇，士阶层获得自由。

生产力的发展，阶级关系的变化，不断地推动着社会的转型，西周以来的社会秩序逐渐解体，社会变革逐步加剧，社会冲突和矛盾愈演愈烈，旧的制度分崩离析。

2. 战国群雄如何走出东周的制度困境？

春秋战国时期经济基础的变化，要求有新的政治制度与之相适应。土地私有化程度的加深使新兴地主阶层逐渐壮大。他们要求废除旧贵族的世袭特权，发展地主经济。

> 治世不一道，便国不法古。故汤武不循古而王，夏殷不易礼而亡，反古者不可非，而循礼者不足多。
>
> ——（西汉）司马迁：《史记》卷68《商君列传》，中华书局1959年版，第2229页。

战国时期，兼并战争越演越烈，各诸侯国纷纷实行变法，以巩固政权、实现富国强兵的目标。战国时期，各国的变法运动前后持续了一百多年，比较具有代表性的有魏国李悝变法、楚国吴起变法、秦国的商鞅变法。变法的政治内容主要表现为剥夺贵族的特权、废除传统的世卿世禄制，逐渐建立起新型的中央集权官僚制，推动了社会转型。

> 民有二男以上不分异者，倍其赋。
>
> 有军功者，各以率受上爵。
>
> 僇力本业，耕织致粟帛多者复其身，事末利及怠而贫者，举以为收孥。
>
> 宗室非有军功论，不得为属籍。
>
> ——（西汉）司马迁：《史记》卷68《商君列传》，中华书局1982年版，第2230页。

> 为田开阡陌封疆。
>
> 集小（都）乡邑聚为县，置令、丞，凡三十一县。
>
> ——（西汉）司马迁：《史记》卷68《商君列传》，中华书局1982年版，第2232页。

教材文本对于商鞅变法给予了很高的评价，指出"商鞅变法顺应历史潮流，集列国变法之长，开展了战国时期持续时间最长、涉及面最广、改革更为彻底的一次变法。"这一评价着眼于变法的内容和影响两个维度。

商鞅作为新兴地主阶级的代言人，不仅提出了完备可行的变法政策，而且建立了完整的理论体系。《商鞅列传》中记录了商鞅和守旧贵族关于是否变法的对话，商鞅站在更高的理论高度，提出社会是向前发展的，社会的需要随着时代而变化，因而现行的政治制度也要适应时代的需要而改革，仅仅依靠"循礼"，无法实现富国强兵。商鞅变法重农抑商，奖励耕织，鼓励垦荒，普遍推行县制，制定法律，统一度量衡制，奖励军功等。经过变法，秦国在经济上废井田、开阡陌，破除了旧有的生产关系，确立了土地私有制；在政治上沉重打击并瓦解了原有的宗法制度，使国家机制更加健全，中央集权制度的建设从此开始；在军事上奖励军功，达到了强兵的目的，极大地提高了军队的战斗力，发展成为战国后期最强大的国家，为秦的下一步的战略发展创造了有利的条件，为统一全国奠定了基础。

3. 士阶层发出了怎样的思想先声？

春秋战国时期，社会变革逐步加剧，社会冲突和矛盾愈演愈烈，旧的制度分崩离析。士宗法制度阶层出于安身立命的需要，出于文化上的使命感，关注和担忧社会发展方向，积极思考解决的办法，提出一系列的政治主张。随着士人队伍的壮大，代表各阶层的学派越来越多，提出的主张也越来越多，涌现出孔子、孟子、老子、庄子、墨子等一大批思想家。战国时期，被称为诸子百家的各个学派，各种思想交错碰撞，相互批评与吸收，形成了百家争鸣。其中孔子和老子分别是我们儒家学派和道家学派的创始人，他们的思想在我国历史上产生了深远影响。

颜渊问仁。子曰："克己复礼为仁。"

——《论语·颜渊》，中华书局2006年版，第171页。

子曰："为政以德，譬如北辰，居其所而众星共之。"

——《论语·为政》，中华书局2006年版，第12页。

定公问："君使臣，臣事君，如之何？"孔子对曰："君使臣以礼，臣事君以忠。"

——《论语·八佾》，中华书局2006年版，第34页。

子曰："有教无类。"

——《论语·卫灵公》，中华书局2006年版，第247页。

当今之时，万乘之国行仁政，民之悦之，犹解倒悬也。

——《孟子·公孙丑上》，中华书局2006年版，第53页。

孔子的儒家思想创立于礼崩乐坏的社会动荡之时，提出以"仁"为核心理念，主张统治者"为政以德"、顺应民心、爱惜民力，通过道德感化来治理国家。孔子提出"有教无类"的教育思想，推动了私学的发展，打破了贵族垄断教育的局面。儒家提出了民本、仁、仁政和礼治思想，并重视教育，对保存和传播古代文化作出了杰出贡献。

人法地，地法天，天法道，道法自然。

——《老子》，中华书局2006年版，第63页。

祸兮，福之所倚；福兮，祸之所伏。

——《老子》，中华书局2006年版，第140页。

老子作为道家学派的创始人，在认识论方面提出了朴素的辩证法。政治上主张"无为而治""道法自然"，主张治国要顺应自然和民心。

刑重，则不敢以贵易贱；法审，则上尊而不侵。

——《韩非子·有度》，中华书局2007年版，第17页。

事在四方，要在中央。

——《韩非子·扬权》，中华书局2007年版，第25页。

欲天下之治，而恶其乱，当兼相爱、交相利。

——《墨子·兼爱中》，中华书局2007年版，第69页。

此外，法家主张依法治国，建立中央集权统治，兵家提出"知己知彼百战百胜"的灵活多变的战略战术；墨家则主张"兼爱""非攻"，选贤任能，提倡节俭。

• **线索三　统一多民族封建国家的建立和巩固**

1. 为什么说我国统一多民族封建国家的建立始于秦的统一？

关于秦的统一，教材文本指出统一中央集权国家的形成是历史发展的必然，也是客观需要，空前统一的封建国家促进了各民族的交往交流交融，推动了统一多民族国家政治、经济、社会的发展。

历代对秦始皇统一和秦制给予高度评价：
明法度，定律令，皆以始皇起。

——《史记·李斯列传》。

并吞战国，海内为一，功齐三代。

——《汉书·主父偃传》。

秦王扫六合，虎视何雄哉。

——李白：《古风·其三》。

秦之所以革之者，其为制，公大者也；其情，私也，私其一己之威也，私其尽臣畜于我也，然而公天下之端自秦始。

——柳宗元：《封建论》。

始皇帝，自是千古一帝也。

——李贽：《藏书》。

——转引自《中外历史纲要（上）》第一单元第3课"史料阅读"栏目。

秦的建立，结束了分裂，天下归一。空前统一的国家政权，这里所说的"统一"，不只是单纯的地理概念，表现疆域的扩大，建立起一个幅员辽阔的国家，"东至海暨朝鲜，西至临洮、羌中，南至北向户，北据河为塞，并阴山至辽东"；更多的是指在国家政治上的整齐划一，是经济制度和思想文化上的高度集中，即立了君主专制中央集权的官僚政治，政治组织结构更加紧密。

秦汉两朝建立了全国规模的专制主义中央集权的行政体制，从而为我国2000多年的封建社会奠定了政治体制的基本模式。不管后来的封建皇朝在政治制度方面又作出多少损益，其基本原则和模式都没有发生根本的变化。

——白钢：《中国政治制度通史》第3卷，人民出版社1996年版，第429页。

秦始皇采纳李斯的建议，全面推行郡县制，在地方设立郡、县两级行政机构，县以下设乡、里和亭，郡、县的主要官员由中央任免和考核。确立皇帝制度，皇帝对国家事务拥有至高无上的决定权。下设三公九卿，职责分明。国家军政大事，由公卿大臣进行朝议，最后由皇帝决断。秦始皇将全国的行政、军事等大权集中到皇帝手中，这套中央集权的行政制度奠定了此后中国两千多年中央集权封建国家政治体制的基本模式。

秦朝通过统一货币、度量衡，实现货币由国家统一铸造，赋税由国家统一征收，方便了财政管理，方便了经贸往来。全国推行统一文字，有助于国家制度的推动和各地区间的文化交流，这不仅推动了经济、文化的交流，更促进了各民族的交往交流交融，对中华民族长期保持文化认同和凝聚力产生了深远影响。

2. 两汉时期有哪些巩固统一多民族封建国家的措施？

《中外历史纲要（上）》第 4 课把两汉的内容合在一起，标题为"统一多民族封建国家的巩固"，是在第 3 课的基础上，强调两汉在政治、经济、社会、思想文化上的巩固措施，及对于统一多民族国家的巩固上起到的重要作用。

> 高帝悉去秦苛仪法，为简易。群臣饮酒争功，醉或妄呼，拔剑击柱，高帝患之。叔孙通知上益厌之也，说上曰："……礼者，因时世人情为之节文者也。……臣愿颇采古礼与秦仪杂就之。"上曰："可试为之，令易知，度吾所能行为之。"
>
> ——（西汉）司马迁：《史记》卷 99《刘敬叔孙通列传》，中华书局 1959 年版，第 2722 页。

> 上患吴、会稽轻悍，无壮王以填之，诸子少，乃立濞于沛为吴王。
>
> ——（西汉）司马迁：《史记》卷 106《吴王濞列传》，中华书局 1959 年版，第 2821 页。

> 汉兴……而大饥馑。凡米石五千，人相食，死者过半。
>
> ——（东汉）班固：《汉书》卷 24《食货志》，中华书局 1962 年版，第 1127 页。

> 汉兴七十余年之间，国家无事，非遇水旱之灾，民则人给家足，都鄙廪庾皆满，而府库余货财。京师之钱累巨万，贯朽而不可校。……当此之时，网疏而民富，役财骄溢，或至兼并豪党之徒，以武断于乡曲。
>
> ——（西汉）司马迁：《史记》卷 30《平准书》，中华书局 1959 年版，第 1420 页。

汉初基本沿袭秦制，但在施政方针上进行了重大调整，地方制度上实行郡国并行制。面对政权初建，社会生产遭受严重破坏，面对"自天子不能具钧驷，而将相或乘牛车，齐民无覆盖"的局面，西汉统治者从汉高祖到文景帝时期的各项措施，不得不将恢复发展经济、稳定社会作为首要任务，采取休养生息政策。这种黄老"无为"的指导思想，加上从军者归农、减免田租、刑法、赋税的做法，使得文景时期家给人足，国库充盈。"文景之治"的出现，为汉朝以后的发展奠定了基础。因此，这种"汉承秦制"，是在吸取秦亡教训的基础上的继承。

偃说上曰："……今诸侯子弟或十数，而嫡嗣代立，余虽骨肉，无尺地之封，则仁孝之道不宣。愿陛下令诸侯得推恩分子弟，以地侯之。彼人人喜得所愿，上以德施，实分其国，必稍自销弱矣。"于是上从其计。

——（东汉）班固：《汉书》卷64《主父偃传》，中华书局1962年版，第2802页。

刺史班宣，周行郡国，省察治状，……断理冤狱，以要六条问事……

一条，强宗豪右田宅逾制，以强凌弱，以众暴寡。

二条，二千石不奉诏书遵承典制，倍公向私，……侵渔百姓，聚敛为奸。

三条，二千石不恤疑狱，风厉杀人，怒则任刑，……为百姓所疾……。

四条，二千石选署不平，苟阿所爱，蔽贤宠顽。

五条，二千石子弟怙恃荣势，请托所监。

六条，二千石违公下比，阿附豪强，通行货赂，割损政令。

——（东汉）班固：《汉书》卷19《百官公卿表上》，中华书局1962年版，第742页。

从（汉武帝）建元三年（前138年）到元封三年（前108年），前后30年，汉军南征北战、东伐西讨，恢复甚至扩大了秦朝盛时的疆域，使汉朝真正成为不逊于秦，甚至更强于秦的中央帝国，从而为"承秦立汉"划上了句号。

——陈苏镇：《春秋与汉道》，中华书局2011年版，第241页。

汉武帝在政治、经济、思想、军事等方面所采取的一系列有效措施，巩固了统一的封建王朝，统一国家的特征得以完整体现。他采纳主父偃的建议，颁行"推恩令"，允许诸侯王分割国土，封子弟为列侯，使王国面积被自然分散，成功削弱了诸侯王的势力。汉武帝加强中央对地方的控制，创立中朝，使外朝丞相的权力被削弱；推行察举制，以"德才"为标准，从地方选拔人才，拓宽了人才选拔的范围；完善监察制度，设刺史，定期巡查郡国，任用酷吏，严刑峻法。经济上，控制经济，扩大财源，实行盐铁官营，均输平准，抑制工商业者，改革币制，将铸币全收归中央。思想上，尊崇儒术，设立太学和五经博士，确立儒学独尊地位。军事上，巩固边防，拓展疆域。汉武帝曾三次北击匈奴，匈奴造成的边患问题得以解决。张骞出使西域，开通丝绸之路，大大促进了西域与中原的联系。西域都护府的设置，及对东南沿海和西南少数民族地区的治理，使中央政府对地方的管理更加有效。经过汉武帝的开拓，西汉的疆域较之秦始皇时期扩大了近一倍。

  光武长于民间，颇达情伪，见稼穑艰难，百姓病害，至天下已定，务用安静，解王莽之繁密，还汉世之轻法。

——（南朝宋）范晔：《后汉书》卷66《循吏列传》，中华书局1965年版，第2457页。

  虽置三公，事归台阁。三公之职，备员而已。

——（南朝宋）范晔：《后汉书》卷49《王充王符仲长统列传》，中华书局1965年版，第1657页。

  东汉光武帝在实现全国统一后，对新建的王朝采取了巩固性措施。成立尚书台，削弱三公的权力，组建了从中央到地方的检察机构，形成了从中央到地方的强有力的监察系统，大大稳固了东汉前期的皇权；继续实行刺史制度，实行州、郡、县三级管理制度，重用人才，完善察举制；减轻刑罚，释放奴婢，整顿户籍及赋税管理；加强儒学统治地位，修太学。出现"光武中兴"局面。

  3. 如何理解秦汉时期重要历史人物对于统一多民族封建国家的贡献？

  对于应该如何正确理解秦汉时期重要历史人物对于统一多民族封建国家的贡献，需秉持一个观点：即"立足唯物史观，正确评价历史人物"。唯物史观指导我们要多视角、多方位、客观公正地评价历史人物，不以个人喜好代替客观评价，不以道德评价代替历史评价。

  判断历史的功绩不是根据历史活动家有没有提供现代所要求的东西，而是根据他们比他们的前辈提供了新的东西。

——中共中央马克思恩格斯列宁斯大林著作编译局编译：《列宁全集》第2卷，人民出版社1984年版，第154页。

  评价历史人物时不能脱离历史人物所处的特定的历史背景，要全面、客观地分析历史人物的阶级属性与时代烙印，决不能脱离当时的社会现实，要观察历史人物的活动是否有利于生产力发展、社会进步与国家统一。

  对历史人物的评价，应该放在其所处时代和社会的历史条件下去分析，不能离开对历史条件、历史过程的全面认识和对历史规律的科学把握，不能忽略历史必然性和历史偶然性的关系。不能把历史顺境中的成功简单归功于个人，也不能把历史逆境中的挫折简单归咎于个人。不能用今天的时代条件、发展水平、认识水平去衡量和要求前人，不能苛求前人干出只有后人才能干出的业绩来。

——习近平：《在纪念毛泽东同志诞辰120周年座谈会上的讲话》，《人民日报》2013年12月27日。

如秦汉时期的重要历史人物：以秦始皇、汉高祖、汉武帝等为代表的封建帝王，可以立足于他们创立和巩固统一多民族封建国家的措施上；以商鞅为代表的改革家，可以立足于他们作为法家代表，各项改革措施的推行对于秦国实现富国强兵、统一六国的作用上；以司马迁为代表的史学家与文学家，可以立足于他们的史学与文学创作，对于传承历史，丰富中华文化方面的作用上。

4. 如何理解秦的速亡？

秦的统一与制度创设顺应历史大势，符合当时社会生产发展的客观要求以及人心思定的普遍愿望，但始皇帝及其继任者的种种作为却迅速激化社会问题与阶级矛盾。

云梦秦简中的《秦律十八种》内容相当广泛，其中《田律》是关于农田耕作、水利建设方面的法律；《厩苑律》是关于牛马饲养方面的法律，还有专门用于手工业生产管理方面的《工律》《均工》等。律令所规定的法规制度定得极为细致。如……《厩苑律》规定：在四月、七月、十月和正月评比耕牛。……如果用牛耕田，牛的腰围减瘦了，每减瘦一寸要笞打主事者10下。

——王家范、张耕华、陈江编著：《大学中国史》，高等教育出版社2011年版，第134页。

自商鞅开始，秦大力推行法制，并试图将社会生活的各个方面都纳入法律的范畴。根据现有发掘整理的秦简，秦律之全面、细密正如汉人所论"法繁于秋荼，而网密于凝脂"，囊括当时政治、军事、经济等各个领域，而从具体条文来看，又可见秦律的繁重与苛酷。

头会箕敛，输于少府。

——《淮南子·氾论训》，二十一世纪出版社2015年版，第196页。

据统计，秦代全国人口约为2 000万，而每年被迫服役的不下200万。这批赋役者主要是丁壮劳力，按丁壮劳力占总人口的20%计算，当时几乎是举国就役了。

——王家范、张耕华、陈江编著：《大学中国史》，
高等教育出版社2011年版，第136页。

穿三泉，下铜而致椁，宫观百官奇器珍怪徙臧满之，令匠作机弩矢，有所穿近者辄射之。以水银为百川江河大海，机相灌输，上具天文，下具地理，以人鱼膏为烛，度不灭者久之。

——（西汉）司马迁：《史记》卷6《秦始皇本纪》，
中华书局1959年版，第265页。

与此同时，秦统治者历来视民众为实现富国强兵的工具，秦始皇更将这种理念发挥到极致。其横征暴敛、赋役无度远超大部分民众可承担的负荷。因此在秦始皇统治后期，各地已出现零星的农民起义。

博士齐人淳于越进曰："臣闻殷周之王千余岁，封子弟功臣，自为枝辅。今陛下有海内，而子弟为匹夫，卒有田常、六卿之臣，无辅拂，何以相救哉？事不师古而能长久者，非所闻也。"

——（西汉）司马迁：《史记》卷6《秦始皇本纪》，
中华书局1959年版，第254页。

但秦在制度、思想学术、语言文字、宗教意识上与六国存在的这些差异，却表现出了强烈的对抗性……六国在军事上的抵抗随着秦统一天下而以失败告终，但东方六国与秦在文化上的这种冲突和对抗，并没有随着秦灭六国而消解。统一天下后的秦在实施各项制度、政策方面，都对原来东方六国的文化施行压制与征服。

——何晋：《秦称"虎狼"考》，《文博》1999年10月，第46页。

再者，秦朝统治者实现疆域的统一后，面对失去家国的六国遗民，既无法在政治上对六国故地实现完全有效的统治，又未能在文化上取得他们的认可，使得六国贵族的反秦、复辟贯穿秦朝始终。

综上，秦的统一本是"顺应天意"，却在其自身统治者未能改弦更张，施行一系列违逆民意、滥用民力的举措中迅速走向灭亡。

- **历史之音**

1. 有学者认为，夏朝是我国古代史上的一个重要转折点，如何理解？

　　根据文献记载来看，我们同意夏代处于原始社会向奴隶社会转变时期的观点。这是我国古代史上的一个重要转折点。

　　　　　　　　——白寿彝主编：《中国通史》第3卷《上古时代（上册）》，
　　　　　　　　上海人民出版社2004年版，第200页。

石器时代以降，早期人类文化遗存遍布中华大地，呈现"满天星斗"之势。根据现有的考古资料，各地长期处于多元并存、基本独立发展的状态，而未互相统摄。夏朝的建立，不仅意味着世袭制取代禅让制，改变了古代中国统治模式，同时也表明夏文化在发展过程中脱颖而出，成为当时的文明中心，辐射四周。

　　据研究，"二里头文化影响涉及的考古学文化数量之多、范围之广、力度之大，在该时期的考古学文化中首屈一指。以二里头文化为中心的文化交流是该时期中国大地上最主要的文化关系"。比如二里头文化向西运动，改变了陕甘宁地区土著文化的势力范围，使该地域内的客省庄文化西迁和北上；向南推进，使江汉平原的石家河文化进入新的发展阶段。

　　　　　　——周国林：《全球视野下中华文明演进的阶段划分与道路选择》，
《河南师范大学学报（哲学社会科学版）》2018年5月第3期，第3页。

作为很有可能是夏文化遗存的二里头遗址，就既有继承仰韶文化、龙山文化的一面，又体现出对其他同时期文化形成影响的特点。这种强势文化辐射、影响其他文化，促成不同文化间的交流与融合，带动各地区朝着多元一体的方向迈进，奠定了中华文明发展的主基调。因此，可以说夏朝是我国古代史上的一个重要转折点。

2. 后人常用"汉承秦制"来概括秦与汉初政治制度的关系，如何理解？

　　今人引"汉承秦制"所要证明的涵义大抵有两种：

　　其一，认为：汉代因循秦朝的某些体制或某种制度。如政治体制、官僚体制、财政体制、法律制度、土地制度、户籍制度、赋税制度等。

　　其二，认为：汉代完全因循秦代制度。这种因循的性质就是封建社会的继承和发展，其间虽有小的变迁，而精神是一脉相承的。

　　　　　　　　　　　　　　——朱永康：《"汉承秦制说"质疑》，
《上海师范大学学报（哲学社会科学版）》1987年第2期，第7页。

《中外历史纲要（上）》第4课兼顾了上述两种观点，从微观处认可汉代对秦制的延续，从宏观处将之与秦一并纳入到"统一多民族封建国家的建立与巩固"的讨论范畴。因此，所谓"汉承秦制"，不仅是指汉对秦在政治制度上的继承与发展，还有着更深层次的统治精神上的紧密联系。西汉开国功臣、宰相萧何便是一个很典型的案例。

作为秦王朝一名精明能干的县吏，……他的《九章律》是以秦律为基础增益而成的，他拥有的现存法制资料来自秦中央政府，……他所要管理的土地，即巴蜀关中之地，是秦王朝的根本重心，完全属于秦文化的传统区域。……他所秉承的思想准则，正是秦的法治思想，是他作为前朝一名"文无害"的县主吏习之有素的统治精神。

——罗新：《从萧曹为相看所谓"汉承秦制"》，《北京大学学报（哲学社会科学版）》1996年第5期，第81—82页。

西汉初年，民生凋敝，国力衰退，但中央政府仍在征发军队、兴建土木，虽然其强度与秦不能相比，但可见其统治精神，尤其是组织方式，直接源于秦朝。特定的时空条件决定了"汉承秦制"的出现。

第二单元

三国两晋南北朝的民族交融与隋唐统一多民族封建国家的发展

第一部分　单元解析

课程标准要求

高中课程标准对本单元的内容要求阐述如下。

通过了解三国两晋南北朝政权更迭的历史脉络，隋唐时期封建社会的高度繁荣，认识三国两晋南北朝至隋唐时期的制度变化与创新、民族交融、区域开放和思想变化领域的新成就。

单元主题解读

本单元的单元主题"三国两晋南北朝的民族交融与隋唐统一多民族封建国家的发展"包含了3个关键词。"三国两晋南北朝"与"隋唐"界定了本单元的时间跨度，即东汉末年大一统崩溃到唐朝大一统局面的解体，前后持续约七百年。"民族交融"与"国家的发展"反映出这一历史时期的两大特征。三国与西晋延续了秦汉以来基本的政治框架、统治策略与思想体系，原有体制的种种弊端在遭遇新的民族问题后，成了导致西晋短命而亡和此后长期南北分裂的重要因素。经过长期的交流融合，南朝和北朝构建起的新型民族关系、新的政治体制、新的经济区域，为隋唐统一和盛世打下了坚实的基础。

值得关注的是民族交融和制度发展在隋、唐两朝的盛与衰中所起到的重要作用，不断发展的赋税制度和江南地区的持续繁荣又为安史之乱后唐朝的衰而不亡提供了重要的保证。制度层面的对立统一不断推动了中国历史的前进，也为之后国家的统一和发展提供了经验与教训。

■ 单元内容结构

本单元包括4课，第5课《三国两晋南北朝的政权更迭与民族交融》、第6课《从隋唐盛世到五代十国》、第7课《隋唐制度的变化与创新》、第8课《三国至隋唐的文化》。

本单元历史横跨约七百年。其间，政权更迭频繁、南北对峙激烈、制度纷繁复杂、民族交融众多。第5课和第6课以历史发展脉络为线索，用六目的篇幅概括勾勒出了三国两晋南北朝从分裂走向统一、由乱到治，隋唐由盛转衰的历史，并将民族交融作为推动这一历史时期发展的重要内容融入教材文本中。第7课介绍了隋唐时期所创设的3项重要制度——科举制、三省六部制与两税法。这3项国家管理制度的创新和发展，是隋朝和唐朝政权相对稳定并走向繁荣的保障，对后世产生了深远的影响。实际授课过程中，教师可以统整第6课与第7课内容。按照历史发展的时序，将第7课第一目"选官制度"和第二目"三省六部制度"置于隋唐盛世中进行讲授，第7课第三目赋税制度置于安史之乱后进行讲授。第8课正是基于本单元前三课三国两晋南北朝和隋唐盛世的时代特征在文化上的体现。

■ 核心素养教学建议

（1）能够借助地图认识这一时期政权的时空变化，知道三国两晋南北朝政权更迭的历史脉络。通过对历史文献的综合释读了解这一时期经济发展和民族交融的基本史实。

（2）能够客观、全面地分析、概括、归纳三国两晋南北朝、隋唐五代时期中国社会发展的总趋势和特点以及不同时期的阶段性特征。能运用如生产力与生产关系、经济基础与上层建筑的关系等唯物史观的相关理论，分析魏晋时期南北长期对峙并立，隋唐盛世出现的原因。

（3）能够在充分理解各民族之间从冲突走向和平进而交融的复杂、曲折和反复进程的基础上，感悟民族交融对统一多民族国家发展巩固的意义，形成对中华民族的认同感。

（4）能够在充分占有史料的基础上，理解制度的变革、发展和创新是推动社会进步的重要动力，理解隋唐新制度对国家发展的影响。

（5）能够通过对文学艺术作品的释读，把握中华民族多元一体的发展趋势以及对周边国家历史发展的重要影响。

第二部分　教材比较

与初中课程标准、教材比较

《中外历史纲要（上）》第二单元文本内容是《中国历史第一册》第四单元"三国两晋南北朝时期：政权分立与民族交融"与《中国历史第二册》[①] 第一单元"隋唐时期：繁荣与开放的时代"的合并与延伸，两者在编撰体例上既有共性又有差异。相较而言，初中内容更为丰富，高中内容是对初中内容的高度概括和升华。

1. 课程标准相关内容表述

初中课程标准与高中课程标准相关课程内容要求对照见表2-1。

表2-1　初中课程标准与高中课程标准相关课程内容要求对照

初中课程标准	高中课程标准
1. 通过了解三国两晋南北朝时期的政权更迭和北魏孝文帝改革、人口迁徙和区域开发，认识这一时期民族交往交流交融的历史特点及其中华民族发展的意义； 2. 通过了解这一时期的科技和艺术成就，如祖冲之的数学成就，认识传统文化的继承与创新； 3. 通过了解隋朝的兴亡、"贞观之治"与"开元盛世"，知道隋朝速亡和唐朝兴盛的原因； 4. 了解科举制度创建、大运河开通、文成公主入藏、鉴真东渡、玄奘西行等史事，从制度、经济、文学艺术、民族交往、中外文化交流等方面认识隋唐王朝在世界历史上的重要地位； 5. 通过了解"安史之乱"后藩镇割据和五代十国的局面，认识唐末五代的社会危机	通过了解三国两晋南北朝政权更迭的历史脉络，隋唐时期封建社会的高度繁荣，认识三国两晋南北朝至隋唐时期的制度变化与创新、民族交融、区域开发和思想变化领域的新成就

[①] 教育部组织编写：《义务教育教科书（五四学制）　中国历史　第二册》，人民教育出版社2022年版。以下简称《中国历史第二册》。

初中课程标准对三国两晋南北朝时期政权更替的重要史实、民族间的交往交流交融、科技和文化成就、隋唐兴亡的史实、隋唐在中国和世界历史上的重要地位以及唐末五代十国的社会危机等方面提出了明确的学习要求。相较于初中课程标准，高中课程标准更多关注三国两晋南北朝时期政权更替的整体脉络、隋唐时期封建社会的繁荣以及三国两晋南北朝至隋唐时期在制度、民族关系、区域开发、思想文化等领域的发展历程和成就。

2. 教材相关单元、课、目编排

《中国历史第一册》《中国历史第二册》与《中外历史纲要（上）》相关单元、课、目编排对照见表2-2。

表2-2 《中国历史第一册》《中国历史第二册》与《中外历史纲要（上）》相关单元、课、目编排对照

《中国历史第一册》		《中外历史纲要（上）》	
第四单元　三国两晋南北朝时期：政权分立与民族交融		第二单元　三国两晋南北朝的民族交融与隋唐统一多民族封建国家的发展	
第16课 三国鼎立	官渡之战	第5课 三国两晋南北朝的政权更迭与民族交融	三国与两晋
	赤壁之战		
	三国鼎立		
第17课 两晋的短暂统一和北方各族的内迁	西晋的建立		
	八王之乱		
	北方游牧民族的内迁		
第18课 东晋南朝时期江南地区的开发	东晋的兴亡		东晋与南朝
	南朝的政治		
	江南地区的开发		
第19课 北魏政治和北方民族大交融	淝水之战		十六国与北朝
	北魏孝文帝改革		
	北方地区的民族交融		
第20课 魏晋南北朝的科技与文化	贾思勰和《齐民要术》	第8课 三国至隋唐的文化	科技
	科学家祖冲之		
	书法、绘画与雕塑		文学艺术

（续表）

《中国历史第二册》		《中外历史纲要（上）》	
第一单元　隋唐时期：繁荣与开放的时代		第二单元　三国两晋南北朝的民族交融与隋唐统一多民族封建国家的发展	
第1课 隋朝的统一与灭亡	隋的统一	第6课 从隋唐盛世到五代十国	隋朝的兴亡
	开通大运河		
	开创科举取士制度	第7课 隋唐制度的变化与创新	选官制度
	隋朝的灭亡		隋朝的兴亡
第2课 从"贞观之治"到"开元盛世"	唐朝的建立与"贞观之治"	第6课 从隋唐盛世到五代十国	唐朝的繁荣与民族交融
	女皇帝武则天		
	"开元盛世"		
第3课 盛唐气象	经济的繁荣		
	民族交往与交融		
	开放的社会风气		
	多彩的文学艺术	第8课 三国至隋唐的文化	文学艺术
第4课 唐朝的中外文化交流	遣唐使和鉴真东渡		中外文化交流
	唐与新罗的关系		
	玄奘西行		
第5课 安史之乱与唐朝衰亡	安史之乱	第6课 从隋唐盛世到五代十国	安史之乱、黄巢起义和五代十国
	黄巢起义与唐朝灭亡		
	五代十国的更迭与分立		

◆ 从内容编排看，《中国历史第一册》第四单元"三国两晋南北朝时期：政权分立与民族交融"，共5课时，单元主题聚焦东汉以后三国两晋南北朝时期政权并立与民族交融的时代特征。《中国历史第二册》第一单元"隋唐时期：繁荣与开放的时代"，共5课时，单元主题聚焦隋唐时期社会各方面整体的发展和进步。上

述两个单元总计 10 课时。《中外历史纲要（上）》第二单元"三国两晋南北朝的民族交融与隋唐统一多民族封建国家的发展"共 4 课时，单元主题不仅围绕三国两晋南北朝时期的政权更迭、南北对峙、民族交融、江南开发，更侧重于隋唐时期中国统一多民族封建国家的巩固与发展，尤其是制度和文化上的重要建树。

◆ 就知识点而言，《中外历史纲要（上）》第二单元相较于《中国历史第一册》第四单元和《中国历史第二册》第一单元新增知识点大致有：隋唐时期三省六部制和赋税制度等的变化和创新、思想文化上儒学道教与佛教的发展、隋唐时期科学技术的进步以及魏晋南北朝时期佛教的中外交流等。《中国历史第一册》第四单元中官渡之战、赤壁之战、八王之乱的具体过程、北方地区民族交融的表现以及《中国历史第二册》第一单元中唐朝时期经济的繁荣、开放的社会风气等内容在《中外历史纲要（上）》则不再重复出现。

◆ 从行文表述上看，需要特别指出下列方面。

关于三国两晋南北朝的影响，《中国历史第一册》第四单元导语表述为三国两晋南北朝时期"为新的统一局面的出现奠立了基础"，《中外历史纲要（上）》表述为（这一时期的民族交融）"推动了统一多民族封建国家的发展"，更侧重于从长时段来解读三国两晋南北朝时期民族交融对统一多民族封建国家发展的重要意义。

关于北魏孝文帝改革的评价，《中国历史第一册》表述为"这些措施，促进了民族交融，也增强了北魏的实力"。《中外历史纲要（上）》的表述是"这些改革措施顺应了北方民族交往交流交融的历史趋势，有效缓解了民族矛盾，促进了北魏的经济发展和社会繁荣，为以后北方统一南方以及隋唐盛世的出现打下了基础。"与紧接着的"隋朝取代北周，统一全国"相联系，体现时代发展背后的内在关联。

关于唐朝时期民族交往与少数民族建立政权的表述，《中国历史第二册》是"一些少数民族建立的政权与唐王朝关系密切"；《中外历史纲要（上）》表述为"唐朝周边少数民族建立的政权，对祖国边疆地区的开发作出了积极贡献。"这一表述立足少数民族政权对边疆地区开发和统一多民族国家发展的作用。

■ **与华师大版高中教材比较**

《中外历史纲要（上）》第二单元的内容涵盖三国两晋南北朝隋唐史，相关史实与华师大版《高中历史第二册》第三单元第 10、11 课以及第四单元内容基本一致。两版教材都关注三国两晋南北朝隋唐时期历史脉络的演进，强调民族交融对这一时期历史发展的推动作用，同时两版教材都用较大篇幅介绍了这一时期的新变化、新制度与新成就。但两者在内容的编排、知识点详略、行文表述等方面存在一些差异。

◆ 从内容编排看，华师大版《高中历史第三分册》第三单元第10、11课以及第四单元的编排更关注三国两晋南北朝和隋唐盛世的重要史实，但未完整地介绍盛唐之后历史发展。《中外历史纲要（上）》第二单元魏晋部分基本也是概述史实，但在隋唐部分介绍了从隋唐盛世到五代十国分裂的历程，用三目的篇幅，依时序展现了当时中国历史发展的基本过程，将隋唐盛世到五代十国兴衰成败的脉络清晰地勾勒出来，并对该阶段政权更替的因与果作了相关阐述。

◆ 就知识点而言，相较于《高中历史第二分册》第三单元和第四单元，《中外历史纲要（上）》第二单元新增的知识点大致有"士族"和"六朝"的概念、八王之乱、淝水之战、兴建洛阳城、唐朝与突厥的关系史、安史之乱、藩镇割据、两税法、周世宗改革，三国至隋唐时期儒学、道教和佛教的发展，魏晋南北朝的文学艺术、书法、绘画、雕塑、舞蹈等成就以及这一时期数学、农学、地理、建筑和医学的发展。

◆ 在行文表述上，需要特别指出下列方面。

《中外历史纲要（上）》用"民族交融"代之以华师大版高中历史教材的相关表述——"民族融合"。融合是一个主体内部发生的内濡，交融则更强调不同主体间的交流与融合。我国自古就是多民族并存、共同发展，各民族间的相互依存和影响推动了中华民族多元一体格局的形成和统一多民族国家的发展。

关于"贞观之治"和"开元盛世"的表述，《高中历史第二分册》第14课的两目就是"贞观之治"和"开元盛世"，详细罗列了相关史事。《中外历史纲要（上）》第6课第二目"唐朝的繁荣与民族交融"，对"贞观之治"与"开元盛世"的具体表现未展开叙述，而是将重点放在了"民族交融"上。

关于唐时期民族融合内容的选取，《高中历史第二分册》在交待唐的民族政策上采用了以"一斑窥全豹"的手法，通过讲述唐太宗时期的唐蕃关系来说明当时各民族的相互交融与统一的多民族国家的日臻巩固。《中外历史纲要（上）》对当时西北边疆突厥的兴衰，唐政府对西域的有效管辖皆有翔实记述；还讲述了数代的唐蕃关系以及唐和东北边疆各民族的关系，旨在让学生充分认识到"民族交融"是盛唐时期的突出特色。

第三部分 核心问题释读

◆ 线索一 魏晋南北朝的分分合合

1. 实现大一统的西晋为何迅速灭亡？

在中国古代大一统王朝之中，西晋是实力最弱，"口碑"最差的王朝。立国仅有 50 年，未有典章制度利于后世，相反，其身后留下 300 年分裂山河。

◆ 西晋因何而亡？

关于西晋灭亡的原因，学界有各种认识。

有学者认为西晋亡于立储不当。

> 西晋之亡，亡于齐王攸之见疑而废以死也。
> ——（明）王夫之：《读通鉴论（中）》，中华书局 1975 年版，第 311 页。

王夫之指出晋武帝出于一己之私，罔顾众望所归的齐王司马攸，执意立司马衷为太子。最终导致贾后专权，上层斗争不息，内耗不断。

还有学者认为西晋亡于重置分封，地方诸侯王权力过大。

> 封王还不是导致乱事的主要原因。最严重的是宗室掌握了军政大权……这些宗室之间便常常发生矛盾，甚至战争。西晋宗室当权的措施是导致西晋灭亡的重要原因。
> ——唐长孺：《魏晋南北朝隋唐史讲义》，中华书局 2012 年版，第 30 页。

> 如武帝末年，用秦王柬都督关中，楚王玮都督荆州，淮南王允都督江、扬二州，汝南王亮出镇许昌。惠帝即位，用梁王肜、赵王伦、河间王颙先后镇关中，成都王颖镇邺。赵王伦擅政，用齐王冏镇许昌。……一切割据称雄与举兵向阙的事情，也均由此而起。
> ——王仲荦：《魏晋南北朝史（上册）》，上海人民出版社 1979 年版，第 216—217 页。

晋武帝为避免曹魏孤立导致权臣篡国，大封宗室，不少诸侯王担任地方重镇的都督，并被授予军政大权，一旦中央出现变乱，地方诸侯便乘势而起，相互攻伐，最终导致"八王之乱"。八王之乱也彻底激化了之前少数民族和汉族之间的矛盾，从而最终酿成更大的变乱。

  而且诸王在混战中利用少数民族的贵族参加内战，造成严重的后果……从此大河南北，就成为匈奴、鲜卑贵族统治的世界，由八王内乱引起了中原地区更大的胡汉移民狂潮。

——王仲荦：《魏晋南北朝史（上册）》，
上海人民出版社1979年版，第219页。

八王之乱导致百姓流离失所，各地各族人民大量流亡。其中有些内迁少数民族备受欺压，有些还成了八王争斗的工具。

以上各种因素合力将西晋推向灭亡。

◆ 西晋政权能避免灭亡吗？

追问一：如果妥善地解决了立储的问题，西晋能避灭亡吗？

  西晋初年在政治上的这些措施，大都因循乃至复旧，缺乏深谋远虑、长治久安之策。加上晋武帝君臣都是优游逸乐，豪华相尚，互相倾轧，争权夺利，从而酿成了八王之乱。

——韩国磐：《魏晋南北朝史纲》，人民出版社1983年版，第117页。

答案是否定的。

西晋由统一之世转向乱世。首先是因为政治纲纪的废弛导致政治的腐败，带来了两方面的后果。在思想行动上，政治的腐败导致社会风气江河日下，玄学思想在社会蔓延，学人官吏蔑视现实，从朝廷到臣下，奢侈之风盛行。在政治伦理上，司马氏家族以权臣身份篡位夺权，直接摧毁了两汉以来的君臣之义，为后世起了一个极坏的示范作用。为了扩大统治基础，晋朝对士族豪强多家优待，门阀势力加速发展。秦朝创建的官僚体制被贵族政治不断侵蚀。导致整个社会"忠君之念已亡、保家之念弥切"。

追问二：如果没有少数民族的内迁，西晋能得以存续吗？

  恶劣的天气一直持续到公元3世纪末。晋朝开国后十年（280—290年），每年都十分寒冷干燥，农作物被提早到来的霜破坏，各地民生用品的价格大幅上涨。

——[瑞士]许靖华，甘锡安译：《气候创造历史》，生活·读书·新知
三联书店2014年版，第39—40页。

答案依然还是否定的。

恶劣的气候也是导致匈奴南下的一个不容忽视的因素。"小冰期"从公元2世纪后半期正式到来，逐水草而生存的游牧民族面对这样恶劣的环境，饱受饥荒所苦，也只能向南迁徙。

自汉武帝之后，民兵制度遭到破坏。东汉以来，多以异族为兵。大量异族迁居内地。虽然这些民族主要从事耕织，但意图恢复故业的少数民族首领，一俟中原纷乱，必然"掩不备之人，收散野之积"。

当历史的车轮前进至公元3世纪，中国秦汉大一统帝国所产生的各种弊端已经显露无遗，需要有新的力量对旧的体制进行一番彻底的改革。然而遗憾的是，西晋王朝代表着陈旧腐败的势力，王朝本身承载了几乎所有的问题，所以历史前进的车轮必然会残酷地碾过西晋王朝，继而引发一场为时200多年的大分裂，大混乱，要跨过这个坎虽然一路崎岖，但迎来的却是华夏的新时代。

2. 为何最终是北方政权结束了三国两晋南北朝对峙的局面？

北方最终统一南方，与民族交融的深入密切相关。

三国两晋南北朝时期，虽然北方战乱不断，但是相较于相对稳定的南方而言，北方的民族交融更为频繁与密切，并且不断深入。

永嘉之乱之后，西晋灭亡，少数民族在北方纷纷建立政权，中原战乱不断。虽然战争与征服也是民族交融的一种形式，但当时的南北对峙与民族压迫导致各民族之间相互敌视，甚至出现过死伤二十余万的民族争斗。于是反对民族压迫，维持南方的稳定成为东晋维持统治的重要手段。

北方长期的混战在一定程度上也促进了各族之间相互学习，为局部的统一奠定了基础。公元4世纪下半叶，前秦苻坚统一了北方。经过长期的交流，以苻坚为代表的少数民族统治者逐渐接受、认同和学习汉族的典章制度。而局部的统一、国力强大的现实又促使少数民族统治者认为自身才是代表着中原世代传承的文化与道义的传统——即正统，所以必须谋求南北统一。

（苻坚）引群臣会议，曰："吾统承大业垂二十载，芟夷逋秽，四方略定，惟东南一隅未宾王化。吾每思天下不一，未尝不临食辍餔，今欲起天下兵以讨之。"

——（唐）房玄龄等：《晋书》，中华书局1974年版，第2911页。

"未宾王化"一词展现出前秦对大一统的渴望，也从一个侧面反映了民族交融的不断深入。面对苻坚的强烈的统一愿望,前秦内部却是争议不断。

吴之不可伐昭然,虚劳大举,必无功而反。臣之所忧,非此而已。陛下宠育鲜卑、羌、羯,布诸畿甸,旧人族类,斥徙遐方。今倾国而去,如有风尘之变者,其如宗庙何!

——(唐)房玄龄等:《晋书》,中华书局1974年版,第2913页。

材料中苻融的担忧反映出民族矛盾依然是横亘在统一面前的一个巨大的障碍,虽然经过频繁接触,各民族暂时集结在前秦的统治之下,但各族的生活方式、语言依然各不相同,缺乏统一的经济基础。

庞大的苻秦王朝,和稍前的匈奴人、羯人、鲜卑人建立的前赵王朝、后赵王朝、前燕王朝有其共同之处,即"这不是民族,而是偶然凑合起来的、内部缺少联系的集团的混合物,其分合是依某一征服者的胜败为转移的"。

——王仲荦:《魏晋南北朝史》,上海人民出版社1979年版,第275页。

最终,淝水之战摧毁了貌似强大的前秦王朝,北方再度陷入分裂混乱之中。

前秦的灭亡使北方再度陷入纷乱之中,但是民族交融依然在曲折前进。北魏的区域统一促进了民族的交融,民族的融合又促进了经济的发展,北方统一的因素开始加强。在孝文帝的身体力行下,北魏在经济与文化上全方位推行改革,随着民族交融程度不断提高,北方的发展已经不输于南方。经济与文化的双重发展为之后的统一奠定了坚实的基础,文化上的进步与趋同更为北方最终主导统一增加了砝码。

自晋、宋以来,号洛阳为荒土,此中谓长江以北,尽是夷狄。昨至洛阳,始知衣冠士族,并在中原,礼仪富盛,人物殷阜,目所不识,口不能传。

——杨衒之、尚荣译注:《洛阳伽蓝记》,中华书局2012年版,第182页。

易周氏官仪,依汉、魏之旧。

——(唐)魏徵等:《隋书》卷12《礼仪七》,
中华书局1973年版,第254页。

今皇隋革命,宪章前代,其(北)魏、(北)周辇辂不合制者,……唯帻从衣色。今请冠及冕,色并用玄,唯应著帻者,任依汉、晋。

——(唐)魏徵等:《隋书》卷1《高祖上》,
中华书局1973年版,第13页。

南朝陈庆之访问北魏，亲眼看见洛阳繁荣的景象后，心生感慨。在北魏、北周基础上建立的隋朝，就制度建设进行了重大的改革，还重新采用汉朝与曹魏时期的服饰礼仪。魏晋以来各族的文化制度最终汇聚成"隋唐之制"，隋朝最终承担起了再次统一全国的重任。

> 汉唐盛世之间，魏晋南北朝是个帝国的低谷，北朝则构成了走出低谷、通向隋唐大帝国的历史出口。
>
> ——阎步克：《波峰与波谷：魏晋南北朝的政治文明》，
> 北京大学出版社 2009 年版，第 218 页。

虽然同样经历了民族交融，但南朝的政治始终由门阀士族所把持。随着时间的推移，士族高门逐渐呈现出衰糜之风，士族大多不理政务，寒门庶族兴起，皇权日渐衰落，与当时北朝政治的蒸蒸日上形成了鲜明的对比。

线索二　民族交融助力国家统一与发展

1. 北魏孝文帝改革是北魏灭亡的罪魁祸首吗？

从长远来看，北魏孝文帝改革意义深远。然从短时段来看，改革损害了部分少数民族军人的既得利益，引发暴动，导致北魏的灭亡，北方民族交融的进程也因此遭遇波折。

◆ **孝文帝为什么推行改革？**

淝水之战后，北方再次陷入纷乱的局面，战争频仍。公元 435 年，北魏太武帝拓跋焘统一黄河流域，与南面的刘宋形成了南北对峙的局面，而此时统治北魏的拓跋部在政治、经济和文化等各方面都非常落后。

> 拓跋氏以滞留在家长奴隶制阶段的部落，君临了封建关系已经确立的中原地区，所建国家成为一种复杂的结合体，它包含着一些经济发展不同的地区，但是无论如何，从拓跋氏君临中原地区起，拓跋部内封建的阶层正在战胜其他社会阶层，而逐渐取得主宰的地位。
>
> ——王仲荦：《魏晋南北朝史（下册）》，
> 上海人民出版社 1980 年版，第 515 页。

入主中原之后，以游牧为主的拓跋部的农业生产逐渐发展，其封建化程度也得到加深。拓跋部在统一的过程中，不断联合北方汉族大族豪强，大量的汉族士大夫入朝为官。在孝文帝改革之前，其祖母冯太后当政时已向汉族学习力行改革。在政治上，实施官吏俸禄制，整顿吏治，严禁贪污。在经济上，颁布均田制度恢复北方农业生产，缓和了阶级矛盾；推行三长制度，加强中央集权。这些改革一方面巩固了北魏的统治，推动了北方经济的发展；另一方面也促进了内迁中原地区的各族人民和汉族人民的融合，为孝文帝之后的改革奠定了基础，并提供了一个积极的范例。

> 帝……雅好读书，手不释卷。"五经"之义，览之便讲，学不师受，探其精奥。史传百家，无不该涉，善谈《庄》《老》，尤精释义。才藻高瞻，好文为章。诗赋铭颂，任兴而作。有大文笔，马上口授，及其成也，不改一字……
>
> ——《魏书·高祖纪》，转引自《中外历史纲要（上）》第二单元第5课"史料阅读"栏目。

公元490年，冯太后去世，孝文帝拓跋宏亲政。他深受汉族文化影响，极其仰慕汉族文化，史载"宏甚重齐人，常谓其臣下曰'江南多好臣'"。与此同时，北魏的国内局势也促使孝文帝推行改革，全面推动民族融合。随着生产力的恢复和均田制的推广，中原农业经济已经成为北魏王朝的主要基础，而当时的首都平城远离经济重心，只有迁都到中原地区才能解决塞上不断出现的严重饥荒对政权的影响。迁都至中原政治与文化的中心地区，也能使北魏成为华夏文化的继承者，更好地联合中原士族，巩固统治。

◆ 改革对北魏产生了怎样的影响？

> 史臣曰：有魏始基代、朔，廓平南夏，辟壤经世，咸以威武为业，文教之事，所未遑也。高祖……钦明稽古，协御天人，帝王制作，朝野轨度，斟酌用舍，焕乎其有文章，海内生民咸受耳目之赐。
>
> ——《魏书·高祖纪》，转引自《中外历史纲要（上）》第二单元第5课"史料阅读"栏目。

孝文帝的改革顺应了十六国以来各少数民族政权相互融合的趋势。改革加强了中央集权，暂时缓和了阶级矛盾和民族矛盾，促进了黄河流域经济的发展。这些都是我们所熟知的孝文帝改革的积极影响。

但我们也应该注意到孝文帝改革中的一些不当措施，这些措施在一定程度上对北魏的统治产生了负面影响。为得到鲜卑族贵族对改革的支持，孝文帝给予鲜卑族贵族许多利益，并且纵容了他们进行贪污、受贿、舞弊。整个统治阶级日益腐朽。随着封建化的日益加深，拓跋部内部日益分化严重，内部阶级矛盾日益尖锐。尤为严重的是在军队层面，北方六镇边防军的地位在王朝迁都洛阳后迅速下降，原本由贵族和豪强组成的六镇武士，逐渐由平民甚至囚犯来服役，他们长期驻守北方，与南方洛阳的新兴贵族门阀严重对立，为北魏末年的各民族大起义埋下了祸根。

◆ 如何全面评价孝文帝的改革？

概言之，孝文帝的改革思想及其实践，在多方面突破了前代个少数民族统治者所具有的思想水平，扶持中原儒学渡过危机，逐渐振兴光大，重新取得思想上的统治地位，同时推动了北方地区经济、政治和文化的发展，促进了各民族的大融合。

——程维荣：《拓跋宏评传》，南京大学出版社 1998 年版，第 279 页。

孝文帝规模空前的改革顺应了历史发展的潮流，他延续了各民族融合的大趋势，巩固了统治。短短 6 年的改革，稳定了北方的局势，发展了北方的经济，恢复了北方的传统文化，为过渡到鼎盛的隋唐时期创造了条件。

后来的历史家颇多构责北魏之亡是由于孝文帝的迁都与汉化。他们认为北魏离于夷狄而来即于中国，固不免亡国之祸。平心而论，这是倒因为果的说法。

——孙同勋：《拓跋氏的汉化及其他——北魏史论文集》，

稻乡出版社 2005 年版，第 152 页。

孝文帝改革推动了民族的融合和经济的发展，然而吊诡的是孝文帝去世仅仅 30 年后，北魏政权便在天灾人祸、农民起义、武将专权、太后干政下走向灭亡。后世诸多学者追根溯源，认为北魏衰败的源头正是孝文帝的改革。一些历史学家将北魏的灭亡归因于孝文帝改革，是对历史的片面认识。孝文帝改革本身并没有问题，问题在推行改革所采取的各项措施。改革是充满险阻的，是曲折复杂甚至反复的，更重要的是改革需要传承与延续。可惜的是，孝文帝之后的北魏统治者没有一个具备孝文帝那样的英明果断和雄才大略。

2. 唐太宗为何能被称为"天可汗"？

在中国古代封建帝王中，每论中央王朝与周边少数民族之间的关系。很多人都会谈到唐太宗李世民，谈论他开明的民族政策，谈论他被周边各族称之为"天可汗"。

◆ 唐太宗是如何成为"天可汗"的？

贞观四年（公元 630 年），东突厥颉利可汗被俘，东突厥部落首领及原先依附于东突厥的各部酋长向太宗上"天可汗"尊号，李世民欣然接受。然而，接受了"天可汗"的称号并不意味着唐朝就控制了北方的游牧地区。在很长一段时间内，薛延陀控制了北方草原，与唐朝相互对峙。直到贞观二十年，薛延陀可汗兵败身死，唐军才出兵征服薛延陀。之后，铁勒部等首领再次向太宗上尊号"天可汗"，唐太宗接受这个头衔，并且同意开凿一条专门来朝见的通道，称之为参天可汗道。

（贞观二十年）九月，上至灵州，敕勒诸部俟斤遣使相继诣灵州者数千人，咸云："愿得天至尊为奴等天可汗，子子孙孙常为天至尊奴，死无所恨。"……（贞观二十一年正月）及还，上御天成殿宴，设十部乐而遣之。诸酋长奏称："臣等既为唐民，往来天至尊所，如诣父母，请于回纥以南、突厥以北开一道，谓之参天可汗道，置六十八驿，各有马及酒肉以供过使，岁贡貂皮以充租赋，仍请能属文人，使为表疏。"上皆许之。

——（宋）司马光，《资治通鉴》卷 198，中华书局 2011 年版，第 6239—6240、6245 页。

由此可见，依据史书记载，"天可汗"是由东突厥和铁勒部所上的尊号，反映出唐太宗时期对北部草原地区的逐步征服，凸显出历经魏晋以来民族交融，胡汉结合的时代特征。

◆ 为什么北方草原各部会公推唐太宗为"天可汗"？

首先，与唐朝与草原各部实力消长密切相关。隋唐之际中原群雄纷争，东、西突厥趁机再度崛起，屡次骚扰内地，甚至"无岁不至"。公元 629 年，唐太宗新登帝位，东突厥颉利可汗率兵十万进逼长安。鉴于严峻的边境局势，太宗继位后一方面休养生息，另一方面积极训练军队，做好出征准备。

贞观三年，唐朝经过充分准备，趁突厥衰弱发兵北上，李靖和李绩分别担任行军总管率领十余万军队分道出击突厥，最终斩杀突厥万余人，俘获十多万人口，生擒颉利可汗，东突厥灭亡。贞观十九年，原本与唐朝分庭抗礼的薛延陀发生内乱，新可汗咄摩支归顺唐朝，薛延陀汗国就此灭亡。

其次，源于唐朝对草原部落进行了有效的管理。东突厥灭亡后，如何管理内徙的突厥部落是唐太宗所要面临的新问题。唐太宗因地制宜、因俗而治，创设羁縻府州解决了这个棘手的问题。何为羁縻府州，《新唐书·地理志》记载：

> 唐兴，初未暇于四夷，自太宗平突厥，西北诸蕃及蛮夷稍稍内属，即其部落列置州县。其大者为都督府，以其首领为都督、刺史，皆得世袭。
> ——（宋）欧阳修、宋祁：《新唐书》卷43，中华书局1975年版，第1119页。

简单来说，就是将郡县制度移植到边疆地区，在东突厥居住地设置羁縻府州，任命本族首领为都督或刺史，统率原来的部众。同时又照顾到草原部落的传统，这些都督或刺史经过唐朝的批准后可以世袭。为了进一步加强对这些羁縻府州的管理，唐太宗又设置了更高一级的都护府，由中央直接任命汉官管理边防、行政和各族事宜，以防止羁縻府州的离心倾向。

羁縻府州制度一方面有助于唐朝对边疆的管理，另一方面大大提高了唐朝中央政府的威望。"参天可汗道"的开辟正是唐太宗实施羁縻府州政策成功的体现。

最后，还归功于唐太宗开明的民族政策。在处理民族关系上，历代汉族君主都强调"夷夏之别"，而唐太宗却主张，夷夏一家。

> 自古皆贵中华贱夷狄，朕独爱如一，故其种落皆依朕如父母。
> ——《资治通鉴》卷一百九十八，唐纪十四，太宗贞观二十一年。

正因为唐太宗所秉持的开明的民族政策，对少数民族真诚相待，予以信任和重用，为唐朝与周边民族的友好关系奠定了良好的基础，各族纷纷归附，贞观时期的民族关系成为中国古代历史上最和睦，最美满的时期之一。而这种充满理想又不乏实际操作性的民族思想也正是三国两晋南北朝以来各民族之间不断交流融合的体现，反映了中国古代的民族关系进入了一个崭新的发展阶段。

● 线索三　隋唐新气象

1. 如何看待隋唐科举制度的历史地位？

> 明经人数无考，从有关开元时明经和进士录取名额的记载看，不会超出进士三四倍。当时能从科举入仕者，是微乎其微的。
> ——吴宗国：《唐代科举制度研究》，北京大学出版社2010年版，第150页。

科举制是隋唐选官制度一大创举，深刻影响了之后中国的人才选拔方式，意义重大。但创建之初的科举制却并非选官最重要的一种方式。

◆ **科举制在隋唐选官制中的地位**

隋朝开创的科举制是中国古代选官制度的重大变革。此后，中央将选官权牢牢掌握在手中，通过科举制度选拔具有才学、见识和有能力的人才，将他们安排到各级政府，组成了一个强有力的文官政府。同时也将读书、考试和做官为政三者紧密联系在一起，奠定了之后中国一千多年的文化基本格局。

但是和所有制度一样，科举制的发展和完善也是有一个漫长的过程。

> 而进士，隋大业中所置也。如侯君素、孙伏伽，皆隋之进士也明矣。然彰于武德而甲于贞观。
>
> ——上海古籍出版社：《唐五代笔记小说大观》，
> 上海古籍出版社2000年版，1578页。

隋朝开创科举制，但是录取名额很少，同时加上史料的散失，有关隋代进士的情况已经很难考证。但肯定不是选官的最主要途径。就算到了唐朝，科举制的作用依然十分有限。纵观唐朝科举，唐朝前期的秀才不过录取了29人。唐太宗之后也废除了秀才这一科。进士之外的各科，整个唐朝录取也不过1 583人，平均每年也就5.48人，平均每科每年录取一人左右。进士考取的人最多，整个唐朝产生了6 731名进士，平均每年考中23名。区区百人不到的数量，远远无法满足政府对官僚的需要。

> 有唐已来，出身入仕者，著令有秀才、明经、进士、明法、书算。其次以流外入流。若以门资入仕，则先授亲勋翊卫，六番随文武简入选例。又有斋郎、品子、勋官及五等封爵、屯官之属，亦有番第，许同拣选。
>
> ——（后晋）刘昫等：《旧唐书·职官志》，
> 中华书局1975年版，第1804页。

> （唐朝后期）进士、明经、岁大抵百人，吏部得官至千人。
>
> ——（宋）欧阳修、宋祁：《新唐书》卷162，
> 中华书局1975年版，第5001页。

在唐朝，通过其他途径入朝为官者，包括三卫、斋郎、勋官、品子、流外的人数都大大超越科举入仕者。无论是唐初，还是盛唐，乃至晚唐，科举制度在选拔数量上依然成不了规模。

◆ **科举制无法在隋唐选官中形成规模的原因**

最重要的原因还是隋唐的统治依然延续了之前的贵族政治的传统。隋唐统治

者起自关陇集团，再加上唐朝与山东贵族集团的联合。贵族政治在隋唐，特别是唐朝的统治中占有非常重要的地位，士族门阀依然有着巨大的影响力，甚至有时候连李姓皇族也只能甘拜下风。所以很难排除选官中的人为因素。同时，九品中正制虽然被废除，但从汉代开始数百年的察举制依然有着深刻的影响。

另外，科举制本身在隋唐时期依然还处于一个发展阶段，很多程序并不成熟，甚至有着非常明显的缺陷。比如从内容上来看，唐朝科举考诗赋，当时就有人指出，考察诗赋很有可能会选拔不到合适的官员，导致"君子遗逸"。在程序上也有缺陷，科举的主考官是公开的，这就为走后门依托关系创造了条件，使得请托行卷之风盛行，甚至尚未开考，科举的名次就已经排定，这也大大影响了科举制的公平和公正。

以上所述的原因导致了科举制尚未成为选官的主流，但科举制的方式，进士科的显耀地位却从唐朝开始为人们所公认。

唐初宰相薛元超就曾感叹"吾不才，富贵过人。平生有三恨：始不以进士擢第；不娶五姓女；不得修国史。"晚唐的牛李党争在一定层面上也是贵族政治与科举选拔进士之间的一种斗争。科举制虽然选拔人才不多，但中央政府始终非常重视科举制度的发展与完善，因为科举制最重大的政治目的是将选官权牢牢掌握在中央手中，进而笼络和掌握人才，那么通过考试或者何种考试形式来挑选人才只是个次要的目标。贵族政治的问题只得等待其慢慢走向衰亡，一旦出现了平民皇帝，平民政治，科举制必然会迎来它全面辉煌的时日。

2. 如何理解三省出现了一体化的趋势？

> 宰相议事的地方叫政事堂，后改称中书门下。政事堂的设立，提高了工作效率，三省出现了一体化的趋势。
>
> ——教育部组织编写：《中外历史纲要（上）》，人民教育出版社2019年版，第41页。

在高中教学和教材中，隋唐时期的三省六部制都是重点，是中国古代中央官制的一个重大进步。但是有时候，学生甚至是老师都会误以为隋唐两代三省六部制是封建国家的政府的常态。其实并非如此，三省是如何出现一体化倾向的呢？

◆ **唐代中枢机构的变化**

唐代开国之初，沿袭隋代三省六部制，中书省草诏敕、门下省审核、尚书省执行。三省长官是名副其实掌握实权的"真宰相"。唐太宗时期，开始任命三省以外的官员担任宰相的职务。一种是任用资历较浅的官员，另外一种是给一些老臣加"平章事"或"同三品"的名号，使其继续参与宰相事务。而这些称号慢慢到了唐高宗时期成为正规宰相的名称，其中最常见的就是"同中书门下平章事"。与此同时，三省长官为宰相的惯例也在被逐渐打破，尚书省长官就被摒弃于宰相行列，大体在安史之乱之后，中书省和门下省的长官也逐渐丧失了作为宰相职官的意义。只有同"平章事"才是名副其实的宰相。

◆ 唐代三省如何趋于一体化

因为唐代宰相是多人组成的一个集体，所以就需要在一起商量军国大事，政事堂则成了议政的场所。政事堂在唐代有一个发展的过程。一开始它是用来协调中书和门下两省关系的机构，官员在政事堂议事时是以宰相的身份，返回各部门后则是部门的长官。而到了唐玄宗开元时期，宰相成了专职，政事堂就逐渐演变成宰相日常办公机构，政事堂的机构开始进行相应扩充，开元十一年（723年）政事堂正式改名为"中书门下"，在中书门下参加会议的官员都是宰相。

伴随着政事堂作为宰相专用工作机构的发展，中书省和门下省的地位被严重削弱，这两省的机要事务和职权都被集中到了政事堂，两省已经不再是中央决策机构了，整个决策机构呈现出了"一体化"的趋势。

3. 安史之乱后唐朝何以"衰而不亡"并延续百余年？

由于安史之乱，支撑皇权的基础发生质变，地方上也出现了从未有过的藩镇势力割据的局面。尽管如此，唐朝在其后却并没有迅速地走向衰亡，而是发挥了极强的生命力，又继续坚持了一个半世纪之久。

——［日］气贺泽保规：《绚烂辉煌的世界帝国：隋唐时代》，石晓军译，广西师范大学出版社2014年版，第422页。

◆ 安史之乱对唐朝造成了怎样的影响？

长达7年之久的安史之乱严重破坏了北方的社会经济基础，"开元盛世"局面不复存在，土地荒芜、人口减少、人们流离失所，北方经济凋敝。

为了平定安史之乱，唐朝政府将方镇形式从边疆扩展到内地，节度使身兼军事长官和地方民政长官，势力不断做大。唐朝对投诚的叛军往往原地分封，形成了尾大不掉之势。一些方镇官吏由节度使自行任免，赋税也不上贡，甚至出现了父子相继的节度使传承形式，俨然独立王国，从而形成著名的"藩镇割据"的局面。同样是为了平定安史之乱，唐朝中央政府调动原本镇守西域的朔方、陇右、河西、安西、北庭等地的边境军前往河北。由此造成唐朝西部的防御空虚，吐蕃、回鹘等少数民族政权不断蚕食唐朝西北边疆，严重威胁到了唐朝中后期的西部领土安全。

在平定安史之乱过程中，宦官的势力不断加强。从以监军协调指挥到后期亲领神策军，从李辅国到鱼朝恩，再到程元振，宦官逐渐控制了中央政府的大权。

在文化上值得关注的是，安史之乱造成的创伤让唐朝人的心灵逐渐从开放走向封闭，开明的民族政策遭到了现实的挑战，更多的人将唐朝的衰落归罪于少数民族，胡汉交融的社会风尚从此没落。

◆ **唐朝后期何以"衰而不亡"？**

> 大盗既灭，而武夫战卒以功起行阵……由是方镇相望于内地，大者连州十余，小者犹兼三四。故兵骄则逐帅，帅强则叛上。或父死子握其兵而不肯代；或取舍由于士卒，往往自择将吏，号为"留后"，以邀命于朝。天子顾力不能制，则忍耻含垢，因而抚之，谓之姑息之政。
>
> ——（宋）欧阳修、宋祁：《新唐书》，中华书局1975年版，第1329页。

从政治上来看，从唐肃宗起共14帝，历时150余年，唐朝基本上一直处于藩镇跋扈的局面之下，最终至于五代十国的大分裂。但对于藩镇割据，后世还有另外一种的观点。宋代尹源就提出"唐既弱矣，而久不亡者，诸侯维之也"。现代学者则根据不同地域藩镇的特点进行分析，指出安史之乱后的藩镇有以下类型，见表2-3。

表2-3 安史之乱后的藩镇

藩镇类型	地域范围	官员任免	赋税供纳	兵额与功能
割据型	河朔	藩镇拥立	不上供	拥重兵以自立
防遏型	中原	朝廷任命	不上供	驻重兵防骄藩
御边型	西北、西南边疆	朝廷任命	不上供	驻重兵守边疆
财源型	东南地区	朝廷任命	赋税之地	驻兵少防盗贼

注：整理自张国刚：《唐代藩镇研究（增订版）》，中国人民大学出版社2009年版，第42—58页。

安史之乱前，唐朝在军事出现的外重内轻的格局。如果在安史之乱后罢黜内地藩镇的话，势必又会使内外的军事布局失去平衡，重蹈天宝末年的覆辙。所以中原地区的军队也就不能随便罢撤。战争后中原藩镇军队的存在，起到了维持了内外均势的作用。这就是宋人尹源所言"诸侯维之"的含义。

安史之乱严重破坏了长江以北地区的农业手工业，南方则保持了相对的和平，使得经济重心的南移逐渐加快。东南地区是向中央输送财富的重地。安史之乱后，唐代在最繁华的扬州设置了盐铁转运使。唐代宗末年，国家一年所征赋税总共1200万贯，盐的利益占了一半。经历安史之乱，东南地区在经济上对唐王朝的重要性凸显出来，也得益于隋炀帝所开凿的大运河。

正如张国刚先生所总结的：

> 这样，河朔镇与中原镇在割据与防割据的相持关系上，中原镇与边疆镇在维系内外均势的平衡关系上，边疆镇、东南镇与中原镇在武力和财力的相互依赖关系上，构成了一个既密切联系又互相制约的整体结构，并从而维系唐王朝相对稳定地统治了一百多年。
>
> ——张国刚：《唐代藩镇研究（增订版）》，中国人民大学出版社2009年版，第6页。

从经济上来看，为增加国家的收入，唐朝政府废除了早已名存实亡的租庸调制度，颁布了新赋税制度——两税法。

> 唐初赋敛之法曰租用调……玄宗之末，版籍浸坏，多非其实。及至德兵起，所在赋敛，迫趣取办，无复常准。赋敛之司增数而莫相统摄，各随意增科，自立色目，新故相仍，不知纪极。民富者丁多，率为官为僧以免课役，而贫者丁多无所伏匿，故上户优而下户劳。吏因缘蚕食，旬输月送，不胜困弊，率皆逃徙为浮户，其土著百无四五。至是，炎建议作两税法。先计州县每岁所应费用及上供之数而赋于人，量出以制入。户无主客，以现居为簿，人无丁中，以贫富为差。为行商者，在所州县三十之一，使与居者均，无侥利。居人之税，秋、夏两征之。其租庸调、杂徭悉省。
>
> ——《资治通鉴》卷226，转引自《中外历史纲要（上）》第二单元第7课"史料阅读"栏目。

唐朝初年实施租庸调制度，按照人丁征收。租庸调制度实施的基础是均田制，均田制是战乱时代的一种特殊的国家分配土地的形式。随着人口增加，百姓的授田数量远远达不到标准，均田制度名存实亡。安史之乱后，政府无法核实具体的人口和贫富状况，按丁征收的租庸调制度自然难以为继，而国家又亟须用钱。为此，唐德宗时期宰相杨炎对赋役制度进行了重大改革，颁布了两税法。

相较于租庸调制度，两税法以资产为征收标准。两税法实行后，百姓的负担由两部分组成。一部分是谷物，按照田亩数征收；另一部分是户税，按户等征钱，其标准兼顾人丁与资产。因每年分夏、秋两次征收，故名两税。两税法的实施一方面关注到了征税的公正，另一方面扩大了征税面，只要有耕地就能收税，扩大额征税的范围，国家的收入自然增加了。

正是在政治和经济制度上所发生的一些或被动或主动的变化，致使遭受安史之乱严重打击后的唐朝，依然能够顽强地延续百余年时间，甚至曾经出现过"中兴"的局面。经济上的新格局和赋税上的新变化也奠定了之后中国经济发展的走向。

◆ 历史之音

1. 有学者认为，相较于北方经济，南方地区的经济在三国两晋南北朝时期突飞猛进，如何理解？

> 当北方经济进展稍为缓慢有时甚至受到阻滞的时候，南方（较偏于东）却突飞猛进，已经脱离了《史记·货殖列传》里所描写的地广人稀及无积聚而多贫的状态，到了隋唐以后，便成为全国经济最发达、财富最丰盈的地方了。
>
> ——王仲荦：《魏晋南北朝史》，上海人民出版社 1979 年版，第 496 页。

经济重心南移是中国古代史的一个重要内容。魏晋南北朝时期江南的开发，为之后经济重心南移和隋唐封建经济的繁荣奠定了基础。魏晋前后南方经济是如何一步步发展的？

> 总之，楚越之地，地广人稀，饭稻羹鱼，或火耕而水耨，果隋蠃蛤，不待贾而足，地埶饶食，无饥馑之患，以故呰窳偷生，无积聚而多贫。是故江淮以南，无冻饿之人，亦无千金之家。
>
> ——（汉）司马迁：《史记》卷一二九，中华书局 1959 年版，第 3270 页。

这段史料反映江淮地区生产力比较低下外，还有一层含义，就是江南地区的贫富差距没有北方中原地区那么剧烈，南方经济在平稳中持续发展。三国时期，蜀汉和孙吴两国加强对西南地区和江南地区的开发，从秦汉到三国，江南的生产力已经有了很大的提高。

魏晋南北朝的时局是推动江南经济发展的最重要的原因。从八王之乱到永嘉之乱再到后面的十六国纷争。原本经济繁荣的北方中原地区遭受到了巨大的打击。相对而言南方却保持了长期的稳定，政权之间的更迭通过残酷的战争来完成。从东晋南朝，大批移民渡江南来，而且这种迁徙持续了相当长的阶段。

> 自戎狄内侮，有晋东迁，中土遗氓，播徙江外，幽、并、冀、雍、兖、豫、青、徐之境，幽沦寇逆。自扶莫而裹足奉首，免身于荆、越者，百郡千城，流寓比室。
>
> ——（梁）沈约：《宋书》，中华书局1974年版，第205页。

南渡的流民中固然有众多名门望族，豪门大族，但是绝大多数是劳动人民。他们带着比较先进的生产技术和生产工具来到江南，不但大大增加了南方的劳动力，而且推动了生产技术的发展。渡江的移民在政府的安排下，与当地居民一起开垦荒地，扩大了耕种的面积。同时南方政府也兴办了不少水利灌溉工程，这些都促使了南方农业生产的飞速发展。

还有一点不可忽视的因素就是，江南雨水多，自然条件好，气候相对比较适宜。特别是魏晋这个"小冰期"时期，江南的气候更有助于农作物的生长。

> 自此以至大明之季，年逾六纪，民户繁育，将襄时一矣。地广野丰，民勤本业，一岁或稔，则数郡忘饥。会土带海傍湖，良畴亦数十万顷，膏腴上地，亩直一金，鄠、杜之间，不能比也。荆城跨南楚之富，扬部有全吴之沃，鱼盐杞梓之利，充仞八方；丝绵布帛之饶，覆衣天下。
>
> ——（梁）沈约：《宋书》，中华书局1974年版，第1540页。

当时南方的荆州和扬州已成为农业发达地区，为后世江南经济的发展勾勒出了一个大致的局面。农业的发展也带动了手工业和商业的繁荣，虽然当时这两个行业主要还是由政府所主导或垄断，但其发展规模和程度都已经远超前代。

2. 重新统一的隋朝何以速亡？继之而起的唐朝为何会开创一段盛世？

> 贞观君臣之所以能够开启一段盛世，最重要的一点就是他们既能吸取历史的教训，又能借鉴历史的经验。
>
> ——宁欣：《唐史十二讲》，北京：中国国际广播出版社2009年版，第22页。

谈及中国古代的盛世，我们往往会提到强汉和盛唐。有意思的是这两个强大的王朝之前都存在过一个完成统一，创设各种制度，但又迅速灭亡的朝代。那速亡的隋朝和兴旺发达的唐朝之间有什么关系呢？

◆ **隋朝何以速亡？**

朕观《隋炀帝集》，文辞奥博，亦知是尧、舜而非桀、纣，然行事何其反也？

——（宋）司马光，《资治通鉴》卷192，中华书局2011年版，第6166页。

帝以诸蕃酋长毕集洛阳……于端门街盛陈百戏，戏场周围五千步，执丝竹者万八千人，声闻数十里，自昏达旦，灯火光烛天地。终月而罢，所费巨万……整饰店肆，檐宇如一，盛设帷帐，珍货充积，人物华盛，卖菜者亦藉以龙须席。胡客或过酒食店，悉令邀延就坐，醉饱而散，不取其直，给之曰："中国丰饶，酒食例不取直。"胡客皆惊叹。其黠者颇觉之，见以缯帛缠树，曰："中国亦有贫者，衣不盖形，何如以此物与之，缠树何为？"市人惭不能答。

——《资治通鉴》卷181，转引自《中外历史纲要（上）》第二单元第6课"问题探究"栏目。

中国古代王朝或亡于农民起义，或亡于外族入侵，或亡于地方叛乱。这些王朝往往有一些相似的特点，即王朝末期资源调配能力、财政能力最终走向枯竭，穷途末路。隋朝国库充盈，文帝临终时天下仓库储积可支用五六十年。根据炀帝大业五年（609年）统计数字，国家掌握的户数约900万，人口数近5000万。如此强大的隋朝却在9年后走向了灭亡。结合隋炀帝继位后的种种行为，我们发现隋朝的农民起义完全是因为隋炀帝穷奢极欲、大兴土木、滥用民力、穷兵黩武超过了社会承受力上限而引发的。

隋炀帝才能超群，功业卓著，能文能武。他没有经历过农民起义的洗礼，没有见识过人民群众的伟大力量，所以他视人民为草芥，好大喜功而不惜民力，最终成为与秦始皇齐名的暴君，亲手葬送了隋朝的统治。

◆ **唐朝如何吸取隋代的教训？**

唐朝初年的君臣，亲历了农民起义的烽火，即使那些不曾亲身经历过的，也因所处年代相距较近，见闻较为可信而印象较深。唐初因受隋末战乱影响，统治者关注的焦点往往是如何安定民生，如何避免出现大规模农民起义而再度爆发的危机，如何长治久安。所以，唐初的统治者特别是唐太宗每时每刻都在以隋为戒，避免重蹈覆辙。

隋朝天下有890万户，唐高祖武德年间只剩下了200万户。"贞观之治"其实是把经过隋末农民起义而破败的社会引上恢复道路。上层统治者并没有采取什么特殊的施政手段，只是再次延续了汉初的休养生息，与民休息，省刑约法的政策，且在没有加重人民负担的条件下，解决了北方突厥对中原的威胁，并同周边的少数民族建立了友好的关系。

  是岁，天下大稔，流散者咸归乡里，米斗不过三四钱，终岁断死刑才二十九人。东至于海，南极五岭，皆外户不闭，行旅不赍粮，取给于道路焉。

——（宋）司马光，《资治通鉴》卷193，中华书局2011年版，第6196—6197页。

经过唐太宗君臣数年的励精图治，人口从唐初的两百多万户增加到三百多万户。社会秩序安定，民间呈现家给人足的小康局面和守望相助的社会风气。

恢复经济和解决少数民族的威胁在唐朝之前有时是相互矛盾的。汉朝初期为休养生息而不得不长期采取和亲政策，与匈奴虚与委蛇。到了汉武帝时，通过长期的征战，虽然一定程度上缓解了北方匈奴的威胁，但长达30年的战争最终也导致汉武帝不得不改弦易辙，再次致力于发展经济。唐太宗的英明和后世对"贞观之治"的赞誉正在于这一时期将这两个难题解决得比较好，为之后唐朝发展打下了坚实的基础。

第三单元

辽宋夏金多民族政权的并立与元朝的统一

第一部分　单元解析

课程标准要求

高中课程标准对本单元的内容要求阐述如下。

（1）通过了解两宋的政治和军事，认识这一时期在政治、经济、文化与社会等方面的新变化。

（2）通过了解辽夏金元诸政权的建立、发展和相关制度建设，认识北方少数民族政权在统一多民族封建国家发展中的重要作用。

单元主题解读

本单元的标题"辽宋夏金多民族政权的并立与元朝的统一"包含了两宋、辽、夏、金、元6个政权、两个关键词和一对关系。6个政权，界定了本单元的时空概念，即在时间上指从辽朝的建立至元朝的统一，涉及10世纪前期至14世纪中期；在空间上指两宋与同时期并存的少数民族政权所辖的疆域范围，以及元朝广袤的疆域范围。"辽宋夏金多民族政权的并立"与"元朝的统一"这两个关键词并列，表明在中原汉王朝在与北方少数民族政权对峙期间，民族间相互交融为元朝统一奠定了制度、文化等方面的基础，进一步推动了统一多民族封建国家的发展，也造就了宋元时期经济的繁荣和文化的兴盛。"并立"与"统一"这对关系，点出了宋元时期从分裂走向大一统的历史趋势。

在本单元导言中，有两个表述值得关注。一是关于对宋朝概括性的表述，即

"宋朝强化中央集权，内部统治比较稳定……但军事力量不振，与北方少数民族交战处于劣势。"这一表述指出宋朝强化中央集权措施所带来的双重影响，并从中原王朝的视角解释了单元大标题中"多民族政权的并立"产生的原因。二是有关这一时期民族交融的表述，即"与这一时期的战争相比，各民族之间经济和文化联系更为持久和稳定，呈现出相互交融的趋势。"这一表述运用对比的手法，凸显出民族融合是宋元时期的主旋律。

单元内容结构

本单元包括3课，第9课《两宋的政治和军事》、第10课《辽夏金元的统治》、第11课《辽宋夏金元的经济、社会与文化》，上承唐末五代十国藩镇割据乱世，下启中国古代最后两个封建王朝明和清。

宋元时期涉及多个政权的并立及更迭，本单元着眼于两宋、辽、夏、金、元历史发展的态势，即在多民族政权并立的过程中，制度互鉴、贸易互通、文化互融，最终促成元朝的大一统。每一课文本内容的编纂紧密围绕单元标题中6个政权、两个关键词展开，对单元标题"并立"与"统一"这对关系进行了全方位的诠释。第9、10课侧重于两宋、辽、夏、金、元政权的统治和彼此间的军事对抗，回应单元大标题中的"并立"。第11课从经济、社会、文化3个维度回应单元大标题中的"统一"，少数民族在政治制度建设和社会风俗上受到两宋文化的影响，各民族间的关系更为紧密，民族大交融、大发展是在中国历史长河中的时代底色。

核心素养教学建议

（1）能准确把握辽宋夏金元时期中国历史发展的趋势和特点，并能运用唯物史观的相关理论分析宋元时期政权并立到走向大一统的原因，辩证看待中原王朝与同时期并立的少数民族间"战"与"和"的关系。

（2）能将两宋与同时期并立的少数民族政权间的关系置于特定的时间和空间框架下，认识局部统一王朝与大一统王朝间的关系，进一步增强对国家统一的认同感。

（3）能够在阅读、分析、归纳史料的基础上，概括两宋、元朝在政治、经济、社会、文化等方面出现的新变化，理解这些变化对中国历史发展所产生的积极影响。

（4）能够从边疆民族自身的视角出发，客观、公正、全面地评价宋元时期北族政权在统一多民族封建国家发展中所起的作用。

（5）能充分感悟民族融合、统一是中国历史发展的主旋律。

第二部分　教材比较

■ 与初中课程标准、教材比较

《中外历史纲要（上）》第三单元文本内容是《中国历史第二册》中第二单元"辽宋夏金元时期：民族关系发展和社会变化"的延伸，两者既有共性又有差异。

1. 课程标准相关内容表述

初中课程标准与高中课程标准相关课程内容要求对照见表 3-1。

表 3-1　初中课程标准与高中课程标准相关课程内容要求对照

初中课程标准	高中课程标准
1. 认识北宋面临的新形势，了解辽、宋、西夏的并立与北宋强化中央集权和重文轻武的政策； 2. 通过了解宋金之战、南宋偏安和南方地区的经济繁荣，知道中国古代经济重心的进一步南移； 3. 通过了解蒙古兴起和元朝统一，设立行省、宣政院等制度，知道西藏在元代正式纳入中国版图，理解元朝统一对中华民族进一步交融的重要意义； 4. 通过了解这一时期的城市和商业发展、科技创新、文学艺术成就和对外交流，认识宋元时期繁荣的经济、文化在中国历史上的重要地位； 5. 通过了解岳飞、文天祥等人的英雄事迹，体会中华民族英勇不屈的精神； 6. 通过印刷术、指南针、火药的应用和外传，认识中国古代的重要发明对世界文明发展的贡献	1. 通过了解两宋的政治和军事，认识这一时期在政治、经济、文化与社会等方面的新变化； 2. 通过了解辽夏金元诸政权的建立、发展和相关制度建设，认识北方少数民族政权在统一多民族封建国家发展中的重要作用

初中课程标准对辽宋夏金元时期多民族政权并立、北宋强化中央集权和重文轻武政策、南方地区经济繁荣和经济重心南移、元朝统一和设立的制度、宋元时期经济文化在中国历史上的重要地位、民族精神、中国古代科技发明对世界文明的贡献等方面进行了明确的要求。相较于初中课程标准，高中课程标准更集中于两宋时期社会整体发展中出现的新变化，以及北方少数民族政权在统一多民族封建国家发展中起到的重要作用，民族关系的交融被视为这一时期的一大特征。

2. 教材相关单元、课、目编排

《中国历史第二册》与《中外历史纲要（上）》相关单元、课、目编排对照见表3-2。

表3-2 《中国历史第二册》与《中外历史纲要（上）》相关
单元、课、目编排对照

《中国历史第二册》		《中外历史纲要（上）》	
第二单元　辽宋夏金元时期：民族关系发展和社会变化		第三单元　辽宋夏金多民族政权的并立与元的统一	
第6课 北宋的政治	宋太祖强化中央集权	第9课 两宋的政治和军事	宋初中央集权的加强
	重文轻武的政策		
	王安石变法		王安石变法
第7课 辽、西夏与北宋的并立	契丹族与党项族	第10课 辽夏金元的统治	辽与西夏
	辽与北宋的和战		
	西夏与北宋的关系		
第8课 金与南宋的对峙	女真族的崛起		金朝入主中原
	金灭辽及北宋		
	南宋的偏安	第9课 两宋的政治和军事	南宋的偏安
第9课 宋代经济的发展	农业的发展	第11课 辽宋夏金元的经济、社会与文化	经济的发展
	手工业的兴盛		
	商业贸易的繁荣		

(续表)

《中国历史第二册》		《中外历史纲要（上）》	
第10课 蒙古族的兴起与元朝的建立	成吉思汗统一蒙古	第10课 辽夏金元的统治	从蒙古崛起到元朝统一
	蒙古灭西夏与金		
	元朝的建立与统一		
第11课 元朝的统治	元朝疆域和民族交融		
	行省制度		
	元朝对边疆地区的管辖		
第12课 宋元时期的都市和文化	繁华的都市生活	第11课 辽宋夏金元的经济、社会与文化	文学艺术和科技
	宋词和元曲		
	司马光和《资治通鉴》		
第13课 宋元时期的科技与中外交通	活字印刷术的发明		
	指南针、火药的应用		
	发达的中外交通		

◆ 从内容编排看，《中国历史第二册》第二单元"辽宋夏金元时期：民族关系发展和社会变化"，共8课时，单元主题聚焦辽宋夏金元时期各民族之间的关系发展和各政权在经济、中外交通、科技文化等方面的变化。《中外历史纲要（上）》第三单元"辽宋夏金多民族政权的并立与元朝的统一"，共3课时，单元主题不仅围绕辽宋夏金元时期民族关系的发展以及两宋时期在政治、经济、文化与社会等方面的新变化，且关注同时期并立的少数民族政权的建立与建设，理解少数民族政权在统一多民族封建国家发展过程中的重要作用。

◆ 就知识点而言，《中外历史纲要（上）》第三单元相较于《中国历史第二册》第二单元新增知识点大致有：两宋时期的边防压力与财政危机、元朝的民族关系（初中教材文本"知识拓展"中四等人制提到元朝的民族关系）、经济重心南移（初中教材文本中仅有一段表述）、辽宋夏金元的社会变化、儒学的复兴、科技著作等。《中国历史第二册》第二单元中有关宋元时期繁华的都市生活、司马光和《资治通鉴》的相关内容在《中外历史纲要（上）》第三单元则不再重复出现。

◆ 从行文表述上看，需特别指出下列方面。

关于辽宋夏金多民族政权并立的表述，《中国历史第二册》第二单元"单元导语"的表述是"辽、西夏、金等政权，与宋朝并立……南宋占据江南，与金朝形成南北对峙的局面"；《中外历史纲要（上）》第三单元"单元导语"将辽宋夏金元时期分为"北宋与辽、西夏的对峙""南宋与金、西夏的并立""元朝的统一"3个阶段。

与华师大版高中教材比较

《中外历史纲要（上）》第三单元文本内容与华师大版《高中历史第三分册》①第五单元"两宋的繁荣与元的统一"的内容基本一致，主要体现在两者的内容编排、详略、表述等方面。

◆ 从内容编排看，华师大版《高中历史第三分册》大体在时序基础上按照传统的政治—经济—文化的形式编排，突出两宋与元政治方面的成就。《中外历史纲要（上）》围绕单元大标题"辽宋夏金元多民族政权的并立与元朝的统一"中的核心概念，以"并立"和"统一"来统摄整个单元，更有助于从整体上把握宋元时期的历史发展主线。

◆ 就知识点而言，《中外历史纲要（上）》第三单元相较于华师大版《高中历史第三分册》，新增知识点大致有：北宋地方权力分配、"三司""四监司"、州一级通判、行营、"猛安谋克"、金世宗、"大定之治""小尧舜"、急递铺、岁贡、岁赐、文天祥、北庭都元帅府、宣慰司、城市的繁荣、社会的变化、儒学的复兴、宋词、元曲与杂剧等。华师大版《高中历史第三分册》中有关"杯酒释兵权""元祐更化""官、职、差遣分离"制度、制置三司条例司、澶渊之盟、海上丝绸之路、宋朝天文学与数学、马可·波罗来华、枢密院、御史台、"腹里"地区等相关内容在《中外历史纲要（上）》第三单元中没有涉及。

◆ 从行文表述看，需特别指出下列方面。

关于北宋初加强中央集权的表述，华师大版《高中历史第三分册》表述

---

① 余伟民主编：《高级中学课本 高中历史第三分册（实验本）》，华东师范大学出版社2013年版（以下简称华师大版《高中历史第三分册》）。

为"宋朝初年，……宋太祖在政治、军事制度等方面进行了一系列调整和改革"，没有明确提出"加强中央集权"。《中外历史纲要（上）》的表述为"北宋建立后……统治者鉴于唐后期以来军阀割据、政局动荡的历史教训，有针对性地采取了一系列强化中央集权、维护政权稳定的措施。"这一表述突出了"中央集权"的概念，教材文本中"北宋中央权力分配示意图"和"北宋地方权力分配示意图"，进一步说明了北宋政权强化中央集权的目的，同时也为后期的危机埋下伏笔。

关于北宋抑制武将权力、提升文官地位的表述，华师大版《高中历史第三分册》用了"重文轻武"4个字。《中外历史纲要（上）》的表述是"崇文抑武"。"崇文抑武"一词的使用，含有对武将的打压、抑制的意思，不是仅仅的看轻之意。

关于北宋中期的改革背景的表述，华师大版《高中历史第三分册》将其分别置于"庆历新政"和"王安石变法"子目之下，《中外历史纲要（上）》第9课第二目"边防压力与财政危机"详细陈述了改革的背景，将变法置于更长时段中进行解读，有助于建构起北宋初年加强中央集权措施与北宋中期政治改革间的关联。

关于榷场的表述，华师大版《高中历史第三分册》的表述侧重于榷场的定义、榷场交易的物品及榷场设置的影响。《中外历史纲要（上）》的表述视榷场贸易为宋朝商品经济发展的一个表现。

第三部分　核心问题释读

线索一　北宋初年与中期的改革

1. 教材为何使用"崇文抑武"一词？

《中外历史纲要（上）》第9课《两宋的政治和军事》中写道："为抑制武将势力膨胀，北宋实行崇文抑武的方针"。此前上海地区所使用的华师大版《高中历史第三分册》教材文本用"重文轻武"一词来概括。

◆ 如何理解"重文"与"崇文"之异？

学生对"重文"一词的直观理解就是重用文官。这个理解正确但还不全面。

为了避免重蹈唐末五代以来武将专权跋扈、干预朝政的局面，宋朝统治者通过一系列措施构建起了一个以文官为主体的政府，采取"守内虚外"的政策，对外以防御为主，对内加强统治，努力建立一个相对平稳的政权。基于此，北宋特别关注"文治"，且要实施"文治"，即除了选拔大批文官之外，还包括重视教育和普及文化。

在教育方面，宋太祖为表示对教育的重视，在北宋建立之初，连续视察国子监。最高统治者的身体力行也带动了地方和民间教育的发展。一批书院就此兴起，中国传统蒙学读物《百家姓》也编成于宋太祖时期。

宋太祖还特别关注武将教育水平的提升。五代时期的武将大多是文盲，这也导致了北宋初年许多武将"不识字"。为了改变这一情况，宋太祖与执政大臣讨论过"武臣读书"的问题，强调"今之武臣欲令尽读书"。宋太祖提倡武将读书，自然起到引领作用，北宋武将的素养日渐提高，宋朝著名的武将如狄青、岳飞等人，都是折节读书，礼贤下士的典范，唐末五代武将跋扈的现象逐渐得以改观，整个社会风气为之一变。

从宋太祖开始，宋朝政府就开始广泛搜罗图书典籍并加以保存。宋太宗和真宗两朝积数十年之功，编出了号称"宋朝四大书"的《太平御览》《文苑英华》《太平广记》及《册府元龟》。宋朝整理和总结传统文化的举措，为中国文化的发展奠定了基础。

从整体来看，这些措施都推动了宋朝"文治"的巨大成功。然这些"文治"的功绩绝非简单的"重用文官"所能归纳，所以教材文本用"崇文"来体现北宋对于文化的普及、对于文官的重用和对于教育的重视是十分恰当到位的。

◆ 如何理解"抑武"并不"轻武"？

提到"抑武"，大多数学生都易认为北宋轻视军事、轻视武将。然这与史实不尽相符。

一方面，北宋初年太祖、太宗屡次兴兵征讨北汉，征讨辽国。要取得胜利就不能轻视军事、轻视武将。宋太祖本人出自行伍，本身就是个喜欢读书的武人，开宝八年（975年）的殿试最后甚至是以"角力"的形式判定最后的胜负，从中可窥知宋太祖"重文"，但也不"轻武"。北宋中期与辽、与西夏依然时有战争，北宋最多时养兵120万人，耗费大量的钱粮，这些方面无论如何都看不出"轻武"的迹象。

另一方面，北宋的文臣出则为将，入则为相。范仲淹、韩琦等人都曾经亲临前线指挥作战，在身份上跨越文武的界限。当时文臣多认为应该文武相济，范仲淹说"文武之道相济而行，不可斯须而去焉。"富弼与范仲淹相似，认为"王者治天下，唯二柄，文武之谓也。大概文以饰治平而武以靖祸乱。"文武之间并非水火不相容，甚至有时候还互相帮助，协同合作。许多武将就是在文臣的拔擢、推荐和引导之下逐渐走向成功的。

北宋是五代以来又一个通过军事政变而建立的王朝。五代以来武将专权导致的社会纷乱给宋太祖留下了极其深刻的印象。所以从北宋建立之初，他就采取了各项措施来削夺武将的权力。其中最著名的就是"杯酒释兵权"。但大家需要注意的是那些功臣宿将仅仅是被剥夺了兵权，本人的地位没有下降，相反还通过与皇室联姻提升了家族的地位。在宋太祖看来，宋初中央政府的各项对军事机构的设计和分权，归根到底都是为了避免重蹈覆辙，甚至还有"五代方镇残虐，民受其祸，朕今选儒臣干事者百余，分治大藩，纵皆贪浊，亦未及武臣一人也。"这样极端的言论。北宋文臣的地位总体上高于武将，武将处于文臣的从属地位，这一点也毋庸讳言。但这绝不是文臣对武将的敌视，而是北宋初年的政策所造成的。

综上，北宋其实并不"轻武"，它对武将更多的是一种限制，避免赋予武将过大的权力，牢牢把控他们的行动。虽然北宋统治者对武将进行打压，但他们都不会放弃这个最重要的统治工具。《中外历史纲要（上）》用"崇文抑武"这个词来概括北宋的政策，教师可以用这个词勾连起宋朝初年的各项措施。

2. 北宋士人何以会产生"士以天下为己任"的意识？

◆ "士"阶层使命有哪些变化？

春秋战国以来，"士"阶层崛起，在官僚政治之下成为维护国家政权的重要力量。在不同的阶段，他们所肩负的使命并不相同。

春秋时期，曾子提出"士不可以不弘毅，任重而道远。仁以为己任，不亦重乎？死而后已，不亦远乎"（《论语·泰伯》）。从曾参的话中我们可以发现先秦"士"，主要是以"仁"为己任。汉武帝罢黜百家，独尊儒术，儒学成为社会主流意识形态。士阶层的力量进一步壮大。东汉李膺"以天下风教为己任"。可见当时的士大夫的使命依然局限在精神道德层面。

到宋朝，"士"阶层的使命开始发生变化。王安石在《杨墨》中提到"墨子者……方以天下为己任"。朱熹在《朱子语类》中特别提到"且如一个范文正公，自做秀才时便以天下为己任，无意识不理会过"。每当提到范仲淹，大家一定能说出他在《岳阳楼记》中的那句名言"先天下之忧而忧，后天下之乐而乐"，这句话也成了宋朝乃至之后是士大夫的座右铭。

由此可见，到了宋朝，士阶层逐渐将自己读书入仕与国家的兴衰紧密联系在一起，体现了一种强烈的担当。那为什么宋朝士人会产生"以天下为己任"的意识呢？

◆ "以天下为己任"意识出现的原因是什么？

第一，这与"士"阶层队伍的壮大密切相关。隋唐虽已有科举制，但隋唐科举制选拔的官员并不多，世家大姓依然占据了官员的巨大份额。宋太宗继位后，宋朝进士人数开始激增。大量进士的产生必然有助于责任意识的增强。更何况宋朝进士基本来自民间，普遍了解民间的疾苦，为官后大多心怀改变社会的壮志。

第二，北宋统治者重视士阶层。宋太祖依靠兵变夺取天下，为了避免重蹈唐末五代的覆辙，即位后采取"崇文抑武"的政策，极力打压武将集团。北宋皇帝也没有秦汉以来开国统治者所依赖的统治集团，他们意识到若想稳固统治，只有寻求士人的支持。因此，他们通过科举和各种措施优待士大夫，宋太祖甚至立下"不杀大臣"的"祖宗家法"。统治者采取的各项措施不仅培养了一个从上至下的士人阶层，也进一步提升了士大夫在国家大事中的责任意识，塑造了宋朝"士"的一种集体意识——"以天下为己任"，宋代士人毫无顾忌地提出了"与皇帝同治天下的"的口号便是一个例证。

3. 如何理解王安石变法的是是非非？

◆ 王安石为什么要变法？

> 我国家革五代之乱，富有四海，垂八十年，纲纪制度，日削月侵，官壅于下，民困于外。夷狄骄盛，寇盗横炽，不可不更张以救之。
>
> ——（宋）范仲淹：《答手诏条陈十事》，见《范仲淹全集》，中华书局2020年版，第461—462页。

北宋建立之初，为避免重蹈五代十国武将专权、地方割据的覆辙，宋太祖赵匡胤实施了一系列措施加强中央集权，以"崇文抑武"为基本国策，大力提升士大夫的地位。这些措施为北宋的发展提供了稳定的政治局面。

然经过近百年的运转，大量冗官给北宋财政造成了灾难性的后果。为了避免地方叛乱，宋朝将全国精锐抽调至中央禁军。然而这支 130 万人大军，吃掉了国家财政收入的 4/5。可悲的是，面对西夏的崛起，这支庞大的军队却毫无战斗力，屡战屡败。在民间，沉重的徭役，连年的天灾将北宋百姓逼上绝路，农民起义和兵变不断，正如欧阳修所说"一年多于一年，一伙强于一伙"。

对外屡战屡败，国势日趋衰弱，对内财政困窘，百姓民不聊生，庆历六年，王安石途经河北，眼见广大底层人民的悲惨现状有感而发，写了著名的《河北民》。

河北民，生近二边长苦辛。
家家养子学耕织，输与官家事夷狄。
今年大旱千里赤，州县仍催给河役。
老小相携来就南，南人丰年自无食。
悲愁白日天地昏，路旁过者无颜色。
汝生不及贞观中，斗粟数钱无兵戎！

——缪钺、霍松林、周振甫、吴调公等：《宋诗鉴赏辞典》，上海辞书出版社 1987 年版，第 199 页。

面对国家如此积贫积弱的局面，以范仲淹为代表的士大夫阶层痛切地认识到，只有改革才会有出路。范仲淹在《答手诏条陈十事疏》中提出了振聋发聩的改革宣言。

庆历三年（公元 1043 年），宋仁宗任命范仲淹为参知政事，开始进行改革。改革之初，范仲淹就向宋仁宗上改革方案《十事疏》。"十事"指：明黜陟（改革官吏晋升制度）、抑侥幸（限制官员恩荫特权）、精贡举（培养合格科举人才）、择官长（考察官员任用官员）、均公田（解决官员养廉问题）、厚农桑（兴修水利发展农业）、修武备（恢复唐朝府兵制度）、减徭役（减轻百姓徭役负担）、覃恩信（取信于民）、重命令（修订法律有法可依）。宋仁宗采纳后，将这些方案作为法令颁布，号称新政，这就是著名的庆历新政。

庆历新政最重要一点就是整顿吏治，要改变官员的腐败和碌碌无为。但吏治改革必然会触及官僚集团的既得利益，范仲淹无疑是对自己所在的士大夫阶层开刀。随着西夏议和与内乱平息，既得利益集团联合将范仲淹排挤出朝廷，大部分新法措施也被废除。

1067 年，年仅 20 岁的宋神宗即位，年号"熙宁"。神宗即位之初的北宋中央政府财政危机已经严重到"百年之积,惟存空簿"的地步。面对如此局面,一心想成就番大事业的宋神宗提出:"当今理财(加强语气)最为急务,养兵备边,府库不可不丰。"在这样的内外大环境下,王安石勇敢地站了出来,屡次上书神宗,阐述个人改革的意愿。

◆ **王安石的改革何以引发争议?**

执政以河朔旱伤,国用不足……诏学士议,光与王珪、王安石同见,光曰:"救灾节用,宜自贵近始,可听也。"安石曰:"……且国用不足,非当世急务,所以不足者,以未得善理财者故也。"光曰:"善理财者,不过头会箕敛尔。"安石曰:"不然,善理财者,不加赋而国用足。"光曰:"天下安有此理?天地所生财货百物,不在民,则在官,彼设法夺民,其害乃甚于加赋。此盖桑羊欺武帝之言,太史公书之以见其不明耳。"争议不已。帝曰:"朕意与光同,然姑以不允答之。"

——(元)脱脱等:《宋史》,中华书局1977年版,第10763—10764页。

今介甫为政,尽变更祖宗旧法,先者后之,上者下之,右者左之,成者毁之,弃者取之,矻矻焉穷日力,继之以夜,而不得息。使上自朝廷,下及田野,内起京师,外周四海,士、吏、兵、农、工、商、僧、道无一人得袭故而守常者,纷纷扰扰,莫安其居。

——司马光:《传家集》卷60《与王介甫书》,转引自《中外历史纲要(上)》第三单元第9课"学思之窗"栏目。

1069年,宋神宗任命王安石为参知政事,设立"制置三司条例司"主持改革。各项新法源源不断从这里发出,在全国推行。

条例司陆续推出了免役法、青苗法、农田水利法、方田均税法、均输法、市易法等新法,保甲法、保马法及将兵法纷纷施行,另有针对科举考试弊端的改革措施。从改革推出的法令顺序与具体内容来看,王安石将经济改革置于改革的中心。这正是王安石变法与之前范仲淹庆历新政之间的一个重大的区别。

之所以选择从财政入手,是因为王安石意识到要想取得改革的成功,首先要从最迫切的"富国强兵"入手,同时不要去轻易触动体制根本性的问题,在专制时代吏治改革须慎行,于是经济改革便成了改革的核心议题。

从财政入手进行改革,既是王安石变法取得一定成效的原因,也是他遭人非议之所在。面对财政危机,官员们都意识到需要通过改革来挽救北宋的困局。司马光与王安石的分歧并不在于要不要改革,关键在于怎么改。王安石作为现实的执政者,认为要增加财富,就必须改革财政,订立相关新的法律,变法波及面广。司马光的另一个身份是史学家,较为关注伦理纲常等维护国家统治的问题,伦理纲常强调稳定,所以司马光更倾向于保守。当然,改革并非一定好,保守并非一定不好,进步和落后都是相对而言的。

面对相同的社会危机,王安石和司马光从各自不同的角度出发来思考如何改革,寻找危机的根源,制定改革的措施,他们的结论南辕北辙,再加上两人都是倔强之人,司马光被称为"司马牛",王安石有个外号叫"拗相公"。性格加上政见的不同,势必产生激烈的分歧。同时王安石改革中的一些措施在实际操作过程中由于基层的"层层加码"而走形,严重损害了当时百姓的利益,势必引发士大夫阶层的群起反对。

■ 线索二 多民族政权的并立

1. 为什么辽宋夏金时期会出现多民族政权的长期并立?

从公元9世纪末期开始,中国再次陷入分裂割据之中,直到1279年元朝实现大一统,又是近四百年的分裂。其间,多民族政权长期并立。辽、北宋和金政权都想统一天下,但都始终无法如愿。

◆ **军事实力上为何会出现相互牵制的局面?**

> 我不知中国之人难制如此!
>
> ——(宋)司马光:《资治通鉴》卷286,中华书局2011年版,第9474页。

无论是契丹耶律德光南下灭后晋,还是北宋两次北伐辽朝,抑或是金朝初年的两次南征,最终都未能完成统一。一是这些战争往往牵一发而动全身,一招不慎就会导致满盘皆输,军事策略与战争胜负有着密切的关系。二是辽、金的南下往往伴随着民族压迫,导致被征服地区的激烈反抗。无怪乎面对各地民众风起云涌的反抗斗争,耶律德光会哀叹"我不知中国之人难制如此!"金兵南下也面临着中原八字义军的频繁骚扰。南北政权的和与战已超越单纯的政权交锋。三是辽、宋、金三朝从王朝内部来看,往往自保为多,开拓不足,一旦遇到挫折,事前就已经想好了退路。辽圣宗的大举南下最终目的是澶渊之盟。北宋临战之前就想好用金银来赎买燕云十六州。海陵王南征未成,国内发生变乱。从这些方面来分析,恐怕我们就不难理解为什么三朝在军事上始终无法取得最终的胜利。

◆ 如何理解政治制度上的学习借鉴？

（宋神宗说）"北有狂虏，西有黠羌，……二虏之势所以难制者，有城国，有行国。古之夷狄，能行而已。今兼中国之所有矣，比之汉唐，最为强盛。"

——朱易安、傅璇琮：《全宋笔记》第二编第一册，
大象出版社 2006 年版，第 100 页。

正如宋神宗所言，辽和西夏与之前的少数民族政权相比，最大的区别在于，这两个少数民族政权在保留了本民族特色的同时，积极学习和吸收中原王朝的制度。

契丹……官分南北，以国制治契丹，以汉制待汉人……北面治宫帐、部族、属国之政，南面治汉人州县、租赋、军马之事。因俗而治，得其宜矣。

——《辽史·百官志一》，转引自《中外历史纲要（上）》
第三单元第 10 课"学思之窗"栏目。

政权能够并立的前提是各政权之间的实力相对均衡。辽虽然地域广阔，但人口远不及宋。西夏无论地域还是人口都无法与宋、辽抗衡。在经济上，辽与西夏也无法同宋抗衡。撇开之前所涉及的军事因素，辽和西夏积极学习中原王朝先进制度，是多民族政权得以并立的一个关键因素。辽朝的南北面官制度，藩汉分治的法律制度为辽的稳定和发展作出了重要的贡献，使辽能比较顺利地管理游牧地区和农耕地区。西夏中央和地方政治制度和法律制度都有着唐宋的痕迹，但其独创的西夏文字和对宗教的态度也与其当地的风俗密切相关。到了金朝，金太宗与金熙宗都任用汉族士大夫改行汉官制度。

吸收中原王朝的先进制度，辅之以本民族的特点，这样的一种混合政权为这些少数民族政权的发展和壮大提供了有利的条件，同样，这也导致了宋朝"难制"的结果。

◆ 如何理解文化习俗上的交融趋同？

世宗天资仁厚，善于守成，又躬自俭约以养育士庶，故大定三十年几致太平。所用多敦朴谨厚之士，故石琚辈为相，不烦扰，不更张，偃息干戈，修崇学校。议者以为有汉文景风，此所以基明昌、承安之盛也。

——（金）刘祁：《归潜志》，中华书局 1983 年版，第 136 页。

随着承平日久，中原文化对辽、金等少数民族政权的影响日益加深。在中原文化的长期熏陶影响下，各族文化不断交融趋同。在辽国，朝廷开设科举，契丹贵族纷纷应试，并以不读书为耻。金世宗在位时期积极恢复生产，减轻老百姓的税收，被时人称为"小尧舜"。这一方面反映了社会稳定发展的局面，另一方面也展现出少数民族政权统治者和老百姓对中原文化的认同。

当然这种文化上的交融与认同从另一个角度来说是不断削弱了少数民族特点，使其逐渐丧失了立国之初的进取精神和吃苦耐劳勤俭的风气，以致一些统治者要通过行政命令来维持本民族的特色。金世宗时期就曾下令禁止女真人取汉姓，禁止女真人在服饰方面效法汉人。从这些禁令的另一面我们也能发现当时各族之间交融程度之深刻。

2. 多民族政权下行省制度的渊源与发展

中国地方行政制度在元代发生了重要的变化。行省成为地方一级行政区划，并沿袭至今。行省制度的创设，对中央加强地方管理起到了重要的作用，为统一多民族国家的发展奠定了坚实的基础。

◆ 行省制度的起源是什么？

"省"最初是宫禁之地的意思，引申为中枢机要的意思。三国两晋南北朝时期，中书省、门下省和尚书省三大机构逐渐发展成熟。其中尚书省旧称行台，中央政府往往将其临时在外设置的分支机构称之为行台。自魏晋到隋唐，行台制度不断发展，唐朝初年，功勋卓著的李世民就被任命为陕东道大行台，掌管东部地区。

到了金朝，行省的称谓开始出现，最早的行省是与治理黄河有关。之后，为了适应战争的需要，作为中央尚书省的派出机构，行省的职能开始发生变化，主要职责是负责和指挥军队，并统管辖区内的行政事务，行省成了一种军政合一的区划。在灭金的过程中，蒙元效仿金朝设立行省并一直沿用。

◆ 为什么元朝要创设行省制度？

自封建变为郡县，有天下者，汉、隋、唐、宋为盛，然幅员之广，咸不逮元。汉梗于北狄，隋不能服东夷，唐患在西戎，宋患常在西北。若元，则起朔漠，并西域，平西夏，灭女真，臣高丽，定南诏，遂下江南，而天下为一。故其地北逾阴山，西极流沙，东尽辽左，南越海表。

——（明）宋濂：《元史·地理志》卷58，中华书局1976年版，第1345页。

元朝疆域广阔前所未有，如何管理辽阔的疆域、如何适应汉族聚居区的特点并进行有效的管理成为元朝统治者亟待解决的问题。

入主中原之前，大蒙古国采取的是"断事官制度"。断事官是全面负责户籍、赋敛、狱讼和监察的中央执政长官，"大断事官"即执掌民政的最高官员。一名或数名大断事官及所属"文书官"（也称"书记官"）构成大蒙古国的行政中枢。

随着征服土地的不断扩大，面对人口众多、文明程度更高、面积更广阔，经济更发达的农耕地区，蒙古汗国先后于燕京、别失八里、阿姆河3处设置断事官，作为大断事官的分支，代表大汗对征服地区进行管理。其中燕京的断事官也叫"中州断事官"，随中州断事官的设立，行省制的雏形就此产生。

1260年，忽必烈继承汗位之后，以中书省为政权最高的行政管理机构，与御史台和枢密院共同组成元朝的中枢机构。中央机构确立后，地方管理制度也随即建立起来。在中州断事官的基础上，燕京行省与中书省合并，转为中书省的直辖机构。其余的新征服地区仍设置行省，作为中书省的派出机构，并在日后的军事行动中随着战事而推进。起初，许多行省长官皆以中书省"宰执行某处省事系衔"，到至元二十一年（1284），行省长官兼挂中书省宰执的头衔被取消，行省演变为地方常设的最高行政机构，隶属中书省。

◆ 行省制度为何能巩固国家统一？

　　行中书省……掌国庶务，统郡县，镇边鄙，与都省（中书省）为表里……皆以省官出领其事……凡钱粮、兵甲、屯种、漕运、军国重事，无不领之。

——（明）宋濂：《元史·百官志》卷91，中华书局1976年版，第2305页。

行省制度是中国古代地方行政管理的创举，其控制范围之大、长官身份之高、管理之权之广都是前所未有。然行省制度并未像唐朝藩镇一样最终引发地方割据，反而巩固了统一的格局。究其原因，主要有以下3个方面。

首先，行省制度虽政权相对集中，但中央政府却有一系列制约措施。元代的行省虽然掌握军权和财权，但中央掌握人事、监察权力。行省的重要职位职权，由蒙古人、色目人担任，他们更忠于蒙古族的政权。对蒙古人而言，地方分权之弊，可由种族控制之利来弥补。

其次，元朝的行省的定位设置各有侧重，并不完全一致。比如岭北行省及辽阳、甘肃等行省，主要用以防范蒙古诸王、控制蒙古部落、提供军需。又比如陕西、四川、云南、河南等行省，扼守中原、关中等军事要地，主要以军事震慑为重心。随着经济重心的南移完成，南方江浙、湖广、江西等行省的设置意在征发财赋，行省治所多设在辖区内水陆路交通要塞。

最后，行省区划的设置打破了自然地理的区隔和障碍，消除了秦汉以来地方势力割据称雄的地理条件，进一步加强了中央对地方的有效控制。比如四川，历代最容易出现割据，元代四川，北面的门户秦岭、汉中盆地分给陕西行省，避免出现历代割据四川的局面，人为地造成犬牙交错的局面。

> 元代行省制度是古代多民族统一国家发展壮大过程中中央与地方权力结构不断调整、完善的产物，它并非单纯的中央集权或地方分权。元代行省制度的历史价值在于：它创立了一种以行省为枢纽，以中央集权为主，辅以部分地方分权的新体制。
>
> ——刘宇：《行省制度略论》，《历史研究》2007年第6期，第28页。

"行省"的设立是地方行政制度的巨大变革，"省"作为一级行政区域也被后来历代沿用至今。

线索三　辽宋夏金时期经济文化的新变化

1. 宋朝海外贸易因何繁荣？

宋朝是中国古代海外贸易的繁荣时期，宋元时期是中国古代海外贸易发展的最高阶段。元朝疆域辽阔，国力强盛，具有发展海外贸易的有利条件。宋朝疆域不及汉唐，南宋更是偏安半壁，那宋朝的海外贸易因何繁荣？

◆ **宋朝海外贸易繁荣有哪些表现？**

第一，从港口数量来看。唐代的主要贸易港口有交州、广州、泉州和扬州四大港口。宋朝自北向南，有十多个对外贸易的港口。这些港口中尤以南方广南、福建和两浙的港口自成体系，其中大小港口并存，主次分明，相互补充。同时，杭州、明州和琼州开始崛起。

第二，从管理制度来看。宋朝开始设置专门主管海外贸易的机构——市舶司，对进出港的船舶进行检查和征税，并专门设有储存货物的仓库，与现在的港口并无二致。

第三，从航行范围来看。随着航海造船技术的发展，宋朝海外贸易的范围远超前代，最远到达红海沿岸和非洲东海岸。同时根据宋朝各种书籍的记载，与中国有贸易往来的国家和地区至少在 60 个以上。

第四，从贸易商品来看。宋朝海外贸易输出和输入的商品的品种日益增多，瓷器成为中国的海外贸易的新宠儿。有人考证宋朝的海外贸易的进出口总额约相当于财政总收入的 1/5，有差不多 2 000 万贯，可见宋朝对外贸易的繁荣。

◆ 宋朝海外贸易繁荣的原因是什么？

> 有宋之兴，东南民物康宁丰泰，遂为九围重地，夺往古西北之美而尽有之。是以邹鲁多儒，古所同也，至宋朝则移在闽浙之间，而诛泗寂然也；关辅饶谷，古所同也，至于宋朝那么移在江浙之间，而雍土凉矣。
> ——弘治：《温州府志》卷一《风俗》，转引自黄纯艳：《宋代海外贸易》，社会科学文献出版社 2003 年版，第 65 页。

宋朝海外贸易繁荣的原因，有学者认为是西夏崛起阻碍了传统商路，进而引发海外贸易新通道的开辟。这当然是一个重要的因素，但历史事件的原因往往是多个的，以下是最关键的 3 点。

第一，宋朝社会经济的发展。这里社会经济的发展包含两个方面。一方面是宋朝本身农业和手工业有了长足的进步。纺织业的发展，制瓷业的突破和交子的使用说明当时社会经济出现了新气象。另一方面是中国古代的经济重心的南移在宋朝彻底完成，宋朝人已经意识到了"国家根本，仰给东南"。经济重心的南移推动了东南地区经济的进一步发展，为宋朝海外贸易奠定了直接的物质基础。宋朝出口商品的供给和进口商品的销售靠近南方，靠近沿海是海外贸易的一个重大优势。南方经济的发展为进出口贸易创造了巨大的经济腹地和市场空间。

第二，宋朝对外贸易政策的变化。以自然经济为基础的中原王朝对海外贸易不是很感兴趣，往往听之任之，宋朝之前和之后的王朝往往采取措施不断加强对外贸易的控制。唯独宋朝，不但积极鼓励海外贸易，同时还设置机构加以管理，从而推动了海外贸易的飞速发展。主要是因为宋朝的经济要"仰给江南"，但"天下根本在河北"。宋朝的主要威胁基本来自北方。为了支撑起强大的北方边防，宋朝政府不得不广开财源，依靠南方的赋税来维持百万军队。海外贸易无疑是增加政府收入重要的来源之一。

第三，宋朝对北方屡战屡败，主要秉承收缩被动外交政策，同时也放下了上国的心态，不再把自己视为万国宗主。这样的外交让宋朝少了许多重义轻利的约束,对于能够获得巨大利益的海外贸易,宋朝政府则积极鼓励支持,设置市舶司进行有效管理,进而促进了海外贸易的发展。

2. 为什么有学者将宋朝称之为"平民社会"?

> 在宋朝以前,贵贱之分严明,高门大户往往能传递几百年,底层百姓也永远安于被剥削的命运。而从宋朝开始,这一定势被打破了。
>
> ——张宏杰:《第一个平民社会》,《新京报》2013年1月4日,C07版。

宋朝在中国古代史上的地位略有尴尬。北宋定鼎中原,统一南方,具有一些统一王朝的特征,却始终未能重现汉唐大一统王朝的辉煌。宋朝长期与少数民族并立,在争锋过程中往往处于下风,自古就有"弱宋"的称呼。但宋朝制度严密、经济发展、文化昌盛、对内保持了长期的稳定和发展。这些同样得到了历代史家和文人的称道。到了现代,特别是21世纪以来,大众对于宋朝的追捧热度始终不减,有专业媒体还制作专辑《我们为什么爱宋朝》,宋史的爱好者又被称为"宋粉"。在各种溢美之词中,有学者将宋朝称为"第一个平民社会",提出"宋以前的中国和宋以后的中国还有另一个不同,那就是从'贵族—士族社会',变成了平民社会。"那宋朝到底是不是一个平民社会?

◆ 何为"平民社会"?

> 宋以下,始是纯粹的平民社会。除蒙古满洲异族入主,为特权阶级外,其升入政治上层者,皆由白衣秀才平地拔起,更无古代封建贵族及此后门第传统的遗存。
>
> ——钱穆:《中国学术思想史论丛·第6册》,东大图书有限公司1978年版,第213页。

《辞海》(第七版)对平民的解释为:"奴隶社会和封建社会中除特权阶级、奴隶和农奴以外的居民。"从中可见,平民是指那些拥有身份自由,但没有特权的人。结合《辞海》对"社会"一词的解释"以一定的物质生产活动为基础而相互联系的人类生活共同体"。我们可以对"平民社会"进行一个定义,那就是一个有身份自由、没有特权的居民为主体的社会。

从钱穆先生的这段话中我们能发现,他理解中的平民社会除了少数民族统治阶级之外,是一个升迁自由,没有贵族门第特权的社会。

◆ 宋朝是"平民社会"吗?

> 对于贵族、士族、绅士应作历史的具体分析,不宜简单地一概否定。

然而在中国历史上特权势力始终存在，应该是个不争的事实。

——张邦炜：《宋代"平民社会"论刍议——研习钱穆论著的一个读书报告》，《历史教学》2017年第16期，第16页。

那宋朝真如专家所言是一个纯粹的"平民社会"吗？恐怕很难这样去理解。首先，虽然宋朝科举大盛，但是依然有不少人能够通过其他途径入仕为官。这里面的不少人都有权贵的背景。

凡遇南郊大礼及诞圣节，俱有荫补。宰相执政，荫本宗、异姓及门客、医人各一人；太子太师至谏议大夫，荫本宗一人；寺长贰监以下至左右司谏，荫子或孙一人……此外又有致仕荫补……此外又有遗表荫补。曾任宰相及现任三少使相，荫五人；曾任执政官至大中大夫以上，荫一人；诸卫上将军，四人；观察使，三人。

——（清）赵翼：《廿二史札记·宋恩荫之滥》，中华书局1984年版，第561—562页。

范仲淹庆历新政之初向宋仁宗所上《十事疏》中就有五项改革时直指吏治改革的，可见当时有不少人是通过非科举渠道获得入仕资格的。

其次，宋朝入仕者的地位相较于其他阶层也是不平等的。钱穆先生本人在论著中就强调中国社会自春秋以降称之为"四民社会"，"于农、工、商、兵诸色人等之上，尚有士之一品，主持社会与政治之领导中心"。可见这些平民之间本身就不是平等的。更何况入仕之后的平民掌握了权力，怎么可能继续保持平等？特权既然存在，怎么可能人人平等？

◆ 为什么学者将宋朝称之为"平民社会"？

"平民化，世俗化，人文化"，所谓的"化"，是指一种趋向，一种过程，是进行时而非完成时。

——郑诗亮、孟繁之：《邓小南谈对宋史的再认识》，《东方早报》2016年12月16日。

秦朝建立后，贵族政治在中国古代依然占据非常重要的地位，直至魏晋南北朝的门阀政治达到顶峰，随着黄巢起义和五代十国的动荡，世袭贵族势力大为减弱。北宋统治者本身起自平民阶层，为了更好地巩固统治，宋初统治者奠定了一个相对稳定宽松的政治基调。对于民间文化发展、经济事业、社会生活等方面，宋朝政府并未进行过多干预，造就了北宋自由的风气。宋朝统治者还加大了科举制度的选拔力度，为平民构筑了一个上升通道，也扩大了自己的统治基础。从此中国社会由等级森严、阶层固化的不自由的社会，向一个更平等，社会流动相对更合理公正的社会转变。学者和大众对于"宋朝平民社会论"的讨论很大程度上也是对北宋文治的一种推崇吧。

■ 历史之音

1. 教材为何称"宋朝是中国古代商品经济的一个高峰"？

   11世纪和12世纪的宋朝，中国无疑是世界上经济最先进的地区。

   ——〔德〕贡德·弗兰克，刘北成译：《白银资本》，
   中央编译出版社2005年版，第158页。

   ◆ 为什么说宋朝是中国古代商品经济的一个高峰？

   商品经济指生产、分配、交换和消费等活动都必须借助于商品货币关系来进行的经济形式。

   ——夏征农、陈至立：《辞海》第六版彩图本，
   上海辞书出版社2009年版，第1970页。

   在宋朝，自然经济始终占据主导地位，但相较于前代，宋朝的商品经济有了极大的发展，突出表现在商品的买卖上，出现了超越前代的买卖空间、新形式的交易货币、买卖的商品的数量和种类有了极大地增加。

   第一，就买卖空间而言。宋朝城市的发展极为引人瞩目，宋朝和平的环境为工商业的繁荣提供了保障。伴随政府对农民人身控制的减弱，大量农村富余劳动力涌进城市，城市经济不断发展，随之而来的是传统的"坊市"制度开始慢慢瓦解，形成了新的"厢坊"制度。新的制度进一步推动了城市商业的发展。买卖等商业行为突破了自古以来时间与空间的限制，城市商业出现了前所未有的繁荣景象，并带动了相关餐饮、服务和娱乐业的联动发展，其中最具有代表性的就是两宋的都城——开封城和临安城。

   第二，就交易货币而言。随着商品经济的发展，大宗商品交易需要一种容易携带轻便的支付凭证。印刷术的改进也为这种支付形式的产生提供了技术保证。经济重心南移促使南方成都平原成为经济发达地区，也为新型支付形式的运用创作了条件。虽然目前还没有直接证据能证明四川等地使用的"交子"就是最早的纸币，但是宋朝确实具备了出现和使用纸币的条件。

第三，就买卖商品种类和数量而言。大宗货物和舶来品都能在宋朝市场上找到，发达的工商业满足了国内商品的需求，而海上丝绸之路的兴盛也为贩运大量海外商品提供了便利。

综上所述，正是具备了以上3个特点，所以宋朝能够成为中国古代经济史上留下浓墨重彩的一笔，并引得无数后人的艳羡。

◆ 如何引导学生了解北宋商品经济的繁荣？

宋朝之所以让后人艳羡，绝不仅仅依靠文献记载。一谈到宋朝的商品经济，我们会马上想到两份当时的直接证据——张择端绘制的《清明上河图》与孟元老编著的《东京梦华录》。《清明上河图》用细腻的笔法全面、生动地展现了北宋都城开封繁荣的景象。《东京梦华录》则是曾经在汴梁城生活了20余年的孟元老对开封的回忆。从节庆习俗、城市布局到饮食娱乐等，他用文字对东京做了全面的记载。将这两份材料进行有机结合，通过图文的互证并辅之以当时文献与绘画，能直观地引导学生认识北宋经济与文化的繁荣。

2. 有学者提出，"唐宋变革论"在相当程度上有助于突破王朝体系来探讨唐、宋历史，该如何理解这一观点？

> 内藤范式的介入，无疑在相当程度上帮助唐宋史学界超越传统的断代史思路，转向更多地根据历史现象演变本来的线索，而不是从王朝体系出发去观察它们。尤其是承前启后的五代时期，从此前大多被忽略而过，到现在已经成为学者们探讨唐宋之间制度承续不可或缺的中间环节。
>
> ——包伟民：《"唐宋变革"：如何走出？》，《北京大学学报（哲学社会科学版）》2022年7月第59卷第4期，第74页。

◆ 何为"唐宋变革论"？

1922年，日本京都大学讲师内藤湖南（内藤虎次郎）发表《概括的唐宋时代观》一文。在文中内藤湖南提出"过去的历史学家大多以朝代区划时代"，但是"这样的区划法有更改的必要"，于是他提出了中国历史分为上古、中古和近世3个阶段，中国历史从中古转向近世是发生在唐宋之交。唐朝属于中古，宋朝属于近世。内藤湖南本人只是提出了这样的一种观点，但并没有进行仔细论证，也没有形成所谓的"唐宋变革论"。

他的弟子们，其中最著名的首推宫崎市定，他对内藤的观点进行了补充论证，从政治、选官制度、党争性质、人民、经济、艺术文学、兵制、法律及与西方比较等 9 个方面列举了自宋朝以降的中国作为"近世社会"的特征。

这个在日本学界流行的观点在 21 世纪初的中国产生了重大影响，成为研究唐宋历史的一个"最流行的'主题词'"，同时也引发了巨大的争议。

◆ "唐宋变革论"的局限性在哪里？

"唐宋变革论"最大的一个局限在于内藤湖南作为标准所提出的所谓上古、中古及近世 3 个阶段是以欧洲历史作为标准的。内藤湖南从欧洲的历史出发来解读中国历史，在某些领域并不符合唐宋的历史实际。

比如在君主制度上，内藤湖南认为魏晋南北朝和隋唐五代是贵族政治时期，"君主是贵族阶级的共有物，只有在承认贵族的特权后才可以推行其政治，个人不可能拥有绝对权力"。这一点就与我们的研究截然相反，学者们普遍认为，中国的君权虽然有过一定时期的旁落，但君主专制是中国政治史的主线。内藤对魏晋至隋唐的理解反而与西欧中世纪颇为相似。

在其他方面，内藤和他的学生都存在这样一个问题，即以中世纪的模式来改写中国历史，也难怪有学者指出内藤的论断，"其所论率多削我国隋唐五代历史之足，以适欧洲中世纪之履。"

◆ 高中历史教学如何正确看待"唐宋变革论"？

仔细分析"唐宋变革论"论证过程，我们会发现内藤湖南、宫崎市定等人对唐宋时期某些问题的阐发与论证确实展现了制度本身在唐宋之际的重大变化，而这些变化也与之前的中国主流社会形态有着很大的区别。

就科举而言，唐代的政治高位有贵族垄断，虽有科举，但是录取人数不多，科举所考察的更多是品质和文艺。到了宋朝，科举唯才是举是政治和社会地位的来源，世代为官已属少数。就社会而言，唐代世家大族依然重视谱系，大族往往采取封闭式互婚，然至宋朝这一情况被打破。从政治到学术到经济，变化不一而足，都显示出两个时代的巨大区别。

在我们高中历史教学中，我们应该学习和了解"唐宋变革论"，并且从他们的论证中发现两个时代的不同，进而跳出朝代的局限，站在一个更加宏观的角度来帮助同学解读历史，分析历史，体会历史。引导学生理解历史发展的复杂性，从不同角度入手帮助学生全面了解历史。从这一层次来看的话，"唐宋变革论"有助于学生了解中国历史，有助于教师从另一个层面来思考历史。

第四单元

明清中国版图的奠定与面临的挑战

第一部分 单元解析

课程标准要求

高中课程标准对本单元的内容要求阐述如下。

（1）通过了解明清时期统一全国和经略边疆的相关举措，知道南海诸岛、台湾及其包括钓鱼岛在内的附属岛屿是中国版图的一部分，认识这一时期统一多民族国家版图奠定的重要意义。

（2）了解明清时期社会经济、思想文化的重要变化。

（3）通过了解明清时期封建专制的发展、世界的变化对中国的影响，认识中国社会面临的危机。

单元主题解读

本单元的大标题"明清中国版图的奠定与面临的挑战"包含了3个关键词。"明清"是对本单元时空概念的界定，时间上从明朝建立至鸦片战争之前的清朝，即14世纪中期至19世纪中前期；空间上指明清两朝所辖的疆域范围。"中国版图的奠定"与"面临的挑战"这两个历史概念从两个不同的维度，勾勒出明清时期中国历史发展的特征，即中国自新航路开辟后世界大势骤然巨变下辉煌与迟滞并存的发展态势，一方面是以统一多民族封建国家版图奠定为代表的明、清极盛之势，另一方面是面对内外巨变依然保守、僵化的衰败之势。

在本单元的导言中，有两点表述值得关注。一是"专制集权空前强化"。明、清两朝专制体制的空前强化，一方面促成了统一多民族封建国家的巩固与强盛，统一的多民族封建国家版图得以奠定；另一方面，空前强化专制皇权的弊端，又成为滋养统治危机和社会危机爆发的温床。二是"世界大势所趋"，即伴随着新兴工业文明对传统农业文明压倒之势所引发的变化与挑战。明朝中叶后经济、思想、文化等领域出现的剧变与阻碍生产力发展的政治制度、经济结构、执政理念间的不可调和的矛盾，对明清统治者提出了新挑战。

单元内容结构

本单元包括3课，第12课《从明朝建立到清军入关》、第13课《清朝前中期的鼎盛与危机》、第14课《明至清中叶的经济与文化》，涵盖了明朝、清朝（鸦片战争前）两个统一王朝的历史发展脉络。

明清历史纷繁复杂，本单元着眼于明清历史发展的"势"，单元标题高度概括、归纳了这段历史"势"的特征，每一课文本内容的编纂紧密围绕单元标题的3个关键词展开，对单元标题"明清""中国版图的奠定""面临的挑战"进行了系统的诠释。表面上看，与单元标题"中国版图的奠定"直接对应的是第13课第二目清朝"疆域的奠定"。以布罗代尔"中时段"理论来看，若无明朝疆域，何来清朝疆域？若无明朝废宰相、设内阁，何来清朝君主专制的进一步加强？由此可见，第12课三目、第13课前两目间环环相扣，对应"中国版图的奠定"这一单元核心概念。同理，第13课第三目"统治危机的初显"与第14课四目对应"面临的挑战"这一单元核心概念。第12课第一目"明朝政治制度的变化"和第13课第一目"康雍乾时期的君主专制"前后衔接，又呼应了第13课第三目"统治危机的初显"，是探讨"中国版图的奠定"与"面临的挑战"的政治前提条件。

核心素养教学建议

（1）能够客观、全面地分析、概括、归纳明清时期中国社会发展的总趋势和特点，并能运用唯物史观的相关理论，如生产力与生产关系、经济基础与上层建筑的关系，分析明清中国未能紧跟世界潮流的原因，辩证看待明清时期"辉煌"与"迟滞"间的关联。

（2）能够将明清时期的中国置于世界大势中去思考，理解明清时期中国内外剧变与同时期世界形势巨大变化间的相互关联，以及明清时期中国政治制度、经济结构、社会体制、思想文化间的联系与冲突。

（3）能够通过相关史料了解明清时期统一多民族封建国家版图奠定的史实，理解这一时期疆域奠定的意义和影响。

（4）能够在充分占有史料的基础上，知道明清时期中国面临的内外危机的史实，能从动机与后果、原因与结果等角度客观、公正、合理、全面地评析明清统治者施政措施和应对之策。

（5）能够充分领悟明清时期中国在捍卫国家主权、维护国家统一方面所作出的不懈努力。

第二部分　教材比较

- **与初中课程标准、教材比较**

《中外历史纲要（上）》第四单元文本内容是《中国历史第二册》中的第三单元"明清时期：统一多民族国家的巩固与发展"的延伸，两者既有共性又有差异。鉴于两本教材中相关单元所涉及的时间段都是从明朝建立至1840年鸦片战争前的清朝，以下涉及明清时期皆指这一时间段，不再重复说明。

1. 课程标准相关内容表述

初中课程标准与高中课程标准相关课程内容要求对照见表4-1。

表4-1　初中课程标准与高中课程标准相关课程内容要求对照

初中课程标准	高中课程标准
1. 通过了解明清时期加强皇权的举措，初步认识君主专制带来的社会弊端； 2. 通过了解明清时期的经济改革和全球性经济互动，初步认识这一阶段中国经济发展的内因和外因； 3. 通过郑和下西洋、戚继光抗倭等史事，了解明朝的对外关系；	1. 通过了解明清时期统一全国和经略边疆的相关举措，知道南海诸岛、台湾及其包括钓鱼岛在内的附属岛屿是中国版图一部分，认识这一时期统一多民族国家版图奠定的重要意义；

（续表）

初中课程标准	高中课程标准
4. 通过了解郑成功收复台湾、清朝在台湾的建制、册封达赖和班禅以及设置驻藏大臣等中央政权在边疆地区的各种举措，认识西藏地区、新疆地区、南海诸岛、台湾及其包括钓鱼岛在内的附属岛屿是中国的领土，理解统一多民族国家版图奠定的重要意义； 5. 通过了解《本草纲目》《天工开物》《农政全书》，认识明朝的科技成就及其影响； 6. 通过了解小说、戏曲的繁荣，知道明清时期文学艺术的特色； 7. 通过明末李自成起义，清中叶以来的政治腐败、故步自封和19世纪的国际局势，认识当时中国社会面临的严重危机	2. 了解明清时期社会经济、思想文化的重要变化； 3. 通过了解明清时期封建专制的发展、世界的变化对中国的影响，认识中国社会面临的危机

初中课程标准对明清时期皇权的加强、经济变化的成因、明朝对外关系的重要史实、统一多民族国家版图奠定的举措和意义、明清科技成就和文学艺术特色以及明清中国社会危机等方面给予了明确的要求。相较于初中课程标准，高中课程标准更突显明清时期中国版图奠定的重要意义、社会整体发展出现的新趋势以及时代面临的新危机，明清专制集权的发展则被视为时代发展的一个内部条件。

2. 教材相关单元、课、目编排

《中国历史第二册》与《中外历史纲要（上）》相关单元、课、目编排对照见表4-2。

表4-2 《中国历史第二册》与《中外历史纲要（上）》相关单元、课、目编排对照

《中国历史第二册》			《中外历史纲要（上）》	
第三单元 明清时期：统一多民族国家的巩固与发展			第四单元 明清中国版图的奠定与面临的挑战	
第14课 明朝的统治	明朝的建立		第12课 从明朝建立到清军入关	明朝政治制度的变化
	朱元璋强化皇权			
	科举考试的变化			
	经济的发展		第14课 明至清中叶的经济与文化	社会经济的发展与局限

(续表)

《中国历史第二册》		《中外历史纲要（上）》	
第15课 明朝的对外关系	郑和下西洋	第12课 从明朝建立到清军入关	海上交通与沿海形势
	戚继光抗倭		
	葡萄牙攫取在澳门的居住权		
第16课 明朝的科技、建筑与文学	科技名著	第14课 明至清中叶的经济与文化	科技
	明长城和北京城		
	小说和艺术		小说和戏曲
第17课 明朝的灭亡	政治腐败与社会动荡	第12课 从明朝建立到清军入关	内陆边疆与明清易代
	李自成起义推翻明朝		
	满洲兴起和清军入关		
第18课 统一的多民族国家的巩固和发展	清朝对全国的统治	第13课 清朝前中期的鼎盛与危机	疆域的奠定
	郑成功收复台湾和清朝在台湾的建制		
	清廷对西藏地方的有效管辖		
	巩固西北边疆		
	雅克萨之战		
	清朝的疆域		
第19课 清朝前期社会经济的发展	农业生产的恢复和发展	第14课 明至清中叶的而经济与文化	社会经济的发展与局限
	手工业和商业的发展		
	人口的增长		统治危机的初显
第20课 清朝君主专制的强化	军机处的设立	第13课 清朝前中期的鼎盛与危机	康雍乾时期的君主专制
	文字狱与文化专制政策		
	不断加剧的社会矛盾		统治危机的初显
	闭关锁国政策		
第21课 清朝前期的文学艺术	《红楼梦》	第14课 明至清中叶的而经济与文化	小说和戏曲
	昆曲与京剧艺术		

◆ 从内容编排看，《中国历史第二册》第三单元"明清时期：统一多民族国家的巩固与发展"，共8课时，单元主题聚焦明清时期中国统一多民族国家巩固与发展的举措及其影响。《中外历史纲要（上）》第四单元"明清中国版图的奠定与面临的挑战"，共3课时，单元主题不仅围绕明清时期中国自身的发展变化，更侧重于明清时期中国封建专制集权空前强化与世界大势发展给中国社会带来的新变化和新挑战，明清时期中国统一多民族国家的巩固与发展的举措与意义只是这一单元的一部分。

◆ 就知识点而言，《中外历史纲要（上）》第四单元相较于《中国历史第二册》第三单元新增知识点大致有：明朝内阁（初中教材文本"相关史事"栏目提到明成祖建立内阁）、清代奏折制度、明清思想领域的变化、明清西学东渐等。《中国历史第二册》第三单元中有关科举考试、明长城和北京城的相关内容在《中外历史纲要（上）》第四单元则不再重复出现。

◆ 从行文表述上看，需要特别指出下列方面。

《中国历史第二册》第三单元的标题是"明清时期：统一多民族国家的巩固与发展"；《中外历史纲要（上）》第四单元"单元导语"明确指出，"在明清两朝……统一多民族封建国家更趋稳固，现代中国的版图逐渐定型。"高中统编教材在"统一多民族"和"国家"之间加上了"封建"一词，并出现了"现代中国版图"这个概念。

与华师大版高中教材比较

《中外历史纲要（上）》第四单元文本内容与华师大版《高中历史第三分册》第六单元"明朝的兴亡与清前期的强盛"的内容基本一致，但两者在内容的编排、详略、表述等方面存在一些差异。

◆ 从内容编排看，华师大版《高中历史第三分册》第六单元的编排更关注明、清两朝的重要史实，更凸显史实的时序性。《中外历史纲要（上）》第四单元以"中国版图的奠定"与"面临的挑战"两大核心概念统摄整个单元，编排上更关注明、清两朝历史发展的总趋势，叙事更为精简，更突显单元整体性和主题性。

◆ 就知识点而言，相较于华师大版《高中历史第三分册》第六单元，《中外历史纲要（上）》第四单元新增知识点大致有郑和下西洋、戚继光抗倭、明朝与北方蒙古族的关系、明朝对藏族地区的招抚与管理、清朝奏折制度、《钦定藏内善后章程》、清朝设置理藩院、清朝人口的压力、康乾盛世后期的统治危机、"十三行"、清朝社会经济的局限性、王守仁及其心学、明末清初三大思想家（黄宗羲、顾炎武、王夫之）、明清小说和戏曲的成就、明朝后期重要的科学著作（李时珍的《本草纲目》、徐光启的《农政全书》、宋应星的《天工开物》）等。华师大版《高中历史第三分册》中有关明初经济的恢复与发展、朱元璋整顿吏治、明朝中期以后的党争以及宦官与内阁倾轧、康熙帝设立南书房、明清时期的商品集散地、清朝对文化典籍的整理与编撰、朝贡贸易、明朝民间海外贸易等相关内容在《中外历史纲要（上）》第四单元中没有涉及。

◆ 从行文表述看，需要特别指出下列方面。

关于明朝时期澳门的名称表述，《中外历史纲要（上）》采用澳门古称"濠镜澳"而非今天使用"澳门"的说法。

关于康雍乾三位君主开拓、巩固清朝疆域的评价，华师大版《高中历史第三分册》表述为"康、雍、乾时期，清政府非常注重对周边地区的防卫与管辖，经过多年努力，使统一的多民族国家得到进一步的巩固与发展"。《中外历史纲要（上）》的表述是"康乾时期，清朝版图在前代王朝的基础上得到进一步开拓和巩固"，更强调中国版图奠定过程中延续性与开拓性并举。

关于清朝闭关的表述，华师大版《高中历史第三分册》主要是陈述史实，"乾隆时更实施闭关政策，规定外国商船只能在广州一地通商，而且须遵守种种规定。清朝中期，清政府对外商来华实施更为严格的限制，国门关闭得更加紧密。"《中外历史纲要（上）》增加了评价的文字，"这种闭关自守的政策，无法适应新的外部环境，中国逐渐落后于世界潮流。""闭关自守"词语的使用，隐含了清朝"闭关"行为背后的动机，同时指出这一行为所产生的后果，为之后的内容做了铺垫。

两版教材都从农业、手工业、商业 3 个方面叙述了明清时期在社会经济领域出现的新气象，但新气象的表现不完全相同。以"商业"为例，《中外历史纲要（上）》关注这一时期大量美洲白银流入和大宗转口贸易的发展，将社会经济发展视为明清时期中国面对变化与挑战的一个重要组成部分，并概括性地指出这一时期社会经济发展的局限性。华师大版《高中历史第三分册》关注国内著名的商品集散地等内容，有关美洲白银流入和转口贸易的内容被置于"民间海外贸易"

一目，将社会经济的繁荣作为康乾盛世的一个重要表现。

第三部分　核心问题释读

● 线索一　明清君主专制的空前强化

明清两朝，君主专制得到了进一步的加强和再度发展。在重大的政治决策上，明清两代帝王都"乾纲独断"，即实施皇帝的个人独裁。尤其是康雍乾时期的3位君主进一步推进了"乾纲独断"统治思想的实现，建立并完善了一套适应君主大权独揽的政治制度体系，真正做到了"事皆朝廷总之"。

1. 明朝中央官制有哪些新变化

◆ 朱元璋废宰相的主观动机和客观后果是什么？

> 自古三公论道，六卿分职，并不曾设立丞相。自秦始置丞相，不旋踵而亡。汉、唐、宋因之，虽有贤相，然其间所用者多有小人，专权乱政。今我朝罢相，设五府、六部、都察院、通政司、大理寺等衙门，分理天下庶务，彼此颉颃，不敢相压。事皆朝廷总之，所以稳当。
>
> ——《皇明祖训·祖训首章》，转引自《中外历史纲要（上）》第四单元第12课"探究与拓展"栏目。

朱元璋废宰相的主观目的是加强皇权，确保明朝的统治。

明中央行政机构有：六部，即吏、户、礼、兵、刑、工；中书、门下、尚书三省到明代只剩尚书省，但是尚书省不设长官，由六部尚书分头负责，各不相属，由皇帝直辖；都察院，专掌弹劾纠察；通政司，负责向皇帝呈送所有奏章，后来还负责贴黄（奏章摘要）和引黄（在外封书写条目要点）；大理寺（司法审判机构）和刑部（负责初审）、都察院（监督）组成三法司，大狱重刑皆由三法司会审。

六部长官加上都御史、通政使和大理寺卿称为九卿，各司其职，负责中央行政事务，九卿之上，再无长官；军事由五军都督府分管全国军队和卫所和统兵作战等，兵部负责征调军队和武官任命，打仗时，兵部奉旨调兵，并秉承皇帝的意旨任命总兵将臣，战事结束则士兵散归原来卫所。由此，皇帝总揽军政大权。

从洪武十七年九月十四日到二十一日，先后八日间，内外诸司送到皇宫的章奏，共有一千一百六十件。每件奏章里，有讲一件事的，也有讲两三件事的，共计有三千二百九十一件事。

——钱穆：《中国历代政治得失》，三联书店 2005 年版，第 96 页。

废宰相后，朱元璋虽大权独揽，但是相权与君权合二为一也使其力不从心，政务的正常运行受到一定影响。为解决因强化皇权而出现行政效率下降的新问题，朱元璋设殿阁大学士，协助其处理文书，为明成祖时期设立内阁奠定基础。

◆ 明朝内阁的职能是什么？

掌献替可否，奉陈规诲，点检题奏，票拟批答，以平允庶政。

——（清）张廷玉等：《明史》，中华书局 1974 年版，第 1732 页。

献替可否：内阁大学士辅佐皇帝裁决政务，"献可"意为发表咨询意见并取得皇帝认可；"替否"意为对皇帝所采取的意见措施持提出谏止。

奉陈规诲：内阁大学士通过上课的形式向皇帝传授儒家经典、治国之术。

点检题奏：内阁大学士有权审阅各部、各司的各种奏章。

票拟批答：内阁大学士对题奏本章拟出处理意见，交皇帝裁决。

由此可见，内阁不是法定的中央行政机构或决策机构，其性质是为皇帝提供顾问的秘书机构，不能似前朝宰相那样统领百官。内阁的辅政功能在明朝初期发挥了重要作用，出现了社会政治、经济发展较为平稳、良好的仁宣之治，进一步地巩固和强化了皇权。

明朝皇帝非常注重对内阁大学士的选拔，据学者统计，在明代 170 位大学士中，从尚书入阁的有 110 人，从侍郎入阁的有 24 人，绝大多数是翰林出身，担任六部长官。

◆ 如何理解明朝中后期，有的内阁大学士"被比喻为宰相"？

明中后期，有的内阁大学士深受皇帝信任，权力膨胀，连嘉靖帝自己也说，内阁首辅，"虽无相名，实有相权"。但实际上，明朝的内阁大学士不具备汉唐时期宰相的独立发挥作用的地位，内阁作为一个辅政机构并不具备向宰相制度发展的条件。

夫宰相之名，自明洪武时，已废而不设，其后置大学士，我朝亦相沿不改，然其职权仅票拟承旨，非如古所谓秉钧执政之宰相也。

——中华书局：《清实录》第 23 册·高宗实录（一五），

中华书局 1986 年版，第 85—86 页。

内阁与皇权存在着紧密联系。从名义上讲，内阁虽有"票拟权"，但一切诏令皆出自皇帝旨意，责任还是在皇帝。从制度上看，内阁不是最高的政务机关，有明一代，大学士始终只是个五品官，就算某个大学士权倾朝野，其权力也从未合法化。比如明世宗时期的严嵩和明神宗时期的张居正，两人都是内阁首辅，虽都大权在握，但其权力不是源自制度而是来自皇帝的支持，皇帝的信任一旦崩塌，其权力便荡然无存。

明代内阁制度，既要维护皇权的高度集中，又要解决中枢决策低效的难题，所以它最重要的特征是服务皇权，是巩固和强化皇权的政治工具，其形成和发展标志着君主专制在明代得到进一步的发展和强化。

明中期以后，内阁的职权虽渐渐倚重，但是，大学士已不能像明朝初期那样经常见到皇帝，往往在讲经时，才能见上天子一面。司礼监宦官成了沟通宫内外关系的重要群体，更甚者，从明宣宗起，司礼监开始制约内阁票拟。

不过，纵观明朝，不管是内阁权力在某些时期的膨胀，还是宦官专权、特务政治的出现，皇权从未旁落，皇帝始终是权力结构的拱顶石。这体现了中国历史发展到明代，在政治上皇权趋于极端，集权空前加强的特点。

2. 如何看待清朝君主的"乾纲独断"？

◆ 康雍乾时期的君主如何实现"乾纲独断"？

> 雍正六年以前，昼则延接廷臣，引见官弁；傍晚观览本章，灯下批阅奏折，每至二鼓三鼓，不觉稍倦。实六载如一日，此左右近侍及内直大臣所备知者。
>
> ——（清）鄂尔泰、张廷玉等：《国朝宫史》卷二三，四库全书影印本。

勤政既是清朝统治者严格恪守的家法，也是清朝帝王"乾纲独断"得以实现的一大途径和外在表现。在与行政中枢内阁、议政王大臣会议的权力博弈中，清初诸帝创造性地形成了奏折制度，奏折方式和规范中出现的新变化又将皇权高度强化的象征——军机处推向了中枢机构的中心。

清代的奏折制度萌发于顺治帝时期，逐步成型于康熙帝时期。奏折制度最大的特点在于"密"：奏折只在撰写者和皇帝间直接来回，且奏折的内容和皇帝的朱批只有撰写者和皇帝所知。奏折制度的形成打破了国家治理中官员垄断信息的局面，为康雍乾时期的君主提供了更广泛的一手信息，大大推动了君主决策效率的提升，也进一步强化了君主对官僚集团和国家政务全方位的干预和控制。

军机处本内阁之分局。国初承前明旧制，机务出纳悉关内阁，其军事付议政王大臣议奏……雍正以来，本章归内阁，机务及用兵皆军机大臣承旨。天子无日不与大臣相见，无论宦寺不得参，即承旨诸大臣亦只供传述缮撰，而不能稍有赞画于其间也。

——（清）赵翼，李解民点校：《檐曝杂记》，中华书局1982年版，第1—3页。

雍正帝时设立的军机处因其规模小、保密性强、职责明确、运作规范、易于控制，有效提升了君主对"机务"的控制力和中央行政中枢的效能，实现了削弱议政王大臣会议和内阁职权的目标，为君主"乾纲独断"的落实提供了制度性保障。

◆ 康雍乾时期君主"乾纲独断"的动机是什么？

今天下大小事务皆朕（康熙帝）一身亲理，无可旁贷。若将要务分任于人则断不可行。

——中华书局：《清实录》第6册·圣祖实录（三），中华书局1986年版，第770页。

乾纲独断，乃本朝家法。自皇祖、皇考以来，一切用人听言大权从未旁假。

——《清高宗实录》卷323乾隆十三年八月辛亥，转引自《中外历史纲要（上）》第四单元第13课"史料阅读"栏目。

入主中原后，清初统治者基本采取了"清承明制"的做法，即承袭了包括内阁制在内的明代行政体制。又鉴于明亡的经验教训，以及马上民族素来崇尚集中、统一、高效的处事传统，清朝诸位皇帝举凡国家政务皆必躬必亲，在"承明制"的同时不断进行政治制度层面的改革，以期进一步强化皇权并提高国家政治效能。康熙、雍正、乾隆三代君主持续不断地探索如何从制度层面彻底改造"明制"中掣肘皇权的因素，最终实现皇帝以一人之力独揽国家所有军政事务、独断朝廷大政方针。

◆ 如何评价康雍乾时期帝王的"乾纲独断"？

皇上曰可，臣亦曰可；皇上曰否，臣亦曰否。上有忧勤之圣，下无翼赞之贤，此其所以逊于唐、虞也。

——齐周华：《名山藏副本》附录《唐孙镐讨诸葛际盛檄》，转引自《中外历史纲要（上）》第四单元第13课"史料阅读"栏目。

康雍乾时期的君主借助"乾纲独断"的方式，全面、及时、高效地掌控了上至中枢下至地方间涉及民生吏治、国家安全等方面的一手行政信息，并将所有中枢行政机构直接置于君主的监管下，从而建构起以皇帝为唯一决策核心的行政体系，规避了统治集团可能出现的内耗。康熙、雍正、乾隆3位君主持续的勤政、务实、高效，直接推动了清朝中枢行政机构的高效率，从而大幅提升了国家的统治效能，有力维系了清朝政权百年的稳定性和延续性。政治的长期安定、社会的长久稳定，为同时期社会经济繁荣、统一多民族封建国家的稳固、清代版图的开拓和巩固奠定了扎实的政治基础。

与此同时，康乾时期君主的"乾纲独断"易滋生君主刚愎自用、臣下盲从的政治风气，君主的个人利益被等同于国家利益，君主的个人好恶严重影响到国家的人才选拔和行政机构的日常运作，从而成为吏治败坏、腐败滋生的温床。更严重的是，缺乏制约的君主专制集权难以避免制度性的决策失误。康乾盛世后期，清朝的统治危机初显。

3. 汉、唐、宋、明、清中枢机构的演变过程体现了怎样的趋势？

> 威胁皇权的第一号敌人就是宰相……西汉以后，皇帝不断变着法子，目标首先就是削弱与分化相权，然后是中央各部门间互相牵制，由此官僚机构的部门、成员不断增繁增多，事权分化，叠床架屋，发展到唐宋的三省六部制算是比较完备了……朱元璋废除宰相，六部直接隶属皇帝，此后无论是"内阁""军机处"，都徒有"相"的习惯称呼，已堕落为皇帝的私人秘书。
>
> ——王家范、张耕华、陈江：《大学中国史》，高等教育出版社2011年版，第19页。

作为统一的多民族封建国家的开创者和大一统中央集权国家治理模式的奠基者，秦始皇建立了皇帝制度和三公九卿制。丞相是"三公"之一，百官之长，仅处于皇帝一人之下，由此形成以丞相为核心的行政中枢。汉承秦制，中央行政制度仍为三公九卿制。汉武帝为加强中央集权，设立中朝，中朝取代丞相成为行政中枢，外朝丞相的权力被大大削弱。西汉晚期，中朝尚书的权力逐渐增大。东汉时期，尚书台成为新的行政中枢，三公的权力遭到进一步削弱。

隋唐时期，中央确立了三省六部制，三省成为中央行政中枢。三省的职权既分工明确，又彼此制约。三省长官并称宰相，执宰相之职。唐朝时设立政事堂作为宰相集体议事的场所，三省出现了一体化的趋势。

宋朝最高行政长官是同中书门下平章事，为宰相之职，并增设参知政事为副相，另设枢密院、三司分掌军政和财政，分割宰相的权力。

明太祖朱元璋建立明朝后，废除中书省和宰相制。明成祖设立内阁承担秘书工作。内阁逐渐成为事实上的行政中枢。

清朝雍正年间，设立军机处，军机大臣直接秉承皇帝旨意处理军国大事。军机处取代内阁成为全国军政事务的中枢。

从秦朝至清朝，中枢机构的演变呈现出相权不断削弱直至消失、皇权不断加强直至专权的趋势，专制集权得到空前强化。

线索二　明清两朝经略边疆举措

明朝处在元朝和清朝之间，其疆域承上启下。与元朝相比，明朝的陆地版图缩小了。清朝又大大拓展了明朝陆地边疆的范围，最终奠定了现代中国的版图。

洪武十五年（1382），在傅友德等率军出征云南不久，朱元璋谕之曰："朕观自古云南诸夷，叛服不常，……为今之计，非唯制其不叛，重在使其无叛耳。"

——"中央研究院历史语言研究所"影印本《明太祖实录》，"中央研究院历史语言研究所"台北1962年版，第2236—2237页。

乾隆的看法可谓典型："夫开边黩武，朕所不为，而祖宗所有疆宇，不敢少亏尺寸。"

——中华书局：《清实录》第13册·高宗实录（五），中华书局1986年版，第1169页。

作为中国最后两个封建王朝，从明清历任皇帝经略边疆的举措中可以看出：首先，明清统治者都摒弃了元朝以边疆为基地对外扩张的做法，延继承了汉唐以来"守中治边""守在四夷"的指导思想，即固守传统农耕文明的疆域，并以此制衡和羁縻四夷，实现以汉族传统农耕文明为核心的国家治理体系；其次，他们对边疆地区稳定的重要性都有较为深刻的认识；第三，汉唐以来的"恩威并用"和"因俗而治"思想，对明清统治者都产生了深刻的影响。

1. 明长城防得住蒙古人吗？

终明一世，退居北方的蒙古诸部始终是明王朝的主要威胁，迫于蒙古诸部不断南下侵扰的威胁，明朝建立了史上最为完善的长城防御体系。

正统年间，瓦剌也先对长城防线开展大规模侵扰进攻，在"土木堡之变"中俘获并挟持明英宗，"破口"紫荆关，掳掠北京周边。此时长城尚未修筑完成，加之也先有明英宗作为"护身符"，故能轻易"破口"。但也正是由于长城防线的存在，瓦剌只能放弃全域进攻，寻找突破口速战速决，最终在长城的另一大关口居庸关吃了败仗。

嘉靖年间，鞑靼首领俺答汗，多次求贡互市不成，进攻明朝。俺答汗选择自古以来草原与农牧地区的贸易大通道——大同、宣府两镇作为主攻方向，但此时，宣、大二镇防御体系已成，只能再转向蓟镇长城，出其不意从古北口"破口"。俺答汗的成功促使了嘉靖皇帝对长城防线的大规模投入。而直到隆庆帝继位后，"俺答封贡"才得以实现，开创了以封贡互市为载体的和平交往新局面。

> 明朝从洪武至天启年间的259年里，长城沿线共计发生1498次冲突和掠边事件，平均每年5.8次，而依托长城防御系统击退或击败对方的次数占侵袭总次数的50%，加强防御的次数占总数的2.7%，防御失败的次数占总数的37.7%，从统计数据上看，长城防御体系在北部边防中发挥了重要作用。
>
> ——李大伟：《"应时顺势"：明长城建造的内在驱动力与作用研究》，《西安交通大学学报（社会科学版）》2018年3月总148期，第137页。

明朝在东起鸭绿江、西至嘉峪关的长城沿线设立9个军事重镇进行防御。虽然存在蒙古军队"破口"和掳掠边民的史实，但由于长城防御体系的存在，大多数时间里还是能保障沿线及内地的生产，再配合封贡制度和蒙古强力人物的统治需要，虽不能完全止损，但做到了"守衡"。

2. 辽东边墙防住女真人了吗？

明朝修建辽东边墙最初是为了防范兀良哈三卫，并不是专门针对女真所设，后来随着女真的强大才继续建设边墙。明与女真有关长城的战争大致分为两个阶段。

第一阶段：从后金到清的辽东长城突破战。辽东边墙是大规模的军事防御体系，如应用得当，是很难被攻破的。努尔哈赤时期，明朝虽已积弊难返，但是辽东边墙防线还是能够遏制后金的推进。不过，随着明指挥中枢的几次弃守和后撤，整个辽东边墙逐渐成了无用之物。

第二阶段：皇太极对宣大和蓟镇长城的"破口"掠夺战。皇太极继位后，清军开始重复也先和俺答汗的旧路，从单纯"防"的意义上看，山海关和长城还是止住了女真的势头。但从更长远的视角看，长城防线已经沦为一个无用的装置，明内忧外患之下，山海关一开，清军长驱而入。

中国的长城是政策决定的产物，因此，研究长城遗址可能是一种外交政策考古学。那些用泥土和石块建造起来的防御工事遗址提供了一种记录，那里记录着那个王朝军事力量的变化、战略思想的变化，甚至宫廷政治的变化。

——〔美〕阿瑟沃尔德隆，石云龙、金鑫荣译：
《长城：从历史到神话》，江苏教育出版社2008年版，第71页。

明长城完成了它应有的使命，但它防不住人的意志和历史的大势。

3. 康雍乾时期，疆域奠定的重要历史意义是什么？

◆ **清前中期开拓和巩固疆域的主要史实有哪些？**

作为"大一统"的担当者和继承者，清统治者问鼎中原后，便着手解决一系列的边疆问题。第一，在东南地区，清廷消灭郑氏割据势力，收复台湾，并在台湾设府，隶属福建省，台湾自此被纳入清朝中央政权的直接控制之下。第二，在东北地区，清廷消除了沙俄的威胁，与沙俄签订了《尼布楚条约》，从法律上确定黑龙江、乌苏里江流域包括库页岛在内的广大地区是中国领土。第三，在西北地区，康雍乾三位君主持续的努力，最终平定了漠西蒙古准噶尔部地方势力的长期叛乱。此后，清政府将蒙古各部分编为盟、旗两级单位进行统治，从而进一步加强对整个蒙古地区的控制。乾隆帝还平定了原受准噶尔部统治的天山南路的大小和卓割据势力，清政府由此完成了统一天山南北路的重任。此后，天山南北合称"新疆"。1762年，清朝设立伊犁将军为管辖新疆的最高行政长官。第四，在西南地区，清廷除册封"达赖喇嘛"和"班禅额尔德尼"外，还在拉萨设置驻藏大臣，以进一步加强对西藏地区的治理。乾隆帝时期，清廷颁布《钦定藏内善后章程》29条，明确了驻藏大臣总揽西藏政治、财政、军事、外交等事务的大权，以法律形式明确和落实了清朝中央政权对西藏地方的管辖权。

清朝在解决一系列边疆问题的过程中采用了多种形式，既有怀柔的招抚、册封、设立流官，也有兵戎相见、武力镇压，从而奠定了清朝疆域幅员辽阔的版图。

◆ **清朝如何加强对地方的控制？**

为进一步加强中央对地方的统治，清廷对不同民族、不同地域采取不同统治措施，形成地方上省、将军辖区、办事大臣辖区并存的模式。清朝全盛时期，共设18省、5个将军辖区、2个办事大臣辖区。

18省：即指内地18个省，范围主要指山海关以内、长城以南，汉人为主体的地区，是在明朝两京（北京和南京）13省基础上而形成。18省有直隶省、江苏省、安徽省、山西省、山东省、河南省、陕西省、甘肃省、浙江省、江西省、湖北省、湖南省、四川省、福建省、广东省、广西省、云南省、贵州省。18省的最高长官是巡抚，又设总督掌管一省或数省军政大权。原则上，巡抚受制于总督，但在不设总督的省中，巡抚兼理军务。由此形成八大总督辖区，和三大"无总督只有巡抚"辖区，分别是：直隶总督管辖直隶；两江总督管辖江苏、安徽和江西；两广总督管辖广东和广西；湖广总督管辖湖南和湖北；闽浙总督管辖福建和浙江；四川总督管辖四川；陕甘总督管辖陕西和甘肃，山东、山西与河南分别由巡抚管辖而无总督。省下设府（州）、府下设县（州），形成省、府、县三级行政制度。

5个将军辖区：将军辖区的范围普遍大于省且地理位置重要，主要位于内地18省之外的边疆地区军政设置。驻防将军由满人担任，位高权重，独掌辖区内所有军政事务的大权。鉴于东北地区对清朝统治者有着特殊意义，5个将军辖区中，盛京将军、吉林将军及黑龙江将军都地处东北，旨在全方位掌管并守护清朝的龙兴之地，这3个将军都兼有统军、治民、防边、缉盗之责。乌里雅苏台将军是清朝在外蒙古地区设立的最高军政长官，伊犁将军是乾隆帝平定准部和回部之后设立的新疆地区名义上的最高军政长官。

2个办事大臣辖区：指驻地分别在西藏拉萨和青海西宁的办事大臣辖区，前者的长官为驻藏大臣，后者的长官为西宁办事大臣。两个辖区的设立旨在进一步加强和维护清朝对西藏和青海地区的统治。

◆ 如何认识这一时期统一多民族国家版图奠定的意义？

　　我们是拿清朝完成统一以后，帝国主义侵入中国以前的清朝版图，具体说，就是从十八世纪五十年代到十九世纪四十年代鸦片战争以前这个时期的中国版图作为我们历史时期的中国的范围。

——谭其骧：《历史上的中国和中国历代疆域》，见《长水粹编》，
河北教育出版社2000年版，第4页。

清朝疆域的开拓和巩固，其意义如下：

第一，18世纪中叶形成的清朝疆域推动了统一多民族封建国家的更趋巩固。两千多年来，中国境内各民族间相互交往、交融、碰撞，中原文明不断扩展、联系、统一边疆地区与边疆地区不断趋向、接纳、同化中原文明的双向互动，缔造了持久、稳定、统一的多民族封建国家。康雍乾时期的3位君主进一步推动了清朝疆域在空间范围上的拓展，进一步增强了中原各民族与边疆少数民族间的凝聚力。

第二，18世纪中叶形成的清朝疆域践行了自古以来"大一统"的目标。"大一统"在中国古代政治文化中占有主流的地位，是历代统治者以期实现的最高统治目标。清朝统治者入主中原后接受并践行了儒家"大一统"的道统。康雍乾时期的三位君主，历时百年征服边疆地区，获得了边疆地区对中原政权的支持，最终完成了清朝的统一大业，从而真正实现了稳定的国家大一统的局面。

第三，18世纪中叶形成的清朝疆域基本奠定了现代中国的版图。相较于汉、唐、元、明强盛时期的版图，18世纪中叶形成的清朝疆域不仅幅员辽阔，疆域边界稳定。更重要的是，中央政权通过不同途径对全境包括边疆地区真正实现了直接、长期、稳定、有效的政治管辖和军事控制，边疆地区由此成为中国领土不可分割的一部分，这是汉、唐、元、明中央政权所望尘莫及的。

4. 如何看待明清两代经略边疆时的"因俗而治"和"因地制宜"？

> 修其教不易其俗，齐其政不易其宜，旷然更始而不惊，靡然向风而自化。
> ——李兆洛：《祁鹤皋先生〈外藩蒙古要略〉序》，氏著《养一斋集》卷二，清道光二十三年活字印二十四年增修本。

明、清两朝"因俗而治""因地制宜"的边疆治理政策主要具备以下3个显著特点。

第一，政策突出了边疆少数民族的民族特性。明、清两朝中央政权尊重并保留了边疆地区各少数民族原有的生活方式、生产方式、风俗习惯和宗教信仰，允许边疆地区各少数民族最大程度地捍卫和延续本民族的历史文化传统，因而对这些地区的统治多采用当地人管理当地人的模式。

第二，政策突出了少数民族地区治理的多元性。针对边疆各民族迥异的文化习俗和现存状态，明、清中央政权采取了分而治之的方式，如西藏地区的政教合一、蒙古族地区的盟、旗制度、西南地区的土司制度等，不同边疆地区的治理模式更趋于"异",由此呈现出纷繁复杂且各具特色的态势。

第三,政策突出了明、清统治者的与时俱进性。明、清统治者在延续前代边疆管理的基础上都有所完善:一是中央政府根据实际需要在边疆地区增设相应的管理机构,如明朝在藏族地区设置行都指挥使司、清朝在伊犁设置伊犁将军等;二是中央政权对原有边疆地区的统治方式进行了创造性的改革,如清朝在西南地区实施的改土归流。

从影响上看,明、清两朝"因俗而治"和"因地制宜"的边疆治理政策对维护边疆局势稳定、加强中央政权对边疆地区的控制、奠定明、清疆域版图、巩固统一多民族封建国家起到了积极的推动作用。

线索三　明清不断收缩的对外交往

1. 如何理解"郑和之后,再无郑和"?

15世纪是远洋航行探险获得重大突破的时代。15世纪前期,中国郑和七下西洋,连接起东亚、西亚、东非间的海上交通;15世纪中叶,葡萄牙亨利王子积极探索通往非洲的航线;15世纪末,哥伦布船队4次横渡大西洋到达美洲,达·伽马首次绕道好望角到达印度。这些突破大大加强了世界各区域文明间的联系,使人类社会逐步成为一个紧密关联的整体,标志着人类社会开始走向现代世界。

亚欧大陆的两端,大致在同一时期向海洋进军,郑和的行动还远远早于哥伦布和达·伽马,但相似的历史机遇导致的历史发展却大不相同。

◆ 为什么15世纪"大航海时代"是由中国人揭开序幕的?

中国人一直被称为非航海民族,这真是太不公平了。他们的独创性本身表现在航海方面正如在其他方面一样。中世纪和文艺复兴时期西方商人和传教士发现的中国内河船只的数目几乎令人难以置信。中国的海军在1100—1450年之间无疑是世界上最强大的。

——潘吉星:《李约瑟文集》,辽宁科学技术出版社1986年版,第258页。

中国传统的农耕文明从来都不是停滞不前的。华夏文明在汉代以前就已与东洋和南洋有过海上联系;隋唐时期,儒家文化已经影响到了东洋和南洋的边缘地区;至两宋,由于传统陆上商路被北方民族切断,进一步转向南海扩展,坐收"市舶之利",成为国库的重要收入;到元代,蒙古统治者采取了更开放的政策,使得海外贸易加强，交通港口增多。自宋以来，中国东南沿海的经济开发已经开始突破传统的水利农业格局。以上这些表明，早在欧洲人从中世纪的地中海跨向大西洋之前，中国早已突破东亚大陆的限制，驰骋印度洋。

当时（十一二世纪以后）中国所造的大型海船已长达二三十丈，载乘六七百人。中国的贸易船到波斯、阿拉伯国家，要在故临（斯里兰卡）换乘较小船只，而东来的阿拉伯商人行船到故临则要换乘中国大船继续东行，因为大船具有更强的抗海涛能力。

——罗荣渠：《15世纪中西航海发展取向的对比与思索》，《历史研究》1992年第1期，第7页，引文中斯里兰卡换船出自周去非的《岭外代答》和赵妆适的《诸蕃志》。

中国远洋航行的日趋活跃有赖于先进的造船和航海技术。在15世纪"大航海时代"的探险开始时，中国在政治、经济、社会发展、技术水平等方面都占有明显的优势。郑和所处的时代正是中国航海有史以来的黄金时代。

◆ 为什么同样的航海壮举，其历史走向不同？

郑和下西洋的资金、装备、技术和规模大大确实超过了哥伦布和达·伽马，不过从开拓新航路的角度看，相似的历史机遇导致的历史发展结果却大不相同，引人深思。15世纪中西航海发展对比见表4-3。

表4-3　15世纪中西航海发展对比

	船队性质	经费来源	远航目的	船队主要成员	船队扮演角色
郑和	皇帝特遣船队	国库拨付开支指派官营机构造船办货	对海外藩属确立册封和朝贡制度宣扬国威	奉差官吏、卫所官兵招募水手、工匠等	官方外交册封使团、朝贡贸易使团
哥伦布、达·伽马等	王室特许私人航海探险队	以股份公司和私人集资为主，王室或贵族赞助或直接参与	探寻新土地、新航路，搜寻黄金、香料等	航海冒险家、商人、牧师招募水手、士兵、工匠等	征服者、殖民者、基督教传播者、通商者、海盗

注：摘自罗荣渠：《15世纪中西航海发展取向的对比与思索》，《历史研究》1992年第1期，第11页。

从表 4-3 可知，在航海的性质、目的、组织方式等方面，中西船队的情况是大相径庭的。这些不同的背后映射着不同地区政治、文化传统和世界观的差异。

在中国人的世界观和文化观中，重陆轻海、重河轻海的意识和思想是非常深刻的。中国古代的海洋事业从来都不是独立于农业文明的存在。郑和的船队中有不少集前代航海技术之大成者，下西洋的次数与总里程也都远远超过哥伦布与达·伽马，但探索未知领域的动力不足。船队在航行的任务和目的方面完全听命于朝廷，官方的航海与政治挂钩，对经济发展的促进作用极为有限。郑和下西洋的伟大壮举，不可能从根本上影响和改变农耕文明内向、封闭、自给自足的特点，更不会改变整个中华民族的文化形态。

中国古代"华夷观"的影响也阻碍了其对外发展和开拓。郑和船队所到之处，必先宣读大明皇帝诏书，然后大行赏赐。明朝鼓励官方主导的航海活动，又严厉打击民间与海外往来贸易。永乐年间，明朝统治者强令把海船都改为平头船，不许私造双桅以上大船。这样的海禁政策一直延续到 200 多年后的清王朝。统治者害怕、畏惧民众的力量又找不到合适的治理方法，只得选择缚民于土，破坏并迟滞了海外开拓事业。

郑和下西洋的政治意义大于经济意义，明朝海外贸易的发展处于迟滞状态。中国人增长了对海外的知识，却无法改变世界观和锁国心态，走出了南海，却没有真正走向世界。

郑和远洋航行是一项伟大的壮举，但远航产生的历史效应则不取决于航行本身，而取决于其他众多复杂因素的影响。

◆ 如何看待明朝统治者"下西洋"政策的变化？

郑和下西洋的突然中断，反映了明朝统治的很多矛盾，比如开海与禁海、官营航海与民间航海、政治外交与和经济负担等。在郑和下西洋的后期，朝野内外反对呼声加剧。

> 中官造巨舰通海外诸国，大起北都宫阙，供亿转输以钜万万计，皆取给户曹。
>
> ——（清）张廷玉等：《明史》，中华书局 1974 年版，第 4151 页。

永乐末年，翰林院侍读李时勉、侍讲邹辑等人就曾上奏称："连年四方蛮夷朝贡之使，相望于道，实罢（疲）中国。"

——（明）陈子龙等：《皇明经世文编》（明崇祯平露堂刻本）卷 21 影印本，中华书局 1997 年版。

其随行军士，或以舟败漂没异国，有十余年始得还者，什不存一二云。

——（清）傅恒等：《御批历代通鉴辑览》卷一百二，吉林出版集团 2005 年版。

相传名臣刘大夏还曾销毁存在兵部的郑和航海资料，认为"三保下西洋费钱粮数十万，军民死且万计，纵得奇宝而回，于国家何益！……旧案虽存，亦当毁之以拔其根，……"。

——（明）严从简，余思黎点校：《殊域周咨录》，中华书局 1993 年版，第 307 页。

下西洋的壮举，在郑和去世后不久就被称为"敝政"，甚至被销毁相关档案。规模巨大的以"耀兵异域，示中国富强"的"官方专营赔本生意"——下西洋，给明朝带来了沉重的财政负担，尤其是随着明朝国力的衰落，必难以长久为继。

2. 如何认识明朝的倭患？

元明鼎革之际，在传统海疆背景中，增添了倭寇侵扰的新挑战。自洪武二年（1369）始，明朝北至辽东和山东滨海之地、南及浙闽的中国沿海地区频频出现日本海盗，东部沿海地区尤为甚。朱元璋曾尝试运用外交手段解决，但迫于日本南北分裂局面而未能如愿。

对此，明朝做出了海禁的选择，也正是在对倭寇的不断抵御中，明朝的海防体系逐渐完善，包括筑城置卫、籍民为军、海船配备、寨游巡海等。海禁封闭了来自海上的信息和几乎所有的财源，然而，几百年来形成的东南地区海外贸易发展的趋势是很难消除的，用海禁这样的极端方法不仅不能成为海防的有效手段，更激化了矛盾。

嘉靖年间，东南民间海上走私贸易活动频繁，走私集团与倭寇混杂，经常发生大规模抢劫和烧杀事件，史称"嘉靖倭乱"。明朝几乎动员了全国的力量平定动乱，嘉靖四十年（1561），倭寇大举侵犯台州，戚家军大破倭寇于浙江临海，九战九捷。嘉靖四十二年（1563），戚继光与福建总兵俞大猷、广东总兵刘显等创平海卫大捷。从此倭患终被荡平。

动乱甫平，福建巡抚谭纶就请求朝廷允许福建人开海通商，针对地方治安和民生问题提出开海方案，奏折写得风趣又切中时弊。

闽人滨海而居者不知其几也，大抵非为生于海则不得食。……昔人谓弊源如鼠穴也，须留一个；若要都塞了，好处俱穿破，意正在此。今非惟外夷,即本处鱼虾之利与广东贩米之商、漳州白糖诸货皆一切禁罢,则有无何所于通,衣食何所从出?如之何不相率而勾引为盗也。

——谭纶:《海寇已宁比例陈情疏》,《谭襄敏公奏议》卷二,转引自樊树志《"倭寇新论"——以"嘉靖大倭寇"为中心》,《复旦学报(社会科学版)》2000年第1期,第41页。

1567年,明穆宗继位,福建巡抚涂泽民再次奏请开放海禁,明穆宗意识到"市通则寇转而为商,市禁则商转而为寇",遂决定在福建漳州地区的月港开放海禁。

3. 明朝为什么允许葡萄牙人租借澳门?

明朝嘉靖年间,葡萄牙人以货船触礁、上岸晾晒货物为由,通过贿赂广东官员,强占了澳门一地。明朝官员纷纷就如何处置此事提出建议,最终明朝统治者采纳了两广总督张鸣冈"惟倭去而夷留"的意见。明朝承认澳门被葡萄牙人租借的事实,并以万历四十二年(1614)作为葡萄牙人获准租借澳门的准确时间。

对明朝政府来说,允许葡萄牙人租借澳门符合其海外贸易总政策。明朝对内海禁,严厉打击民间海外贸易;对外秉持"怀柔夷人"的政策,视海外贸易为"夷人"的恩赐。澳门离北京足够远,远离中央政权核心区,可以防止海外贸易对中央政权的冲击。

对葡萄牙人来说,它不是不想凭借武力强占中国领土,建立殖民地。在向中国进发前,葡萄牙已经占领了靠近南中国海的战略要地马六甲,不过,葡萄牙人通过遥远的航行能到达中国海岸的军事力量还是极为有限,而明朝政府当时的国力也不容小觑。最终,葡萄牙人只能在浙江、福建处处碰壁后转向广东,用欺骗的手法租借了澳门。

当世宗时以为安边第一要着。今日谈虏事者以为套不可复,亦不宜复,其说甚辨。盖疆圉多故,时异势殊,不可执泥隅见,今嶴夷安堵,亦不闻蠢动也。

——(明)沈德符:《万历野获编》,中华书局1959年版,第786页。

这一重大决策,似乎是中西初次交锋中达成的"平衡"。明朝政府不是在葡萄牙的船坚炮利下作出的无奈妥协和退让,而是在恪守外交原则基础上的主动出击,因而明、清统治者在很长一段时间内赋予此举"合理性"。

4. 中国古代唐朝"开放与包容",明朝也有"郑和下西洋"的壮举,为何到清朝出现了"与世隔绝"的心态?

从本质上说,用虚骄来维护天朝尊严同保守防范的意识总是内在联系在一起的。"夷"与"狄"是蔑视鄙夷之称,但它又包含着"非我族类其心必诛"的惕惕戒惧。

——陈旭麓:《近代中国的新陈代谢》,三联书店2022年版,第32页。

清朝入关后,为隔离沿海郑氏反清武装,从顺治元年(1644)实施极为严厉的海禁政策,"寸板不许下海""片帆不许入口"。为进一步孤立郑氏政权,顺治十八年(1661),又在此基础上颁布了"迁海令",沿海居民被迫内迁30—50里。

台湾郑氏后裔投降后,原有的海患已除。康熙二十四年(1685),清政府下令取消海禁,开放对外贸易,并指定广州、漳州、宁波、云台山(今上海)为外贸通商口岸,分别设立粤、闽、浙、江四海关。然因忧于民众聚集于海上或移居南洋可能引发的不稳定以及对"外夷"的防范,康熙五十六年(1717),清政府又颁布了严格的禁海令。

乾隆二十四年(1755),英国东印度公司精通中文的翻译洪仁辉率船队北上,在宁波采购茶叶和丝绸。紧随其后的英国船只引起了当地官员的不安和乾隆帝的强烈关注。唯恐宁波成为第二个"澳门",乾隆二十二年(1757),清政府下令关闭江、浙、闽三海关,仅留粤海关所在的广州一口,准许外国商船前来贸易。外商抵达广州后必须入住城外特许的商馆区内,并通过官府特许的"十三行"商人进行商品贸易。乾隆二十四年(1759),洪仁辉北上,以控告粤海关勒索税银和行商欠债为由告御状。洪仁辉所提出的诸如允许在宁波通商等要求,皆遭到乾隆帝的拒绝。最终,洪仁辉被押往澳门、囚禁三年。针对此事,两广总督李侍尧提出了清朝历史上第一官制外商的章程——《防范外夷规条》,严格约束外商在广州的一举一动。该章程经乾隆批准,在广州实施。

尔国距中华过远,遣使远涉,良非易事。且来使于中国礼仪不能谙习,重劳唇舌,非所乐闻。天朝不宝远物,凡尔国奇巧之器,亦不视为珍异……嗣后毋庸遣使远来,徒烦跋涉。

——《清仁宗实录》卷320嘉庆二十一年七月乙卯,
转引自《中外历史纲要(上)》第四单元第13课"探究与拓展"栏目。

从清初到乾隆时期,清朝的对外政策一直徘徊于"开放"与"封闭"反复较量中。有感于"华夷之辩"的思维惰性，以及出于维护清朝长治久安和将西方列强的潜在威胁隔绝在国门外的考虑，外加"天朝物产丰盈，无所不有"的盲目自信、狂妄自大和天朝上国的心态，康雍乾时期的三位君主因循守旧，试图将对外贸易控制在尽可能的最小范围内，缺少积极向海洋拓展的胆识。

历史之音

1. 有学者认为，明朝中后期文化的新变化是一种"内部生发"与"外部引发"相交融碰撞而成的特殊文化，如何理解？

纵观人类文化的发展变革，究其动因和契机，大致不外乎以下两种模式：一为内部生发式。它是由一个特定的文化机构内自身矛盾运动发展到一定阶段后，由于自身内部结构的发展需要，以及各种文化力量的矛盾撞击，从而提出文化变革。这种变革，既有来自经济基础的终极根源，又有来自理论思维的间接突破。一为外来引发式。它是两种不同文化层次的交往接触中，由较高层次的一方给较低层次的一方某些影响而引发的文化变革……明代中后期正是一种内部生发与外部引发交相融合、撞击而成的变革时期的特殊文化。

——陈宝良：《悄悄散去的幕纱——明代文化历程新说》，
陕西人民教育出版社1988年版，第1—2页。

明朝中后期，个体自我意识的觉醒、个性自由的提倡、经世思潮的兴起、反对专制的倾向等新气息，在原有传统思想、文化框架体系中潜滋暗长。思想、文化之变的端倪往往是时局之变的折射。中国封建社会内部新经济因素诞生、发展所引发的触动，外部骤变的时代浪潮，内外挑战并存的变局，成为思想、文化领域中新气息产生的催化剂，主要表现在以下3个方面。

催化剂一：商品经济空前繁荣

明代中后期社会经济的深刻变化，将强劲的活力输入社会肌体，一股不安分守己而别开生面的新鲜文化潮流涌动于传统文化结构之中。

——冯天瑜、何晓明、周积明：《中华文化史》，
上海人民出版社2010年版，第518页。

明朝中期以后，随着官府对商人控制的日渐松弛，商人的活动范围和经营规模变得越来越大，商品经济得到了很大的发展。外加海外贸易加速财富的

集聚，有些商人便将资本用于手工工场的开设，由此促进了手工工场大规模的开展。富商大贾的出现、工商业市镇的兴起，既是商品经济发展的产物，也在一定程度上冲击了商人社会地位低下的世俗观念、"贵义贱利"的传统价值观、受礼仪约束的社会风尚，进而引发时人对于社会与人之间关系的进一步思考。

催化剂二：西学传入带来的冲击

  利玛窦知道中国士人多好学问，对西方学问很感兴趣。所以，利玛窦进京后仍以其学问与士大夫们晋结。在讨论学术问题的同时，利玛窦将天主教义向士大夫们传播。这就是历史上有名的"学术传教"。

——尚智丛：《传教士与西学东渐》，山西教育出版社2008年版，第14页。

明朝后期开始，欧洲天主教耶稣会传教士来华传教，因其采用"学术传教"的方式，引发了一部分士大夫学习西方科技的热潮。传教士利玛窦与中国士大夫徐光启合作翻译的欧几里得《几何原本》（前六卷），是中国古代史上第一部翻译成中文的西方科学著作，由此也开启了这一时期传播西学的一大途径。在西学传播过程中，西方的数学、天文历算、世界地理知识等异质文化，在开阔一部分中国士大夫的眼界的同时，有力冲击了他们对传统文化的认知，引发他们对旧有文化的深思，从而为突破旧有思想、文化框架提供了可能。

  《几何原本》者，度数之宗，所以穷方圆平直之情，尽规矩准绳之用也……由显入微，从疑得信，盖不用为用，众用所基，真可谓万象之形囿，百家之学海。

——《徐光启集》卷2《刻〈几何原本〉序》，
转引自《中外历史纲要（上）》第四单元第14课"学思之窗"栏目。

催化剂三：明清社会动荡引发的反思

  为天下之大害者，君而已矣。

——黄宗羲著：《明夷待访录·原君》，中华书局2011年版，第8页。

明、清王朝更迭、清朝以少数民族入主中原、清朝对汉族知识分子猜疑的态度，致使许多深感亡明之痛的汉族士大夫在担忧自身的同时，更担忧国家前途命运，进而从不同视角去反思明朝亡国之因，最终走向抨击君主专制制度、倡导制约君主专制、力主经世致用，尤以"清初三先生"黄宗羲、顾炎武、王夫之为代表。

2. 教材文本为何用"初显"形容康雍乾盛世后期的统治危机？

　　18世纪的康雍乾盛世，貌似太平辉煌，实则正在滑向衰世凄凉。可当时中国没有人能够认识清楚这一历史真相，只有岁月推移、迷雾消散、矛盾激化，百孔千疮才逐渐暴露。

——戴逸：《18世纪的中国与世纪·导言卷》，
辽海出版社1999年版，第5页。

　　乾隆帝所处的18世纪，剧变已悄然而至。发端于英国的工业革命使生产力出现了前所未有的大发展，极大地提升了西方资本主义国家的整体实力，工业文明以锐不可当的气势取代了农业文明，冲击了中国在世界秩序中原有的优势地位。清康乾盛世"极盛"的状态虽一直维持到乾隆帝去世，然在乾隆帝统治的后期，空前强化君主专制统治下的固有顽疾和世界变化所致的新问题相交织，埋下了清朝衰败的隐患。

隐患一："乾纲独断"滋生的政治腐败

　　（高宗）性中岁后又任用和珅，贪渎为古今所无。官吏都不得不剥民以奉之，上司诛求于下属，下属虐取于人民，于是吏治大坏。

——吕思勉：《吕著中国通史》，
华东师范大学出版社2005年版，第478页。

　　"乾纲独断"的实质是君主权力的过度集中，因为缺乏制度性制约，故需要皇帝高度的自律性且具备较高的行政素养和卓越的行政才能。乾隆帝前期、中前期洁身自好，后期则不复之前的励精图治，好大喜功、奢靡成风、重用阿谀奉承的贪官和珅、借罚官员议罪银敛财，致使官场乌烟瘴气，吏治败坏。自乾隆中期后，贪污贿赂巨案接踵而至。

　　这些案件均为利益集团作战，涉案高官数量增多，涉案金额数量巨大，由此可见政治腐败严重之程度。纵观中国历代封建王朝之盛衰，政治的腐朽败坏便是一大征兆。

隐患二：人口剧增带来的社会重压

　　农耕时代，人口数量的多寡历来被视为国家兴旺富庶的重要标志之一。自康熙帝宣布"滋生人丁，永不加赋"，到雍正帝的"摊丁入亩"，清政府将家庭人口数量的增加与家庭税收脱钩，为人口的数量的增加创造了条件。自康熙帝至乾隆帝的百余年间，清朝人口呈直线上升趋势。

乾隆六年（1741）统计的人口总数是1.4341亿人，乾隆五十五年（1790）的人口已突破3亿。

——杨旭辉：《拷问盛世》，中原农民出版社2008年版，第16页。

可见，在乾隆帝的18世纪这一百年间，清朝人口高速增长，翻了一番。人口的迅猛膨胀在为清朝农业发展提供了大量劳动力的同时，也给社会带来巨大的压力。为缓解人口剧增的重压，康雍乾时期的君主积极鼓励垦荒、劝农、倡导种植美洲引入的高产农作物玉米、甘薯。问题是，相较于无止境增加的人口，土地等资源是有限的，一旦人口增长突破社会承载力的临界点，清朝统治者又无法另辟蹊径来消化剩余人口，外加土地兼并严重、社会财富分配不均，农民变流民的端倪便已显现，由此变成为社会不稳定因素之一。

隐患三：物价持续上涨引发的社会动乱

康熙、雍正以及乾隆之初，民间百物之估，按至于今，大率一益而三，是今之币轻已经甚矣。

——（清）桂芳：《御制致变之源说恭跋》，见（清）贺长龄编：《皇朝经世文编》（清道光刻本）卷九。

康雍乾时期的物价一直呈现整体直线上升趋势，究其原因，与清朝中央政权财政收支渐趋失衡、人口膨胀、中央政权制钱剧增，以及1500年后全球世界性贸易背景下美洲大量白银的持续输入等皆相关。乾隆时期的"米价腾贵"便是持续物价增长积累效应的典型产物，带给民生极大的困扰，俨然成为一大社会问题。然与"米贵"形成鲜明反差的是，整个18世纪，清朝官员的廉奉粮饷未有丝毫变化，官员入不敷出、变相盘剥民众、中饱私囊又加重了吏治腐败，加剧了民生的困境，引发社会动荡。

乾隆二十年（1755）以后，民间秘密结社组织全面发展。中国第一历史档案馆所藏档案中"立有会名"的秘密结社组织共215个。

——张研、牛贯杰：《清史十五讲》，北京大学出版社2005年版，第234页。

各地民众起义屡屡爆发，如乾隆六十年（1795）湘黔苗民起义、乾隆太上皇时的川陕楚白莲教农民大起义，烽烟四起。

隐患四：小农经济的掣肘

相较于明朝中叶，雇佣劳动和手工工场在清朝时期继续有所发展。商品交换相较前代，显得更为活跃，形成区域间的商业网。然从整个社会来看，以一家一户为基本单位的小农经济依然占据压倒性的优势，小农经济自给自足的生活、生产模式显然不利于开展大规模商品交换与流通。

隐患五：文字狱下的"万马齐暗"

> 文字狱频兴，学者渐惴惴不自保，凡学术之触时讳者，不敢相讲习。
>
> ——梁启超，朱维铮导读：《清代学术概论》，
> 上海古籍出版社2000年版，第28页。

鉴于清朝统治者对汉族士人猜忌颇重，且为切断反清复明思潮的传播，康熙帝首开清朝文字狱先河。雍正帝、乾隆帝捕风捉影、借题发挥、网罗罪证，文字狱之风愈演愈烈，由此人人自危，唯恐以文招祸。文人学者不敢谈国事、议时政，唯有醉心于古纸堆中，埋头于古书训诂。与此同时，清朝统治者还"寓编于禁"。乾隆帝时期借编撰《四库全书》，查禁、销毁了3 000多种不利于清朝统治的书籍、石刻。从短时期看，清朝统治者的文化专制政策有助于维护清朝统治，在一定程度上对中国传统文化进行了整理并总结。然从长远来看，知识分子的思想受到严重束缚，学术发展严重受阻。相较于18世纪西方的"启蒙时代"，乾隆时期的思想文化与前代相比，缺少时代的"新"活力。

隐患六：西方列强的潜在威胁

1500年全球航路的开辟拉开了欧洲海外殖民扩张的序幕。陆续东来的西方列强不断窥视中国，明朝时葡萄牙人占濠镜澳、荷兰人占台湾，清康熙帝时期沙俄入侵东北地区。康雍乾时期，清朝的生丝、瓷器、茶叶等依然备受西方人的推崇，清朝在对外贸易中持续处于出超的地位。乾隆帝所处的18世纪，率先开始工业革命的英国已将触角伸向了遥远的中国。乾隆五十八年（1793），英国全权大使马戛尔尼以贺寿为名来华，试图建立中、英间的外交关系，进一步扩大中、英间贸易规模并使双方贸易合法化。乾隆帝对于马戛尔尼所提通商方面的所有要求一概拒绝。虽然马戛尔尼的此次使命以失败而告终，但他此行收集到了清朝第一手资料，并从康乾盛世的表象中看到了清朝衰败的痕迹。从短期来看，乾隆帝的闭关自守将极具危险性的西方窥视者隔绝在国门之外，暂时起到了维护清朝安定的作用。然从长远来看，中国因"守势"错失了在世界变局中积极转型的主动性和先机，也因无法适应新的世界大势而开始逐渐落后于世界潮流，从而在面对加速前进的西方世界的挑战时显得被动和无奈。

第五单元

晚清时期的内忧外患与救亡图存

第一部分 单元解析

课程标准要求

高中课程标准对本单元的内容要求阐述如下。

（1）认识列强侵华对中国社会的影响，概述晚清时期中国人民反抗外来侵略的斗争事迹，理解其性质和意义。

（2）认识社会各阶级为挽救危局所作的努力及存在的局限性。

单元主题解读

本单元的大标题"晚清时期的内忧外患与救亡图存"包含3个关键词。"晚清时期"这个关键词对本单元内容的时间跨度进行了界定，即从19世纪中期鸦片战争到20世纪初的《辛丑条约》。"内忧外患"与"救亡图存"这两个关键词点明了这一时间段内近代中国历史发展中两大对立的社会矛盾，即帝国主义与中华民族的矛盾、封建主义与人民大众的矛盾，两者交织构成了近代中国半殖民地半封建的社会性质。

在本单元的导言中，除各课的基本史实外，教师可以借助一些表示历史阶段的关键语句来引导学生厘清本单元的时间线索，从"鸦片战争后的数十年……国家陷入内忧外患的严重局面，逐步沦为半殖民地半封建社会。中国历史进入饱经磨难的近代时期"到"甲午战争后，帝国主义对中国的侵略日益加深，中国的民族危机不断加剧"再到"签订了《辛丑条约》，中国的民族危机全面加深"，从而对中国近代史建构起更具整体性的历史认识。

单元内容结构

本单元包括3课，第15课《两次鸦片战争》、第16课《国家出路的探索与列强侵略的加剧》和第17课《挽救民族危亡的斗争》。

从整体来看，该单元文本内容按照19世纪的时序排列。每一课的内容都能与单元标题中的3个历史核心概念相呼应，都可以细化为"晚清时期""内忧外患"和"救亡图存"3个板块。第15课中，与"晚清时期"这一时间概念相对应的是第一目"19世纪中期的世界与中国"，"内忧外患"对应第二目"两次鸦片战争"，第三目"开眼看世界"则对应"救亡图存"。第16课和第17课子目较多，但同样也可以根据上述线索进行梳理，教师可以将第16课的前两目"太平天国运动""洋务运动"作为与上一课产生勾连、承上启下、温故知新的环节，它们既是两次鸦片战争背景下的"救亡图存"运动，其失败的结果也是本课后两目"边疆危机与中日甲午战争""瓜分中国狂潮"，即新的"内忧外患"产生的背景之一。第17课亦是如此，"戊戌维新运动""义和团运动"既是"救亡图存"的新探索，也是新一轮"内忧外患"的时代背景。

核心素养教学建议

（1）能够全面理解近代中国社会性质和主要矛盾的变化，认识列强侵略的本质以及对中国社会产生的影响，以唯物史观审视近代中国落后于西方的原因。

（2）能够将19世纪的中国置于世界发展的大背景中考量，认识欧洲资本主义不断发展、列强争夺殖民地斗争日益激烈的世界形势下，中国在政治、经济、军事等各方面处于落后并浑然不觉。

（3）能够通过对一系列不平等条约的分析，认识列强对中国的独立、主权和领土完整的严重侵犯，通过相关史料了解中国人民反抗外来侵略的斗争事迹，理解其目的、性质和意义。

（4）能够在充分占有史料的基础上，全面、客观地评价各阶级的救亡图存，认识近代中国社会各阶级为挽救危局所做出的努力及存在的局限性。

（5）能够充分感悟近代中国各阶级在民族危亡背景下的忧患意识和坚韧不拔奋力寻求救亡图存道路的斗争和探索精神。

第二部分 教材比较

● 与初中课程标准、教材比较

《中外历史纲要（上）》第五单元文本内容是《中国历史第三册》[①]中的第一单元"中国开始沦为半殖民地半封建社会"、第二单元"近代化的早期探索与民族危机的加剧"的延伸，两者既有共性又有差异。

1. 课程标准相关内容表述

初中课程标准与高中课程标准相关课程内容要求对照见表 5-1。

表 5-1 初中课程标准与高中课程标准相关课程内容要求对照

初中课程标准	高中课程标准
1. 通过了解林则徐虎门销烟、英法联军火烧圆明园、俄国割占中国北方大片领土等两次鸦片战争期间的主要史事，以及《南京条约》等不平等条约的签订，初步认识鸦片战争对中国近代社会的影响； 2. 了解太平天国运动的兴衰； 3. 了解洋务运动的主要内容，初步认识洋务运动的作用和局限性； 4. 了解 19 世纪中后期的边疆危机和中法战争，知道甲午中日战争的主要战役和《马关条约》的主要内容，初步认识《马关条约》与中国民族危机加剧的关系； 5. 了解戊戌变法的主要史事，认识变法的意义和局限性； 6. 知道义和团运动和抗击八国联军侵华的史事，结合《辛丑条约》的主要内容，认识《辛丑条约》对中国民族危机全面加深的影响	1. 认识列强侵华对中国社会的影响，概述晚清时期中国人民反抗外来侵略的斗争事迹，理解其性质和意义； 2. 认识社会各阶级为挽救危局所作的努力及存在的局限性

初中课程标准对了解"晚清时期的内忧外患与救亡图存"的相关史

[①] 教育部组织编写：《义务教育教科书（五四学制）中国历史 第三册》，人民教育出版社 2023 年版。以下简称《中国历史第三册》。

事、不平等条约的内容及影响等方面提出了明确的要求。相较于初中课程标准，高中课程标准更突显从列强侵华和中国人民反抗侵略这两大主题，从整体把握历史发展的大势和脉络，更强调对社会各阶级救亡图存运动的认识与评价。

2. 教材相关单元、课、目编排

《中国历史第三册》与《中外历史纲要（上）》相关单元、课、目编排对照见表5-2。

表5-2 《中国历史第三册》与《中外历史纲要（上）》相关单元、课、目编排对照

《中国历史第三册》		《中外历史纲要（上）》	
第一单元　中国开始沦为半殖民地半封建社会 第二单元　近代化的早期探索与民族危机的加剧		第五单元　晚清时期的内忧外患与救亡图存	
第一单元第1课 鸦片战争	鸦片走私与林则徐禁烟	第15课 两次鸦片战争	19世纪中期的世界与中国
	英国发动侵略战争		两次鸦片战争
	《南京条约》的签订		开眼看世界
第一单元第2课 第二次鸦片战争	英法发动侵华战争		两次鸦片战争
	火烧圆明园与《北京条约》的签订		
	沙俄侵占中国北方大片领土		
第一单元第3课 太平天国运动	洪秀全与金田起义	第16课 国家出路的探索与列强侵略的加剧	太平天国运动
	定都天京		
	天京陷落		
第二单元第4课 洋务运动	洋务运动的兴起		洋务运动
	创办近代军事和民用企业		
	建立新式海陆军		
第二单元第5课 甲午中日战争与列强瓜分中国狂潮	甲午中日战争		边疆危机与 甲午中日战争
	《马关条约》的签订		
	列强瓜分中国狂潮		瓜分中国的狂潮

（续表）

《中国历史第三册》		《中外历史纲要（上）》	
第二单元第6课 戊戌变法	康有为与公车上书	第17课 挽救民族危亡的斗争	戊戌维新运动
	百日维新		
第二单元第7课 八国联军侵华与 《辛丑条约》签订	义和团运动	第16课 国家出路的探索与列 强侵略的加剧	义和团运动
	抗击八国联军	第17课 挽救民族危亡的斗争	八国联军侵华
	《辛丑条约》的签订		民族危机的加深

◆ 从内容编排看，《中国历史第三册》第一单元"中国开始沦为半殖民地半封建社会"和第二单元"近代化的早期探索与民族危机的加剧"，共7课时，单元主题聚焦列强侵华带来中国社会全方位改变的过程，以及中华民族对外反抗列强侵略，对内反对封建专制统治的重大史事与过程。《中外历史纲要（上）》第五单元"晚清时期的内忧外患与救亡图存"，共3课时，单元主题不仅仅围绕这一阶段的重大历史事件，更侧重于从"内忧外患"和"救亡图存"这两个历史核心概念入手，全局性地把握中国在危局中走向近代的过程，更深层次地体现近代中国的社会性质和主要矛盾的变化。

◆ 就知识点而言，《中外历史纲要（上）》第五单元相较于《中国历史第三册》第一、二单元新增知识点大致有林则徐、魏源、徐继畬等仁人志士开眼看世界（《中国历史第三册》第1课"相关史事"栏目提到林则徐的《四洲志》和魏源的《海国图志》）、中法战争、"东南互保"等。《中国历史第三册》第一、二单元中两次鸦片战争、甲午中日战争、八国联军侵华的具体过程、维新变法的宣传载体和具体内容、美国的"门户开放"政策等内容在《中外历史纲要（上）》第五单元则不再重复出现。

◆ 从行文表述上看，需特别指出下列方面。

对太平天国运动的评价，《中国历史第三册》表述为"由于农民阶级的局限性，太平天国无法提出切合实际的革命纲领，无法制止和克服领导集团的腐败，但……它沉重地打击了清朝的统治和外国侵略势力，谱写了中国近代史上壮烈的一章。"《中外历史纲要（上）》的表述为"太平天国运动虽然失败，但它沉重打击了清王朝的统治，引起政治权力结构的变化。随着湘淮系官僚集团的崛起，中央权力下移，对此后历史的发展产生重大影响。"其中提到的"湘淮系官僚集团"，与紧接着"洋务运动"一课中介绍的"洋务派"曾国藩、李鸿章相呼应，体现前后两个历史事件之间的内在关联。

对洋务运动局限性的认识，《中国历史第三册》表述为"洋务运动的根本目的是维护和巩固清政府的统治，再加上其内部的腐败和外国势力的挤压，它没有使中国走上富强的道路。"《中外历史纲要（上）》的表述为"洋务派期望洋务新政可以保障国家安全，抵抗外敌侵略，后来的事实证明这个目的未能达到。洋务派的初衷不是改变封建统治，只是引进资本主义国家的军事和生产技术，是在封建制度的基础上修修补补，洋务运动的失败是必然的"，有助于学生理解洋务运动失败的多重原因。

● 与华师大版高中教材比较

《中外历史纲要（上）》第五单元内容与华师大版《高中历史第五分册》[①] 第一单元"天朝的危机"、第二单元"中华民族的觉醒与抗争"前4课的内容基本一致，但两者在内容的编排、详略、表述等方面存在一些差异。

◆ 从内容编排看，华师大版《高中历史第五分册》第一、二单元基本按照历史事件发生的时序进行编排，基本采用"一事一课"的形式编排，有助于形成清晰的时空观念。《中外历史纲要（上）》第五单元则紧紧围绕单元大标题"晚清时期的内忧外患和救亡图存"中的核心概念，以"内忧外患"和"救亡图存"两条清晰的主线统领相关史实，这种叙事结构有助于从整体把握历史发展脉络。

◆ 就知识点而言，《中外历史纲要（上）》第五单元相较于华师大版《高中历史第五分册》第一、二单元，新增知识点大致有徐继畬与《瀛环志略》、边疆危机、中法战争等。华师大版《高中历史第五分册》中有关总理衙门、京师同文馆、民族资本主义与早期维新思想、《时务报》与《天演论》等相关内容在《中外历史纲要（上）》第五单元中没有涉及。

---

① 余伟民主编：《高级中学课本　高中历史第五分册（实验本）》，华东师范大学出版社2019年版（以下简称华师大版《高中历史第五分册》）。

◆ 从行文表述看，需要特别指出下列方面。

华师大版《高中历史第五分册》对于19世纪中期的清政府采用了如下表述："但统治者仍然沉醉在'天朝上国'的迷梦之中，夜郎自大，对外实行闭关锁国政策"。《中外历史纲要（上）》的表述为"清政府对世界形势的变化浑然不觉"。

关于鸦片战争后中国思想文化领域发生的变化，华师大版《高中历史第五分册》评价林则徐、魏源的言行为"鸦片战争后中国社会的新思潮""近代中国学习西方的先声"；《中外历史纲要（上）》则进一步指出"林则徐、魏源是近代中国最早开眼看世界的人""初步提出了向西方学习以求自强的主张"。这一表述方式更直接地表明了鸦片战争对中国社会产生的冲击，以及中国仁人志士学习西方的根本目的。

第三部分　核心问题释读

线索一　西方侵略势力纷至沓来

1. 鸦片战争前夕，英国和其他殖民主义国家为何不约而同地将侵略矛头指向中国？

鸦片战争前夕，世界面貌正发生着巨大而深刻的变化，资本主义蓬勃兴起，势不可挡。机器工业的出现和迅猛发展，推动西方国家不断寻求扩大新的原料产地和商品市场，开拓海外殖民地。尽管英、法、美等国之间存在很多矛盾，但是对打开中国市场的态度却是一致的。

> 对华贸易是世界上潜力最大的贸易。现在该是把对华贸易置于"一个永恒的、体面的基础之上"的时候了。马嘎尔尼于1793年和阿美士德于1816年出使中国的失败，"也许能有力地提醒贵院，任何高尚的外交手腕，在中国都是不会有什么收获的"。
> ——1830年12月，驻广州的英国商人呈递给下院的请愿书中的观点，转引自［英］格林堡著、康成译：《鸦片战争前中英通商史》，商务印书馆1961年版，第178页。

以英国为例，进入 17 世纪后，英国不断在印度和北美开拓殖民据点。18 世纪中期，英国战胜荷兰和法国，取得了世界殖民霸权。到 19 世纪上半期，英国凭借经济优势和坚船利炮，成为名副其实的"日不落"帝国。尤其在亚洲，英国不仅把整个印度变成了殖民地，还把侵略的魔爪伸向伊朗、阿富汗、缅甸、印尼等地，并开始觊觎中国。

把社会制度落后，国力贫弱的国家和地区作为侵略对象和殖民扩张目标是殖民主义国家一贯的强盗逻辑与客观需要。鸦片战争前，中国封建社会和清王朝统治江河日下、危机四伏，已落后于世界潮流而浑然不觉，加之中国在落后与贫弱的同时还幅员辽阔，地大物博，市场潜力巨大，无可避免地成了英国和其他殖民主义国家在亚洲侵略的重点目标。

2. 如何看待 19 世纪 60 年代开始的近代边疆危机对中国的影响？

近代边疆危机指 19 世纪 60 年代之后，随着资本主义发展到垄断阶段，远东地区、特别是中国成为世界资本主义列强争夺的重要目标。英国、俄国、日本、法国等国通过武力渗透、扶植傀儡政权等多种方式加紧对中国边疆及其周边国家的侵略。本课主要聚焦在甲午战争之前列强对中国的侵略。

> 由于经济文化发展程度的差异，明清时期中国与周边一些国家间形成一种称为宗藩关系的国家关系体系。一些周边国家向明清朝廷"纳贡称臣"，接受明清皇帝的册封，使用明清皇帝年号。宗主国不干涉藩属国内政。这种关系不是通过武力形成的。朝鲜、琉球、越南、缅甸等国都与中国形成了这样的关系。从 1879 年日本吞并琉球起，这种宗藩关系逐渐解体。
>
> ——转引自《中外历史纲要（上）》第五单元第 16 课"历史纵横"栏目"宗藩关系"。

这一阶段的边疆危机加剧了列强对中国侵略的同时，也冲击了东亚传统的政治格局，瓦解了以中国为主导的朝贡体制。无论是中法战争还是中日甲午战争，战后的条约都明确指出越南和朝鲜分别成为法国和日本的被保护国。两大藩属国的丧失，从外交上扯下了清王朝最后的一层天朝上国的面子。

与此同时，在处理近代边疆危机的过程中，清政府逐渐融入了近代世界外交体系之中。面对列强对中国东南、西南和西北的不断入侵，清政府通过谈判和条约，仿效、学习近代西方外交形式。在处理某些边疆问题过程中，清政府逐渐意识到要通过军事和谈判双管齐下，才能为国家挽回利益，通过"以夷制夷"化解本身的劣势。在收复新疆，解决伊犁问题上，无论是左宗棠的西征还是曾纪泽通过外交"虎口夺食"都反映出近代中国外交的进步。

  西人立国……育才于学堂，议政于议院，君民一体，上下同心，务实而虚，谋定而后动，此其体也。轮船、火炮、洋枪、水雷、铁路、电线，此其用也。中国遗其体而求其用，无论竭蹶趋步，常不相及；就令铁舰成行，铁路四达，果以足恃欤？

——《张靖达公奏议》卷八，光绪二十五年（1899）。

这一阶段近代边疆危机也影响到了之后中国改革的走向。特别是中法战争的影响下，中国的有识之士逐渐意识到要强国御侮，除了要学习西方科技、发展工业外，也要学习西方政体，仿效西方建立"君民共主"的制度，并对洋务运动提出了批判，提出了一个大大的问号。

3. 19世纪末20世纪初，中国又面临怎样的困境？

  帝国主义列强侵入中国的目的，决不是要把封建的中国变成资本主义的中国。帝国主义列强的目的和这相反，它们是要把中国变成它们的半殖民地和殖民地。

——毛泽东：《中国革命和中国共产党》，《毛泽东选集》第2卷，
转引自《中外历史纲要（上）》第五单元第16课"拓展与探究"栏目。

中国甲午战败、被迫签订丧权辱国的《马关条约》，外加"三国干涉还辽"，这些极大地刺激了列强对中国进一步侵略的野心。从列强侵略中国的经济方式来看，它们不再满足借助开放通商口岸倾销商品，尤其是通过《马关条约》获得在通商口岸投资设厂的特权后，资本输出的规模空前加剧，给19世纪末20世纪初的中国带来前所未有的新危机。

另一方面，清政府与西方列强的关系也在发生着微妙的变化。

  帝国主义列强"使中国的封建地主阶级变为它们统治中国的支柱"。

——毛泽东：《毛泽东选集》第2卷，人民出版社1991年版，第629页。

  在半殖民地的中国，帝国主义列强主要是通过它们在中国的代理人即中国的反动统治集团来实行间接统治的……由于中国的反动统治集团与中国的广大人民处于尖锐对立之中，他们的统治只能依靠赤裸裸的暴力、依靠封建专制的手段来维持。

——沙健孙：《外国资本主义的入侵究竟给中国带来了什么？》，
《思想理论导刊》2003年第5期，第45页。

由此可见，19世纪末20世纪初，帝国主义对中国的侵略日益加深，中国的民族危机不断加剧，完全陷入半殖民地半封建社会的深渊。

4. 如何理解近代中国社会主要矛盾的转变？

在封建社会，中国社会的主要矛盾是地主阶级与农民阶级的矛盾。鸦片战争战败、《南京条约》签订后，中国社会的性质发生了根本性的变化，中国社会的主要矛盾也发生了转变。在近代中国半殖民地半封建社会中，社会矛盾错综复杂，最主要的两对矛盾是帝国主义与中华民族的矛盾、封建主义与人民大众的矛盾；这两对主要矛盾贯穿始终，对中国近代社会的发展变化起着决定性作用。同时，这两对矛盾在一定条件下是可以相互转化的，当列强对华侵略加剧时，民族矛盾成为主要矛盾；当列强的侵略放缓，或与封建统治者联合起来压迫中国人民时，阶级矛盾成为主要矛盾。因此，近代中国社会的发展始终紧紧围绕两大主要矛盾的变化，决定了近代中华民族面临的两大历史任务——反帝、反封建。

线索二　不平等条约体系的影响

1. 不平等条约知多少？

评判近代史上的不平等条约，一般可以从两个角度审视：一是缔结程序是否平等，即条约是否在直接或间接的武力威胁下缔结；二是条约内容是否损害了中国的国家主权和民族权益，即条约在形式和实质上对签约双方而言是否平等。

> 中国近代总共订立有736个条约，其中不平等条约343个，占条约总数的47%。
>
> 与中国签订不平等条约的国家，大体上有23个。
>
> ——侯中军：《近代中国不平等条约及其评判标准的探索》，《历史研究》2009年第1期，第83页。

对于近代不平等条约的数量，有的学者认为近代史上共签订过一千多个条约，其中绝大多数都是不平等条约；也有学者经过逐一分析梳理，提出不平等条约在近代中国七百多个条约中占到47%。

2. 什么是不平等条约体系？

不平等条约体系指中国近代史上一系列不平等条约所确立的列强在华各种特权制度的总称。学者李育民将不平等条约体系的内涵归纳为6个方面。

一是以租界制度和治外法权为主要内容的列强在华侨民管理制度。如列强通过《南京条约》《虎门条约》《望厦条约》《黄埔条约》等逐步获得在通商口岸居住，并划定地方、租地建屋作为居留地的制度。之后，列强通过非法侵夺，将此制度演变为租界制度。以领事裁判权为核心的治外法权制度，最早出现在中英《五口通商章程》，经《望厦条约》明确，其详细、具体的规定出现则在《天津条约》，到1876年的《烟台条约》又得以进一步扩张。

二是以协定关税和协定内地通过税制度、内河航行通商制度、陆路边境税、减税制度、鸦片贸易和苦力贸易、自由设厂制度、路矿借款担保制度等为主要内容的列强在华经济特权制度。以列强剥夺我国关税自主权的协定关税和协定内地通过税制度为例。《南京条约》中的"秉公议定"是为协定关税之始，《五口通商章程》中又规定一般货物皆"值百抽五"，《望厦条约》进一步规定变更税率须经美国"议允"，此后税率虽有变化，但须经列强同意。协定内地通过税，即子口税，《南京条约》确定"协定"原则，《天津条约》附约明确了2.5%的税率。又如一般主权国家不会允许的外国船只在内河航行通商的制度。列强通过《天津条约》取得在长江航行通商的特权，此后又陆续取得在其他河流航行的条约权力。1902年，中英《续议通商行船条约》确定了包括税课、诉讼、租赁栈房码头等一套完整的内河通商制度。

三是以海关行政外籍税务司制度和海关兼常关制度为主要内容的列强在华行政特权制度。1858年，中英签订《通商章程善后条约》，自此，列强操纵了整个中国海关的行政大权；《辛丑条约》又规定各通商口岸之常关，归海关管理；中英《续议通商行船条约》，又给予总税务司参与监察各省"常关销场税、盐务土药征收事宜"的特权；根据清帝上谕，总税务司还管理中国的邮政机构。这些制度使海关成了行使"条约权利"的"最重要机构"，保障了列强的经济利益和干预中国内政的特权。

四是以自由传教和控制中国文化教育为主要内容的列强在华文化特权制度。《望厦条约》和《黄埔条约》规定列强可以在五口设立教堂和学校，出售书籍，"教习中国人"等。中法《天津条约》重新申明上述规定，并允许中国人信教和西人进入内地传教。

五是以对中国实行军事控制为主要内容的列强在华驻军制度。《虎门条约》规定英国军舰可以在各通商口岸停泊；《黄埔条约》进一步规定外国军舰可以"往来游奕，保护商船"，中法《天津条约》又推及内地各口，及至

《辛丑条约》，已发展为解除中国在京师至海口沿线的军事防御，由列强派驻军队，以及各国使馆"常留兵队"，对京师实施军事控制的制度。

六是以在中国某一区域取得独占权益和领土主权为主要内容的列强在华划分势力范围和租借地制度。甲午战争后，以《中俄密约》为起端，各主要列强通过与中国订立条约、协定或照会往来，确定在华势力范围划分，主要内容有：中国向某订约国保证某地区不割让给他国；该订约国在该地区享有"贸易、投资和其他事项的保留权、优先权、独占权或特殊权利。1898年，中德签订《胶澳租界条约》，青岛被"租借"给德国99年，列强纷纷效仿，相继迫使清政府订立类似条约，内容主要为：在租约期间，租借地由租约国行使管辖权，"中国不得治理"，租约国可以在租借地派驻军队，修建军事设施；它所订立的章程，"中国船亦应一体照办"；中国军队不得进入租借地等。

——选编自李育民：《近代中国的"条约制度"论略》，《湖南师范大学社会科学学报》1992年第6期，第77—81页。

3. 不平等条约体系对近代中国社会造成了哪些影响？

以《南京条约》《天津条约》《北京条约》《马关条约》《辛丑条约》等为代表的不平等条约构成了近代中国不平等条约体系的基本框架。通过签订这些不平等条约，列强获得赔款、割地、开放通商口岸、片面协定关税、领事裁判权、片面最惠国条款、内河航行权、在通商口岸设厂、划分势力范围、驻扎军队等特权，在中国攫取了一个主权国家所具有的对内最高权力的各个方面。由于片面最惠国待遇的"条约权利"，每一个列强都能找到借口在中国行使各种特权。不平等条约体系严重侵犯了中国的领土完整和主权独立，严重影响了中国政治、经济、军事、外交、司法、文化等方面独立自主的发展，中国就此一步步沦入半殖民地半封建社会的深渊。

美国政要布热津斯基指出："19世纪强加给中国的一系列条约、协定和治外法权条款，使人们清清楚楚地看到：不仅中国作为一个国家地位低下，而且中国人作为一个民族同样地位低下。"

——〔美〕兹·布热津斯基军事科学院外国军事研究部译：《大失败——20世纪共产主义的兴亡》，军事科学出版社1989年版，第179页。

一个多世纪以来，中华民族挣脱不平等条约体系的束缚、为改变国家和民族地位，进行了艰苦卓绝的斗争，社会各阶级为了救亡图存、挽救危机作出了各自的努力，既包括清朝组织的反抗，也包括民间的反抗，包括林则徐、魏源对鸦片战争的反思，包括地主阶级洋务派推行的洋务运动，也包括农民阶级发动的太平天国运动和义和团运动，维新派发动的戊戌变法，尽管这些努力由于历史的局限性都未能成功，但这些仁人志士坚韧不拔前赴后继的精神值得歌颂，正是在反对和废除不平等条约的斗争中，中国的近代国家主权意识逐渐形成。

线索三 救亡图存的努力和局限

1. 如何看待农民阶级发动的太平天国运动？

◆ 太平天国运动与中国传统农民起义有何不同？

首先，斗争形式不同。太平天国运动是中国历代农民起义的最高峰，持续时间长、影响范围广、在一段时间内与清朝形成了南北对峙的格局。

> 凡分田照人口，不论男妇。算其家口多寡，人多则分多，人寡则分寡，杂以九等……凡天下田，天下人同耕，此处不足则迁彼处，彼处不足则迁此处……有田同耕，有饭同食，有衣同穿，有钱同使，无处不均匀，无人不饱暖也。
>
> ——《天朝田亩制度》，转引自《中外历史纲要（上）》第五单元第16课"史料阅读"栏目。

其次，纲领和口号不同。与历代农民起义所提出的纲领和口号相比，太平天国建政后所颁布的《天朝田亩制度》不但明确提出"凡天下田，天下人同耕"，"凡分田照人口，不论男妇"的主张。还拿出了一套具体的分田方案，反映了朴素的平等思想和平分土地的主张，吸引了众多的农民投身于其中。

> 当它（《天朝田亩制度》）接触到现实社会时，其反动性就立即暴露出来。这种空想没有逾出当时占统治地位的地主阶级思想的框架，还是归属于封建的范畴。
>
> ——茅家琦：《太平天国通史》（上册），南京大学出版社1991年版，第538页。

虽然《天朝田亩制度》在当时的历史条件下具有强烈的反封建性，但仍未能跳出封建传统社会的框架。从纲领和斗争形式来看，太平天国运动仍旧是旧式农民战争的范畴，但是将之置于当时的时代背景下，它本身又天然地肩负起反帝反封建的使命，并且在革命的过程中萌发出新的特点。《资政新篇》就是以洪仁玕为代表的太平天国革命家对社会发展的新思考，虽然只是个别人，但却对中国近代发展有着重大的影响。

可以有充分理由说，《资政新篇》是近代中国的先进人士为了学习西方所提出的最早的近代化纲领。

——茅家琦：《太平天国通史（中册）》，
南京大学出版社1991年版，第324页。

洪仁玕在《资政新篇》中主张对太平天国进行全面的改革。学习西方的政治、经济和文化制度，最终将天国变成"新天新地新世界"。他率先提出在中国发展资本主义，明确了各方面改革学习的措施，在文本上勾画了一幅近代中国发展资本主义的蓝图。

◆ 为什么轰轰烈烈的太平天国运动会最终失败？

太平天国的失败是多种因素合力造成的结果。

政治上，太平天国初步取得胜利后，领导阶层迅速腐化堕落，上层权力斗争最终导致天京变乱。太平天国后期，统治上层日益脱离群众，导致民心丧失。

经济上，太平天国在统治区域依然照例收税，没有彻底变革封建土地所有制形式。"圣库制度"脱离现实，无法调动和平期间人们的积极性，违背了社会发展的规律。

战略上，虽然太平天国在前期与后期都曾取得过巨大的胜利，但是前期的偏师北伐和后期的二次西征，使太平军丧失了战争的主动权和夺取更大胜利的机会。后期一连串的战略性失误，特别是最后拒绝"让城别走"的合理建议，直接加速了太平天国的失败。

思想上，大肆反对儒家思想，将太平天国推向了知识分子的对立面，无法选拔有识之士。在后期，偏激的宗教信仰一方面成为统治集团上层权力斗争的工具；另一方面也使太平天国在行动过程中脱离现实，陷入盲目之中，完全迷失了前进的方向。

◆ 太平天国运动对晚清政局有何影响？

凭借崛起的湘军与淮军，清政府最终镇压了太平天国运动。清朝统治出现了新的转机，但同时又面临新的危机。简而言之就是中央集权开始弱化，地方督抚实力愈来愈强，地方的离心倾向日趋加强。

失去军事依恃的清廷不能不屈尊附就湘淮集团,奕䜣竭力与其合作,以保持政局统一和稳定。从此,清廷的重大军政决策都必须征求主要督抚的意见,在上下磋商对话后才能作出决定。同时,督抚们也从自身利益出发,影响和干预中枢决策。

——茅家琦:《太平天国通史(下册)》,
南京大学出版社 1991 年版,第 353 页。

地方督抚的职务被湘淮两系所控制,他们手握重兵。各派之间盘根错节而又针锋相对,中央的命令要在地方有效实施,必须得到封疆大吏的支持。而且,这些督抚重臣几乎都是汉族人,在清朝前中期崇满抑汉的总体方针下,汉族士大夫的崛起也在一定程度上为最终清朝灭亡埋下了伏笔。

2. 洋务运动为什么不能真正实现"自强"与"求富"?

◆ 洋务运动是否旨在"打破旧轨"?

将来师夷以造炮制船,尤可期永远之利。

——《曾国藩全集·奏稿(二)》,岳麓书社出版,1987 年版,第 1272 页。

机器制造一事,为今日御侮之资,自强之本。

——中国史学会主编:《中国近代史资料丛刊·洋务运动四》,
上海人民出版社,2000 年版,第 14 页。

况今日议和既成,中外贸易,有无交通,购买外洋器物,尤属名正言顺。购成之后,访募覃思之士,智巧之匠,始而演习,继而试造,不过一二年,火轮船必为中外官民通行之物,可以剿发逆,可以勤远略。

——曾国藩:《复陈购买外洋船炮折》,转引自《中外历史纲要(上)》
第五单元第 16 课"学思之窗"栏目。

经过两次鸦片战争和太平天国运动,清朝统治者中的一些当权人物终于意识到西方国家在兵器上对中国有压倒性的优势。基于这个认识,他们认为只要中国引进、学习西方的坚船利炮,就能达到稳固政权,进而抵抗西方侵略的目的。在引进、仿造西方武器的同时,一些与军事密切相关的科技和大工业设施也被引入中国,推动了近代中国国防的近代化趋势,以"自强"目的洋务运动为向西方学习打开了一个难得的缺口。

到 1884 年,全国各大城市纷纷开设军工企业,所建局(厂)已经遍布 18 省份,大小共计 32 家。其中福建船政局、大沽船坞、威海水师机器厂专造轮船，江南制造总局和广东机器局兼造枪炮火器和轮船，其余均为制造枪炮、子弹、火药的企业。

——虞和平、谢放：《中国近代通史·第三卷——早期现代化的尝试（1865—1895）》，江苏人民出版社 2009 年版，第 99 页。

长崎人对欧美军舰早已司空见惯，但来自中国的铁甲巨舰却还是首次目睹，码头上挤满了看热闹的人群。望着龙旗高扬、威风凛凛的巨舰，市民中交杂着惊叹、羡慕、愤懑等复杂的情绪。

——姜鸣：《龙旗飘扬的舰队——中国近代海军兴衰史（修订本）》，生活·读书·新知三联书店 2014 年版，第 330 页。

从 19 世纪 60 年代开始，清朝军队的装备发生了翻天覆地的变化，军人和武器的面貌发生了质的变化。就陆军而言，通过采用洋枪洋炮、改革军队编制，学习西方号令进行训练，中国军队从旧式军队时代进入到现代新式军队时代。就海军而言，洋务运动中所建立的中国新式海军，至少在当时的亚洲已经跻身先进行列。1886 年 8 月 6 日，北洋舰队四艘战舰前往日本长崎大修，引发轰动。

创办军事工业与新办新式军队需要巨额的财政拨款，同时需要有一整套与之相配套的行业。在这种需求之下，一系列近代工矿民用工业得以创办。在民用工业的发展过程中，中国最早的一批民族资本主义企业也应运而生。在带来工业化的同时也催生出了中国最早的资产阶级与无产阶级。

在工业发展的同时，为了使用外国机器，与西方进行沟通交流，清政府在外交文化上也与西方有更深入的交流。第一批留学生、第一次组团海外外交访问都出现在洋务运动期间。而这一切其实并非洋务运动之初，洋务派重臣所能计算到的。正如近代史大家陈旭麓先生所评价的："洋务运动，就其主观动机而言，他们未必有真心打破旧轨，但他们的主张却包含着逸出旧轨的趋向。"这每一步未必是预料好的，但只要踏上了这条改革之路，中国就不可避免地一路向前，纵使前路曲折反复艰难，不达目标是无法停歇的。

◆ 洋务运动的失败给了我们怎样的启示？

洋务运动时期是清末中国与世界联系最为主动的一段时间，也同样是相对稳定的一段时期，甚至有"同光中兴"这样的赞誉。由此可见，在世界联系日益紧密的情况之下，只有积极融入世界，与各国谋合作，才能取得发展的有利空间和时机。

洋务运动的初衷是通过学习西方军事科技来维护清王朝专制统治。而落实发展军事科技需要与之相匹配的一整套政治、经济和文化制度，这些都是清政府上层始料未及的，所以之后只能头痛医头脚痛医脚，不但牵绊了军事的发展，而且最终阻碍了改革向纵深推进。这些启示我们在继续改革的同时，要做好相关配套制度建设。

> 在封建主义充斥的天地里，欲破启锢闭，引入若干资本主义文化，除了"中体西用"还不可能提出另一种更好的宗旨。如果没有"中体"作为前提，"西用"无所依托，它在中国是进不了门，落不了户的。
>
> ——陈旭麓：《近代中国社会的新陈代谢》，生活·读书·新知三联书店2022年版，第106页。

洋务运动的口号是"中体西用"。"中体"和"西用"的结合投射出时人对于西学的认知和态度。这从另一个角度说明，中国发生的任何改革，还是必须结合中国的社会实际。既不能全盘西化，也不能抛弃传统。只有结合时代特征与社会实际，正确地处理好传统与外来文化之间的关系，才能真正将世界先进思想做到为我所用。

3. 维新变法运动为何无法实现救亡的初衷？

◆ 就内容而言，维新变法与以往的救亡图存运动有何不同？

维新变法运动兴起的时代背景是甲午战败，日本逼迫清廷签订《马关条约》，激起朝野上下的反对声浪。因此，与以往的救亡图存运动相比，百日维新代表了更广泛知识分子的声音，更能反映时代的要求，更多地聚焦于反思与改革清朝在政治、经济、文化、军事等方面的现状。

百日维新的主要内容有：政治上，裁撤冗官冗员，允许官民上书言事；经济上，鼓励私人兴办工矿企业，发展农、工、商业，并改革财政，编制国家预算；文化上，废除八股，改试策论，开办新式学堂；军事上，裁减绿营，训练新式军队等。政治方面的举措在一定程度上冲击了旧式官僚体制，经济方面打破"重农抑商"的传统观念，对推动中国民族资本主义的发展起到积极作用，文化方面首次提出"废八股，改策论"的改革，是科举考试制度的重大变化。

从改革措施的力度、广度和深度来看，维新变法比以往的救亡图存运动力度更大、更全面而深刻，符合康有为在变法奏折中提出的"大变、全变、快变"变法思路。

◆ **百日维新为何以失败而告终？**

从维新派的角度来分析百日维新失败的原因，可选择客观原因和主观原因两个视角来解读。

（慈禧怒斥光绪：）天下者，祖宗之天下也，汝何敢任意妄为！诸臣者，皆我多年历选，留以辅汝，汝何敢任意不用！乃竟敢听信叛逆蛊惑，变乱典刑。何物康有为，能胜于我选用之人？康有为之法，能胜于祖宗所立之法？汝何昏愦，不肖乃尔！

——苏继祖：《清廷戊戌朝变记》，
广西师范大学出版社2008年版，第26页。

变法失败的客观原因主要有：以慈禧为代表守旧势力的阻扰、民族资产阶级力量的弱小、帝国主义力量的干涉等。

（康广仁：）伯兄规模太广，志气太锐，包揽太多，同志太孤，举行太大，当此排者、忌者、挤者、谤者盈衢塞巷，而上又无权，安能有成？

——康广仁：《康幼博茂才遗文·致易一书》，
见《戊戌六君子遗集》第6册，商务印书馆1937年6月影印版。

变法失败的主观原因在于维新派自身的局限性，例如，维新派在变法中借用"托古改制"的方式宣扬资产阶级改良思想，本身存在缺陷与矛盾；在变法过程中，维新派全然依靠于没有实权的光绪皇帝，采取"快变、大变、全变"的理念推进变法，毕其功于一役，其结果只能是使绝大部分变法措施成为各级官员奉而不行的虚文；对慈禧太后及其他守旧势力采取孤立和排斥的政治策略，反映出维新派斗争经验的缺乏、急于求成的改革心态和脱离实际的激进策略。

他们"单从良好的愿望出发来决定变法的速度与幅度，而忽视了人心风俗这一条件对于变法的约束。"

——萧功秦：《危机中的变革：清末现代化中的激进与保守》，
上海三联书店1999年版，第99页。

在当时的中国历史条件下，戊戌变法运动是具有爱国主义性质和进步意义的。但这个运动主要的是代表了当时从地主官僚转化过来的资产阶级的政治倾向，所以只能是一种软弱的改良主义的运动。领导这个运动的人，看不见农民革命的力量，他们所企图的都是用改良主义的办法，来抵制农民的革命。他们和当权的封建势力并不是根本对立的，只是要求封建统治势力让出一点位置来给新起的资产阶级。这样脱离最广大人民群众的软弱的改良主义运动，注定了只能得到悲惨的失败。

——中国史学会：《戊戌变法》，神州国光社1953年版，第1页。

再者，戊戌变法失败的根本原因在于维新派的理论建设未能有质的突破，种种举措也未能结合当时中国的具体国情。

嗣后中外大小诸臣，自王公以及士庶，各宜努力向上，发愤为雄，以圣贤义理之学，植其根本，又须博采西学之切于时务者，实力讲求，以救空疏迂谬之弊。

——"明定国是"诏，《清德宗实录》卷418，
转引自《中外历史纲要（上）》第五单元第17课"学思之窗"栏目。

正如"明定国是"诏传递出的"西法不可不讲，圣贤义理之学尤不可忘"的认识，表明百日维新从观念上依然没有走出"中学为体，西学为用"的藩篱。尽管变法所涉及的领域很多、范围很广，在一定程度上冲击了旧式官僚体制，反映了时代的要求，然而，维新派本身所存在的缺陷以及变法观念上的保守性，依旧难以在根本问题上进行变革，因此，维新变法最终无法实现救亡图存的初衷。

4. 如何看待义和团"扶清灭洋"的主张？

义和团运动缘于西方势力深入中国后引发的教民与当地民众的冲突，源自山东、直隶一带的义和拳、民间秘密结社和练拳习武组织，是在反洋教运动中兴起的。因此，义和团提出"扶清灭洋"等一系列口号，将"灭洋"置于思想和行动上的第一位，鲜明地表达了中国人民反对帝国主义的斗争意志，具有强烈的反帝爱国倾向，对义和团和广大群众的反帝爱国斗争有鼓舞和动员作用，也反映了帝国主义与中华民族的矛盾成为当时中国社会最主要的矛盾。

庚子三春，日照重阴；君非桀纣，奈有匪人。最恨合约一误，致皆党鬼殃民。上行下效兮，奸究道生。中原忍绝兮，羽翼洋人。趋炎附势兮，四畜同羣。逢天坛怒兮，假手良民……

——义和团揭帖，转引自《中外历史纲要（上）》
第五单元第17课"义和团揭帖"图片文字。

从其揭帖文字和"神助拳，义和团，只因鬼子闹中原""拆铁道，拔线杆，紧急毁坏大轮船""洋鬼子，尽除完，大清一统靖江山"等口号和具体行动不难看出，义和团排斥一切与"洋"有关的人或物，如洋人、洋教、铁路等，具有盲

目排外的落后性。

义和团运动后秘密结社的反洋教运动有的本身还具有浓厚的封建色彩。1904年贵州仁怀教门起事时，袁清芬自称"金华圣主"，尊其父为"太上皇"，兄为"总统"，并设"元帅、国师"等职。1906年江西鄱阳洪莲会起事时亦有"五千岁伪号"。

——何孔蛟：《义和团运动后的民间秘密结社与反洋教斗争》，《安庆师范学院学报（社会科学版）》2006年5月，第53页。

此外，"扶清"虽具有爱国主义倾向，但在主观上反映出义和团对清政府本质认识的局限性，即其依然深受封建思想的束缚，支持遭受侵略的清政府、保卫遭到破坏的封建制度。

19世纪末，随着列强侵略加剧，清政府开始利用义和团抗击列强侵略，以"招抚"代替"剿灭"，并承认其合法地位。

八国联军攻陷北京后，慈禧太后携光绪帝西逃，在途中下谕旨剿杀义和团，并请求八国联军"助剿"，义和团运动在中外反动势力的镇压下失败。清政府对义和团的态度经历了由剿到抚，又从抚回到剿的发展变化过程，一切都取决于义和团的行动与清政府本身的利益是否一致，能否为清政府所用，具有强烈的实用主义色彩，这种变化也充分体现出清政府的腐朽没落以及对帝国主义的妥协趋附。

中国所有好战精神，尚未完全丧失，可于此次拳民运动中见之……

——〔德〕瓦德西：《瓦德西拳乱笔记》，转引自中国史学会主编《中国近代史资料丛刊·义和团（三）》，上海人民出版社1957年版，第86页。

无论欧、美、日本各国，皆无此脑力与兵力，可以统治此天下生灵四分之一……故瓜分一事，实为下策。

——〔日〕佐原笃介：《八国联军志》，转引自中国史学会主编《中国近代史资料丛刊·义和团（三）》，上海人民出版社1957年版，第244页。

义和团运动展现出中国人民不畏强暴的牺牲精神，他们张贴文告揭露帝国主义的侵略罪行，通过毁教堂、拆铁路、砍电线、杀洋人等方式表达对外国侵略者的无比愤怒之情。尽管斗争方式具有落后性，无法阻止中国滑向半殖民地半封建的深渊，但其反对帝国主义的斗争意志鲜明而强烈。面对八国联军的侵略，义和团勇敢阻击，在廊坊与敌人展开殊死搏斗，八国联军死伤多人，被迫撤回天津。

义和团运动虽然失败了，但它沉重打击了帝国主义瓜分中国的气焰，八国联军统帅瓦德西曾指出"无论欧美日本各国，皆无此脑力与兵力，可以统治此天下生灵四分之一""瓜分一事，实为下策"。

历史之音

1. 如何看待关于鸦片战争的命名，还有"文化冲突战争""通商战争"等说法？

历史评价要立足于基本史实，评论者所处的时代、所选的观察视角、所持的判断标准、所具有的认知水平、所追求的利益价值等因素，易导致同一个历史问题出现截然不同的评价。

鸦片走私能带来巨额的利润，是扭转中英贸易逆差的关键，这是英国向中国发动侵略战争的根本原因。保护和推动对华鸦片贸易是当时英国政府的既定政策，清政府禁烟是这场战争的直接导火线，只要清政府反对鸦片走私贸易，两国间的冲突和战争就不可避免。

自1800年英国东印度公司确立鸦片政策到1839年鸦片战争爆发前，以英国为主的殖民者共向中国输入638 119箱鸦片。掠夺了6亿多银元；到1917年英国名义上停止对华输出鸦片止，外国共向中国推销、走私的鸦片、吗啡、海洛因和红丸等毒品，折合鸦片共约7 023 119箱，由此从中国掠走了价值6 616 345 219银元。这如同天文数字般的鸦片，不仅毒害了数以千万计的中国人，还从中国夺走了远比商业利润、战争赔款多得多的财富。

——苏智良：《中国毒品史》，上海人民出版社1997年版，第3页。

当时英国人马尔丁说："鸦片贩卖者腐化了、降低了和毁坏了不幸福的人底精神生活，而且还毒杀了他们的身体。鸦片贩卖者时时刻刻向贪欲无厌的吃人神贡献新的牺牲品，而充当凶手的英人和服毒自杀的华人，就彼此竞争，向吃人神的祭台上贡献牺牲品。"

——范文澜：《中国近代史》上册，转引自《中外历史纲要（上）》第五单元第15课"史料阅读"栏目。

南京条约的正文虽没有触及鸦片贸易，但英国殖民者始终未放弃实现鸦片贸易合法化的目标，最终在第二次鸦片战争后以条约的形式迫使清政府予以承认。面对这样的事实，在英国国内，一些政客打着为自由贸易而战的大旗，以掩盖战争的实质。还有一些历史学家试图用东西文化冲突来解释战争爆发的原因，弱化战争的性质。肆意的主观曲解有违历史的真实。

2. 有学者认为，甲午中日战争是中国近代史上一个重大转折点，如何理解这一看法？

◆ 中日甲午战争的失败给中国带来怎样的影响？

中日甲午战争的失败，中国面临空前的民族危机和社会危机。

甲午战争的失败，对整个中国社会震动之大，影响之深，都是前所未有的。中国从前只被西方大国打败过，如今竟被东方小小的岛国日本打败了，不仅割国土、赔巨款、丧利权、蒙受奇耻大辱，而且进一步刺激了列强侵略中国的野心，大大加速了中国半殖民地化的进程，中国的民族危机愈益深重了……

——戚其章：《甲午战争史》，上海人民出版社 2014 年版，第 512 页。

甲午战败，《马关条约》丧权辱国，将清政府的根本缺陷暴露在世人面前，中国面临空前的民族危机和社会危机。"敌无日不可以来，国无日不可以亡"成为许多人的共识。有识之士纷纷撰文指出："呜呼！观今日之世变，盖自秦以来未有若斯之亟也"。

从此，救亡成了所有爱国人士心中最紧迫和关注的问题，之后中国各项重大决策几乎都是围绕着"救亡"而开展的。

◆ 中日甲午战争的失败带来了哪些转变？

中日甲午战争的失败，带来了制度改革和思想解放。

面对存亡危局，知识分子重新审视 30 年来的洋务运动，将之与日本的明治维新进行比较。进而发现中国并非败于器物，而是从制度和思想上的全面落后。面对列强的步步紧逼，以康有为、梁启超为代表的知识分子通过维新变法运动，力图在"忠君爱国"的基础上推动中国的政治变革。而孙中山为代表的革命派则在夹缝中坚持通过革命手段在中国建立共和制度。20 世纪的中国大政方针大多围绕改革和革命这两大时代主题。

◆ 中日甲午战争的结束对世界格局产生了怎样的影响？

中日甲午战争的结束，改变了整个东亚的政治格局。

一方面，日本从此成为中国生存发展的最大威胁。甲午战争之后，日本一步步地加紧对中国侵略，此后的 50 年时间，中日矛盾日趋激化。日本成为阻碍中国独立、富强的最大外部障碍。另一方面，甲午战争后列强在东亚地区的博弈，深刻反映了19世纪末20世纪初帝国主义列强瓜分世界以及相互之间的矛盾和利益。无论是甲午战后的"三国干涉还辽"还是19世纪末的"瓜分狂潮"都体现出帝国主义列强追逐利益、对外侵略的本质。在"三国干涉还辽"的问题上，在欧洲相互竞争敌视的德法为了共同的利益，携手警告日本。在瓜分中国的狂潮之下，面对美国的加入，各个列强保持默契。这种既相互合作又互相防备的态势一直延续到20世纪。

所以无论是对中国，还是对日本，甚至对各帝国主义列强，甲午战争都成为主导他们行动的新起点，一场甲午战争其实为20世纪的世界格局与中国命运奠定了基础。

第六单元

辛亥革命与中华民国的建立

第一部分　单元解析

课程标准要求

高中课程标准对本单元的内容要求阐述如下。

（1）了解孙中山三民主义的基本内容，理解辛亥革命与中华民国建立对中国结束帝制、建立民国的意义及局限性。

（2）了解北洋军阀的统治及特点。

（3）概述新文化运动的主要内容，探讨其对近代中国思想解放的影响。

单元主题解读

本单元的大标题"辛亥革命与中华民国的建立"包含了两个关键词以及一对关系。"辛亥革命"和"中华民国的建立"这两个关键词既界定了本单元的时间跨度，即从19世纪末至20世纪20年代；又提纲挈领地指出了本单元的内容主题，即资产阶级民族民主革命的主要成果及其影响。勾连起两个关键词的"与"字揭示了"辛亥革命"和"中华民国的建立"间的内在关联性，中华民国的建立是辛亥革命最重要的一个功绩，然民国初年政治领域的倒行逆施不仅表明辛亥革命的不彻底性，也展示出其与同期经济、社会生活的新气象格格不入。本单元上承第五单元"晚清时期的内忧外患与救亡图存"，日益深重的民族危机是辛亥革命发生的重要推手，中华民族的独立与复兴开始进入到新的历史阶段；下迄第七单元"中国共产党成立与新民主主义革命兴起",中华民国的草创、新旧社会的更迭为新民主主义革命的兴起提供了时代的土壤。

在本单元导言中,教师可以借助一些关键语句来引导学生厘清本单元基本史实间的时序和内在发展逻辑。从"资产阶级领导的民主革命运动在全国迅速广泛地开展起来"到"武昌起义爆发后,各省纷纷响应",表明民主革命逐渐成为大势所趋。从"南京临时政府成立后,颁布了一系列有关政治、经济和社会改革的法令"到"袁世凯夺取革命果实后,逐步建立起北洋军阀的独裁统治",对照式地折射出辛亥革命作为一场政治变革的历史进步性与局限性。"民族资本主义得到短暂发展"和"中国先进知识分子发动了反封建、倡导民主与科学的新文化运动"是政治"变局"导致经济、文化的连锁反应。

单元内容结构

本单元包括两课,第18课《辛亥革命》和第19课《北洋军阀统治时期的政治、经济与文化》。

从单课内容上看,课文各子目之间历史发展逻辑环环相扣。第18课《辛亥革命》的3目构成了传统的历史叙述逻辑,即"背景—经过—结果—评价",清晰、完整地呈现了辛亥革命这一核心史实。第19课《北洋军阀统治时期的政治、经济与文化》共4目,前两目"袁世凯复辟帝制与护国战争""北洋时期的军阀割据"按照史实发生的时间顺序介绍了民国初年政治的倒退,第四目"新文化运动的开展"既是基于北洋军阀统治时期政治动荡的反思,也顺应了第三目"民国初年经济、社会生活的新气象",是思想文化领域的"新气象"。从单元整体上看,第18课第二目"武昌起义与中华民国的建立"与第19课第三目"民国初年经济、社会生活的新气象"有着直接因果关系,体现了辛亥革命的成就。第19课的第一、二目回应了第18课第三目"辛亥革命的历史意义",表明辛亥革命未能解决近代中国社会的根本问题,暴露出辛亥革命未尽之功。

核心素养教学建议

(1)能够运用唯物史观的相关理论,如经济基础与上层建筑的关系、阶级斗争推动历史进步、社会存在和社会意识等,客观概括资产阶级民主运动的发展历程,理解辛亥革命是成功结束帝制的历史壮举,其无力改变社会性质的局限以及民国初年新旧交织的复杂面相。

（2）能够结合20世纪初特殊的国际与国内发展趋势，了解三民主义、民族资本主义发展、社会习俗变迁、新文化运动等思想、经济和社会的进步，理解其对促进近代中国思想解放的积极意义。

（3）能够通过相关史料了解北洋军阀统治的史实，通过比较辛亥革命的民主构想与北洋军阀统治下民国社会现状的矛盾，概括北洋军阀统治的特征，认识到封建军阀统治不可能真正捍卫辛亥革命民主、共和的成果。

（4）能够在充分占有史料的基础上，公正、客观地评述资产阶级民主活动无法完成反帝反封建任务的历史局限，认识民国初年的特殊状态与新民主主义革命开启之间的关联。

（5）能够充分感悟以孙中山为代表的革命党人、以陈独秀为代表的先进知识分子等不同身份的人为争取和维护民主共和所做的不懈努力，以及对中华民族出路的不懈探索。

第二部分　教材比较

■ 与初中课程标准、教材比较

《中外历史纲要（上）》第六单元文本内容是初中《中国历史第三册》第三单元"资产阶级民主革命与中华民国的建立"、第四单元"新民主主义革命的开始"和第八单元"近代经济、社会生活与教育文化事业的发展"相关内容的拓展与延伸，两者既有共性又有差异。

1. 课程标准相关内容表述

初中课程标准与高中课程标准相关课程内容要求对照见表 6-1。

表 6-1　初中课程标准与高中课程标准相关课程内容要求对照

初中课程标准	高中课程标准
1. 通过了解孙中山等民主革命先行者早年的革命活动、武昌起义及中华民国成立的史事，认识辛亥革命的历史意义及局限性；	1. 了解孙中山三民主义的基本内容，理解辛亥革命与中华民国建立对中国结束帝制、建立民国的意义及局限性；

（续表）

初中课程标准	高中课程标准
2. 知道民国初期北洋军阀的统治； 3. 了解新文化运动的基本内容，知道陈独秀、李大钊、胡适、鲁迅等新文化运动的代表人物，认识新文化运动在中国近代思想解放运动中的地位和作用； 4. 通过了解张謇兴办实业的典型事例，知道近代中国民族工业发展的艰辛历程； 5. 通过了解民国以来社会生活的变化，知道中国走向现代化的曲折过程	2. 了解北洋军阀的统治及特点； 3. 概述新文化运动的主要内容，探讨其对近代中国思想解放的影响

初中课程标准着眼于在学习相关史实的基础上，了解孙中山、辛亥革命、新文化运动等对中国近代民主革命的重要推动作用，引导学生能够辩证看待辛亥革命的进步与局限，并理解辛亥革命后近代中国经济、社会生活等方面的巨大变化。相较于初中课程标准，高中课程标准更多地呈现诸如三民主义、辛亥革命、北洋军阀统治、新文化运动等史实在特定历史环境中的复杂性和多重影响，关注辛亥革命后近代中国政治、经济、思想文化发展的整体性解读，引导学生理解历史进程往往是曲折前进的。

2. 教材相关单元、课、目编排

《中国历史第三册》与《中外历史纲要（上）》相关单元、课、目编排对照见表6-2。

表6-2 《中国历史第三册》与《中外历史纲要（上）》相关单元、课、目编排对照

《中国历史第三册》		《中外历史纲要（上）》	
第三单元 资产阶级民主革命与中华民国的建立 第四单元 新民主主义革命的开始 第八单元 近代经济、社会生活与教育文化事业的发展		第六单元 辛亥革命与中华民国的建立	
第三单元第8课 革命先行者孙中山	孙中山早年的革命活动	第18课 辛亥革命	资产阶级民主革命的兴起
	同盟会与三民主义		
第三单元第9课 辛亥革命	革命志士的奋斗		资产阶级民主革命的兴起
	武昌起义		武昌起义与中华民国的建立

（续表）

《中国历史第三册》		《中外历史纲要（上）》	
第三单元第10课 中华民国的创建	中华民国的建立	第18课 辛亥革命	武昌起义与中华民国的建立
	袁世凯窃取革命果实		
	《中华民国临时约法》		辛亥革命的历史意义
第三单元第11课 北洋政府的统治与 军阀割据	二次革命	第19课 北洋军阀统治 时期的政治、 经济与文化	袁世凯复辟帝制与护国战争
	袁世凯复辟帝制		
	护国战争		北洋时期的军阀割据
	军阀割据		
第四单元第12课 新文化运动	新文化运动的兴起		新文化运动的开展
	新文化运动的内容与意义		
第八单元第25课 经济和社会生活的 变化	民族资本主义的发展		民国初年经济、社会生活 的新气象
	社会生活的变化		

◆ 从内容编排看，《中外历史纲要（上）》第六单元"辛亥革命与中华民国的建立"涉及的内容，在初中《中国历史第三册》中拆分为3个单元共计6课，其中包括第三单元"资产阶级民主革命与中华民国的建立"4课、第四单元"新民主主义革命的开始"1课以及第八单元"近代经济、社会生活与教育文化事业的发展"1课，第三单元是核心板块。从史实表述的详略来看，初中教材对主要史实的描述更详尽、内容所占篇幅更大。从单课的信息容量来看，《中外历史纲要（上）》每一课内容容量大、主旨脉络更清晰。

◆ 就知识点而言，《中外历史纲要（上）》在初中的基础上有一定程度的拓展。其中清末新政、1915年袁世凯签订《中日民四条约》、袁世凯称帝时为君主立宪制、中国劳工参加第一次世界大战、军阀割据时期的张勋复辟与府院之争、中华民国军政府、南北军阀如一丘之貉，均为初中未涉及的内容。《中国历史第三册》第三单元中革命志士的奋斗、武昌起义等内容在《中外历史纲要（上）》第五单元中不再重复出现。

◆ 从行文表述上看，需要特别指出的是新文化运动，初中教材将其作为第四单元《新民主主义革命的开始》的第一课，着重于理解新文化运动掀起了思想解放的潮流，为随后爆发的五四运动起了思想宣传和铺垫的作用；《中外历史纲要（上）》认为新文化运动推动思想文化的革新，有着思想解放的重大意义，五四运动不仅是伟大爱国革命运动,也是伟大的社会革命运动,更是伟大的思想启蒙运动。

与华师大版高中教材比较

《中外历史纲要(上)》第六单元文本内容与华师大版《高中历史第五分册》第二和第六单元的部分课时内容基本一致,但两者在内容的编排、详略、表述等方面存在较多差异。

◆ 从内容编排看,本单元的两课内容在华师大版《高中历史第五分册》中拆分在不同的单元板块内,这与该分册是中外史混编有关。相较之下,《中外历史纲要(上)》更具有史实的时序性和连贯性。此外,华师大版对辛亥革命和民国初年的历史定位虽然与《中外历史纲要(上)》第六单元一致,也是起承前启后的作用,但《中外历史纲要(上)》更凸显近代中国在探寻民族独立与复兴过程中的阶段性特征。此外,在华师大版中单独成课的"清末新政",在《中外历史纲要(上)》第六单元中缩略成了辛亥革命的背景之一,华师大版中独立成课的"新文化运动与马克思主义的传播"也缩略为本单元第20课的一目,从而更加聚焦本单元的核心概念。

◆ 就知识点而言,《中外历史纲要(上)》第六单元相较于华师大版《高中历史第五分册》第二、六单元,新增知识点大致有《奏定学堂章程》、保路运动、"府院之争"、张勋复辟、一战期间中国华工、民国初年经济的新气象等。华师大版《高中历史第五分册》中有关清末新政的具体过程、五色旗、鲁迅的《狂人日记》等相关内容在《中外历史纲要(上)》第六单元中没有涉及。

◆ 从行文表述看,需要特别指出下列方面。

关于袁世凯夺取辛亥革命果实过程的描述,华师大版《高中历史第五分册》表述为"袁世凯上台后,一面组织军队向南方革命力量发动进攻,一面又派人南下谈判。孙中山等革命党人表示,只要袁世凯真心赞同共和,待清帝退位后就推举他为大总统。"《中外历史纲要(上)》的表述为"袁世凯在英国等列强支持下,奉清政府命率军南下攻陷汉口、汉阳,以武力危险革命势力,又利用革命党人急于完成统一的愿望,诱使其展开和议""袁世凯随后又以南方革命党的共和要求,对已束手无策的清政府施压"。较为具体、完整地勾勒出了当时形势的复杂性,符合半殖民状态下中国各方势力的纠葛,凸显出袁世凯的步步为营,勾连起本单元内两课重大史实的内在逻辑。

　　关于辛亥革命历史意义的表述，华师大版《高中历史第五分册》肯定了辛亥革命推翻清王朝、结束中国两千多年君主专制统治的积极意义，指出"辛亥革命以同旧势力的妥协而告终……中国人民依然生活在贫穷、落后、分裂、动荡、混乱的苦难之中"。《中外历史纲要（上）》的表述，同样肯定了辛亥革命是"中国完全意义上的近代民族民主革命的序幕"，强调了辛亥革命"建立起中国历史上从来不曾有过的共和政体"的历史功绩，并补充了辛亥革命在思想解放、社会风俗变化、打击帝国主义在华势力、推动民族资本主义发展的历史作用，多视角、多维度、综合全面地评价了辛亥革命。此外，《中外历史纲要（上）》还增加了对辛亥革命历史局限性的分析，"它缺乏一个能够提出科学的革命纲领、能够发动广大人民群众，以及组织严密的革命政党的领导"。这样的剖析比"同旧势力妥协"的简单归因更贴合史实。

第三部分　核心问题释读

■ 线索一　揖美追欧，旧邦新造

1. 资产阶级革命党人是如何找到三民主义作为革命指导思想的？

　　20世纪初的中国，民族危机进一步深化，帝国主义通过在中国修建铁路、开矿设厂、开办银行等，牢牢地控制中国的经济命脉，势力渗透到中国各地。在列强武力监视、威胁下，清政府进一步对外屈服，成为列强统治中国的工具。封建王朝长期的搜刮、榨取，也使民众对清政府的失望、不满和愤怒越来越强烈，越来越多的人意识到必须推翻清政府的统治国家才有出路。

　◆ **孙中山提出"三民主义"的过程是怎样的？**

　　　　忆吾幼年，从学村塾，仅识之无。不数年得至檀香山，就傅西校，见其教法之善，远胜吾乡。故每课暇，辄与同国同学诸人，相谈衷曲，而改良祖国、拯救同群之愿，于是乎生。当时所怀，一若必使我国人人皆免苦难，皆享福乐而后快者。

　　　　　　——孙中山：《在广州岭南学堂的演说》，《孙中山全集》第2卷，
　　　　　　中华书局1982年，第359页。

三民主义的提出离不开孙中山的探索和奋斗。孙中山幼年常听人讲述太平天国起义军的故事,暗地里渴望成为"洪秀全第二"。13岁后他远涉重洋,比较系统地接受了西式教育,对西方文化有着深刻的了解和认识。孙中山曾尝试上书李鸿章,提出"人尽其才,地尽其力,物尽其用,货畅其流"的主张,可惜未被理睬。清政府的倒行逆施,使孙中山在失望之余放弃改良方案,走上革命道路。赴欧美游历,阅读大量欧美资产阶级社会科学理论著作,革命实践活动的策划、实施,表明孙中山开始酝酿从事革命的基本思想原则。

1894年11月,孙中山在美国檀香山组织兴中会。兴中会宣言提出的"驱除鞑虏,恢复中华,创立合众政府",包含了民族主义、民权主义的最初思想。1905年8月,孙中山在东京成立中国同盟会,他起草的同盟会誓词"驱除鞑虏,恢复中华,创立民国,平均地权",就包含了三民主义的基本内容。1905年10月,同盟会机关刊物《民报》创刊,孙中山撰写发刊词,明确提出民族、民权、民生三大主义。

◆ 如何理解三民主义?

今者中国以千年专制之毒不解,异种残之,外邦逼之,民族主义、民权主义殆不可以须臾缓。而民生主义,欧美所虑积重难返者,中国独受病未深,而去之易。

——孙中山1905年《民报·发刊词》,
转引自《中外历史纲要(上)》第六单元第18课"学思之窗"栏目。

国家之本,在于人民,合议、满、蒙、回、藏诸地为国,则合汉、满、蒙、回、藏诸族为一人,是曰民族之统一。

——《中华民国临时大总统宣言书》,据广州博物馆藏石印原件,
见张苹、张磊:《中国近代思想家文库·孙中山卷》,
中国人民大学出版社2015年版,第49页。

今者由平民革命以建国民政府,凡为国民皆平等以有参政权。

文明之福祉,国民平均以享之。当改良社会经济组织,核定地价,……所有革命后社会改良进步之增价,则归于国家,为国民所共享。

——《军政府宣言》,据汪精卫手书《革命方略》(改订本)油印本影印件,见张永福:《南洋与创立民国》,中华书局1933年版,
转引自张苹、张磊:《中国近代思想家文库·孙中山卷》,
中国人民大学出版社2015年版,第47页。

民族主义，即"驱逐鞑虏，恢复中华"。是指通过革命手段推翻清朝统治，改变民族歧视和民族压迫政策，建立民族独立国家。孙中山认为造成"异种残之，外邦逼之"状况的根源在于"千年专制之毒"，要解毒以挽救民族危机，就必须推翻清王朝，才能终结腐败的君主专制制度，才能摆脱帝国主义的枷锁，建立独立、富强、民主的国家。因此，民族主义反映了反帝反封建的时代要求。随着革命的进展，民族主义的含义又进一步发展，指出"汉、满、蒙、回、藏诸族为一人，是民族之统一"，体现了民族平等的进步思想。

民权主义，即"建立民国"，指的是通过政治革命推翻专制制度，效仿西方资产阶级的民主制度，建立民主共和国。孙中山吸收了近代西方民主、人权、平等、自由等观念，学习西方的资产阶级共和政治，提出建设资产阶级共和国的方案。但对西方的制度并非照搬，在"三权分立"学说的基础上，提出了"五权宪法"的原则，即从行政权中分出考试权，从立法权中分出监察权，立法权、行政权、司法权、考试权、监察权五权各自独立，分别由国家的专门机构掌握，相互监督，相互牵制。这些主张反映孙中山希望推翻专制制度后，建立一个政府为国民所有、民众平等地享有各项民主权利、国民共享社会发展成果的人民主权国家的政治理想。

民生主义，即"平均地权"。通过社会革命解决以土地为中心的社会问题，实现民生幸福、民富国强。民生主义是孙中山为了避免出现西方世界的贫富两极分化严重的状况提出的，"平均地权"则是达到这一目的的方法，具体方案是革命后要核定天下地价，现有之地价仍归原主，社会进步后地价之增加部分，则归于国家，为国民所共享。体现了通过改良社会经济组织，让国民平等共享社会经济发展成果的愿望。

三民主义表达了孙中山为代表的革命党人推翻清王朝的统治和君主专制制度，把中国建设成民主共和国的理想。

◆ **如何评价三民主义？**

三民主义是中国同盟会的革命纲领，是近代中国第一个较为完整的资产阶级民主革命纲领。三民主义确立了民族独立、民主政治、民生幸福三大目标，这确实是当时的中国亟待解决的问题，反映了时代要求和人民的愿望，代表着当时最进步的思想，具有积极意义。中国同盟会的成立使革命力量进一步集结，三民主义的提出使革命的奋斗目标更加明确，革命的步伐随之加快，资产阶级民主革命运动进入新的历史阶段。

但是三民主义没有正面、明确地提出反对帝国主义侵略以实现民族独立的口号，没有把斗争矛头明确指向帝国主义。推翻清王朝后，不少革命党人认为民族主义革命的任务已经完成。三民主义提出建立资产阶级共和国的方案，将舶来品的西方资产阶级共和制度移植到中国数千年的君主专制的土壤上，难免水土不服难以生根。此外，三民主义还缺乏彻底的反封建的纲领，虽提出"平均地权"的口号，但没有提出明确的解决办法，不能满足广大农民的土地要求，难以发动广大工农群众。

2. 武昌起义的爆发真的是"意料之外"吗？

> 今年之民变，亦孔多矣。……宜春民变也，桐乡民变也，交文民变也，归绥民变也。浸至于今，而莱阳、海阳纷纷告变。
>
> ——《申报》1910年8月5日第一张第六版，"时评"栏目，其一。

武昌起义之前，民变已经在全国各地风起云涌。1911年，皇族内阁的出台使得清政府丧失大量的支持者，5月，清政府宣布川汉、粤汉铁路国有，与民争利，招致了各阶层强烈的反对，引发了一场波及多省的保路运动。其中，四川保路运动发展成为武装起义，为了镇压这场起义，清政府从湖北新军中抽调兵力入川造成武昌的兵力空虚，为前仆后继的革命党人发动起义提供了难得的时机。可见，武昌起义前夕革命情绪普遍弥漫，清政府已经陷入反清浪潮的包围之中，整个社会已呈现出"山雨欲来风满楼"的态势。

武昌首义后，各省纷纷响应，各种社会力量不约而同地汇入了革命浪潮。不到两个月，南方14个省和上海宣布脱离清政府的统治而独立。革命进展如此迅猛也说明了清政府已经丧失了对地方和国家的控制能力，统治根基早已松散。

> 武昌起义为什么会爆发，归根结底是时代变了，社会变了，变了的时代，变了的社会诉求，势必引起整个社会的更大变化，而且将一切矛盾聚矢于清王朝的专制统治。历史为什么会在这个时候出现革命高潮这一幕，因为时机与条件已经具备。
>
> ——王建朗、黄克武：《两岸新编中国近代史·民国卷》（上），社会科学文献出版社2016年版，第5—6页。

从短期看，确实是一些偶然的因素造就了武昌首义的成功，但从长期看，自1840年始，整个国家和民族处于一个急剧变革的时代，特别是19世纪末20世纪初，工商业经济的发展、新式教育以及新式知识分子的兴起、新式海、陆军的出现，谘议局、资政院等事物的出现，都体现中国社会在逐步走向世界、走向近代化。在旧势力力图维新以求永存与新生力量积聚能量以除旧布新的相互较量中，以孙中山为代表的革命派的活动得到越来越多的同情与支持。革命思想广为传播，革命团体纷纷涌现，革命斗争锲而不舍。武昌首义的登高一呼把各种可能的社会力量汇聚在革命旗帜下，以摧枯拉朽之势瓦解了清政府的统治。因此，革命的发生虽在"意料之外"，实乃"情理之中"，只能说明整个过程极其复杂，革命道路充满惊险和不确定性，却不能否认必然性在其中所起支配地位和主导作用。

3. 如何理解辛亥革命的历史意义

◆ 辛亥革命带来的"新"进步有哪些？

> 判断历史的功绩，不是根据历史活动家没有提供现代所要求的东西，而是根据他们比他们的前辈提供了新的东西。
> ——中共中央马克思恩格斯列宁斯大林著作编译局编译：《列宁全集》第2卷，人民出版社1984年第2版，第154页。

辛亥革命开启了近代中国比较完全意义上的反帝反封建的民族民主革命，它在政治、经济、思想文化等方面对中国革命产生了巨大影响，不仅"提供了新的东西"，也引起社会更加深刻的变化。

一是去专制，建立了新政体。以孙中山为首的资产阶级革命派用革命的方式结束了2 000多年的君主专制统治，建立起中国历史上第一个共和政体。

> 辛亥革命促成了旧体制的瓦解和新体制的建立，中国历史因之越出了改朝换代的旧轨。
> ——陈旭麓：《近代中国社会的新陈代谢》，生活·读书·新知三联书店2022年版，第320页。

中华民国的建立冲破了中国封建王朝轮回的窠臼，《中华民国临时约法》初步确立起共和制度、国会制度、责任内阁制，政党政治格局以及与之相应的政治运作模式和程序得以初步成型，从而赋予中华民国政权统治合法性的基础。辛亥革命把中国人由皇帝的臣民、奴隶变为国家的公民和主人，开始了对于民族国家形式上、内容上的构建，可谓意义深远。

当然，革命以武装斗争的方式进行，也为中国革命道路的实现提供了积极有益的探索。

从孙中山组织革命的团体起，他就进行了几次反清的武装起义。到了同盟会时期，更充满了武装起义的事迹，直至辛亥革命武装推翻了清朝。

——《毛泽东选集》第 2 卷，人民出版社 1991 年版，第 545 页。

二是改观念，传播了新思想。辛亥革命冲涤旧思想、旧道德和旧观念，使民众思想获得了大解放，出现了新国家、新政府和新观念，也打破了政治舞台上的沉闷局面。

国会建立，宪法制定，元首选举，否定了君权神授。几百个社团，几十个政党如"雨后春笋"，政党政治"蓬勃兴起"。

——邹鲁：《民初之国会》，《革命史谭》，第 179 号，见姜新《再议辛亥革命的成败》，《徐州师范大学学报（哲学社会科学版）》2011 年第 4 期，第 91 页。

人们对政治生活发生了浓厚的兴趣，参与政治的意识大大增强。人们的政治地位和社会地位也有了明显的提高。

若闽、粤之蛋户，浙之惰民，豫之丐户，及所谓发功臣暨披甲家为奴，……均有特别限制，使不得与平民齿。一人蒙垢，辱及子孙，蹂躏人权，莫此为甚。当兹共和告成，人道彰明之际，岂容此等苛令久存，为民国玷！为此特申令示，凡以上所述各种人民，对于国家社会之一切权利，公权若选举、参政等，私权若居住、言论、出版、集会、信教之自由等，均许一体享有，毋稍歧异，以重人权，而彰公理。

——《令内务部通令蛋户惰民等一律享有公权私权文》，据 1912 年 3 月 17 日出版《临时政府公报》第四十一号《大总统通令开放蛋户惰民等许其一体享有公权私权文》，见孙中山：《孙中山全集》第 2 卷，中华书局 1982 年版，第 244 页。

中华民国建立后，到处出现"共和"的旗帜和名号，社会更新的观念深入人心，民主共和思想也逐渐传播开来。

三是推法令，推动了新变化。辛亥革命之后，有识之士大力兴办实业，中华民国临时政府颁布了一系列有利于工商业发展的政策和制度，极大地促进了社会生产力的发展，中国进入了资本主义发展的"黄金时代"，为后续的新民主主义革命奠定了物质基础。在社会风俗革新方面，辛亥革命发布革除"旧染污俗"的政令,出现了近代化的新风尚、新气象,促进妇女解放运动的发展,有助于人们精神的解放。

> 参政之权,本女界所固有。惟专制时代,男子自私自利,故不免剥夺我女权。今者共和大定,权力平等,断不容男女之间仍有此不平等之缺点。女界之必得参政权,固天演之公例也。所异者,道德竞争与势力竞争之辨耳。(这里查看了杂志原文,进行了摘录。原稿中似乎是从论文摘抄出来的)
>
> ——江纫兰:《女子争参政权当以自修为基础》,《妇女时报》1912年第7期,见《中国近现代女性期刊汇编·妇女时报(第二册)》,线装书局2006年版,第788页。

◆ 辛亥革命为什么没能解决近代中国的根本问题?

第一,缺乏一个科学的革命纲领。革命的领导者是资产阶级,它产生于中国半殖民地半封建社会,受到帝国主义和封建主义的双重压迫,不可避免地具有软弱性和妥协性。孙中山革命思想中带有空想的成分,从"三民主义"的纲领来看,"民族"主义更多指向"排满"而非反对帝国主义,资产阶级共和国的方案并不完全适用于中国国情,因而无法根本解决反帝反封建的问题。

第二,未能发动广大民众。武昌起义的主力是倾向革命的湖北新军士兵,革命整个过程都缺少中国最广大群体——农民——的参与和支持,这与革命本身未触动封建地主土地所有制密切相关。

第三,缺乏组织严密的革命政党的领导。革命筹备和组织过程中缺失一个组织纪律严明的领导核心群,以致在革命酝酿、发展和高潮过程中矛盾冲突不断,思想分歧、宗派主义离心倾向严重存在。甚至到民国建立、清帝退位时,即使革命党人认为革命已经成功,仍出现思想上衰退、政治上退化的现象。

由于同盟会会员来自不同的阶级和阶层,对革命的认识存在明显的分歧。它的领导机关和分支机构都很松散,会内也没有严格的组织纪律,各地革命组织与同盟会总部只具有名义上的所属关系。因此,在武昌起义爆发后更是对形势发展估计不足,没能及时组成一个统一的领导核心去领导全国革命运动。

> 我们完成了孙中山先生没有完成的民主革命,并且把这个革命发展为社会主义革命。我们正在完成这个革命。
>
> ——《毛泽东选集》第5卷,人民出版社1977年版,第311页。

线索二　吐故纳新，民国嬗变

1. 如何看待民国初年的政治乱象？

◆ 中华民国的建立是否意味着民主共和的实现？

　　说起民元的事来，那时确是光明得多，当时我也在南京教育部，觉得中国将来很有希望。自然，那时恶劣分子固然也有的，然而他总失败。一到二年二次革命失败之后，即渐渐坏下去，坏而又坏，遂成了现在的情形……所以此后最要紧的是改革国民性，否则，无论是专制，是共和，是什么什么，招牌虽换，货色照旧，全不行的。

——鲁迅 1925 年 3 月 31 日给许广平的回信，见鲁迅、许广平：

《两地书真迹（原信手稿）》，上海古籍出版社 1996 年版，第 28 页。

　　民国初年的政治呈现民主共和与专制复辟反复较量，政治上呈现出黑暗、倒退的局面。袁世凯统治时期，刺杀宋教仁解散国民党，上演复辟丑剧；军阀割据时期，军阀争权夺利，张勋复辟、府院之争，导致分裂割据局面。

　　同时，北洋军阀打着"人民主权"和"以民为主"的幌子，打造"民主共和"的虚像，目的是以所谓合法的途径掩盖专制统治的本质。袁世凯为复辟帝制改责任内阁制为总统制，召开"国民代表大会"投票"赞成"君主立宪；北洋军阀为夺取"北京政府"实权重新召开国会，张勋复辟失败后，段祺瑞又试图"再造共和"。北洋军阀时期形式上维持着中华民国的民主体制，一方面是害怕"革命再来"，另一方面也说明辛亥革命后民主共和的理念逐步深入民心。革命党人发动的二次革命、护国运动等显示了新旧势力的较量，反映资产阶级革命派为捍卫民主共和而付出的不懈努力，透视出近代中国走向民主共和的艰难和曲折。可以看到，中华民国建立后，各种政治体制演变嬗递，未能在短时间里重建社会秩序，带来了一系列的混乱。

◆ 教材文本为何用"被迫"描述袁世凯签订的不平等条约《中日民四条约》？

　　"二十一条"是指 1915 年 1 月 18 日日本驻华公使日置益向中华民国政府提出的日方要求。《中日民四条约》是日本以"二十一条"要求的最后修正案为初稿，双方经过激烈交涉后签署的不平等条约，该条约由《关于南满洲及东部内蒙古之条约》及其附件与《关于山东省之条约》及其附件组成。

在日方提出"二十一条"要求后，袁世凯政府并没有拒绝，只是"尽量拖延"，以期变化。在不激怒日本出兵的前提下，用3个多月开展近25轮交涉来逐条商议。不仅如此，袁世凯还故意流露部分密探内容给英美公使和国内报界，意图"以夷制夷"，并引发中国民众强烈的反日舆论和激烈的抵制日货行动，想以舆论来迫使日本退让。

从内容上看，最终签订的《中日民四条约》与日本最初的"二十一条"要求相比删去了第五号以及前四号中的一部分条约，一些不合理的要求也附加了一些限制条件或改为"留待日后商榷"。从结果上看，日本的要求没有完全得逞，但独占中国的野心暴露无遗。对于中国来说，期待通过他国力量干涉条约签订的愿望也未能实现，条约签订对中国的领土、主权造成巨大的侵害，本质上是弱国无外交的无奈之举。但是，中国的民族意识已然被激发，敢于表达出自身对民族权益的捍卫，已经预示了五四的浪潮。

◆ 为何孙中山会在1918年发出"南与北如一丘之貉"的感叹？

（军阀统治）实质是实力之下的武治，它比寻常的封建统治带有更多的动乱性和黑暗性。

——陈旭麓：《近代中国社会的新陈代谢》，
生活·读书·新知三联书店2022年版，第333页。

袁世凯被推翻后，中国陷入了军阀割据的局面。政治上，中央政府更迭频繁，皖、直、奉三大派系相继夺取政权，各军阀名义上受北京政府的支配，实际上北京政权被不同军阀所控制。同时，军阀集权专制政权卵翼于帝国主义列强的政治势力之下，帝国主义列强通过扶持各军阀，维护他们在中国的利益。军事上，各路军阀为争夺中央权力和势力范围自相攻伐，几乎到了"无月不战"的地步，造成了严重的社会动荡，民生随之凋敝。经济上，为支持巨大的军事开支，军阀横征暴敛损耗国力，百姓苦不堪言。

1917年"护法战争"的失败让孙中山彻底认清了军阀本质，也让曾经"抱有幻想"的革命党人明白靠军阀是无法维护"民主共和"的，更不可能实现护法救国。

"南与北如一丘之貉"。随着时势变迁，"北军阀"依然故我，"南军阀"（国民党一系）开始觉悟，不再固守民初由己方主导建立的"法统"，另辟蹊径，联络苏俄，容纳中共，发动国民，推进革命，打造"有主义的军队"，以"打倒军阀""打倒列强"相号召，最终成为北洋时期中国政治博弈中的赢家。

2. 中国民族资本主义在特定内外环境下是如何发展的？

◆ 一战为什么能促进中国民族资本主义发展？

近代中国的民族资本主义是极具半殖民地半封建社会特征的，其产生与发展是一条"不正常"的道路。

> 中国的资本主义现代企业不是在中国固有的资本主义萌芽充分发展的基础上产生，而主要是在外国资本主义入侵中国的影响下出现的。中国的资本主义商业也不是中国原有的商业资本的进一步发展，而是在外国洋行贸易服务的基础上重新编制的。
>
> ——汪敬虞：《近代中国资本主义的发展和不发展》，
> 《历史研究》1988 年 05 期，第 89 页。

外国资本主义是中国民族资本主义产生、发展历程中始终无法逾越的一道障碍。而且，伴随着殖民地化程度的不断深入，西方殖民势力在中国的政治、经济等各领域的不断渗透，这一外在环境的影响力度日益强烈。

> 据《欧战前后农商部注册工业公司年别表》，战前（1914 年 8 月）注册的工业公司，共计 146 个，资本总额 41 148 205 元；而自 1914 年 8 月至 1920 年，新注册的公司就有 272 个，资本额为 117 434 500 元。所涉及的行业众多，尤以纺织业和面粉业这两个关系民众衣食的行业发展得最快。
>
> ——整理自《中国年鉴 第一回》，商务印书出版社 1924 年版，
> 转引自《中外历史纲要（上）》第六单元第 19 课"学思之窗"栏目。

因而，当 1914 年第一次世界大战（简称一战）爆发，欧洲帝国主义国家忙于世界霸权的争夺之际，民族资本主义获得了特殊的"空隙"，取得了长足的进步。

◆ 民国的建立拉开了民族资本主义的"黄金时代"？

中华民国建立后，南京临时政府颁布了不少有利于资本主义工商业发展的措施。而在革命过程中，各地方军政府也曾发布过不少关于裁撤关卡、废除厘金、保护工商业的通令。甚至是袁世凯政府，也以对其统治地位影响不大的工商、农业等内阁职位换取资产阶级对其的信任和支持。资产阶级利用这些有限的政权，提出一系列保护和提倡工矿商业的方案。

> 资产阶级还运用自己掌握的地方政权进行实业活动，以在湖南为最突

出。从1912年9月到1913月5日,长沙新筹办的工矿企业达23家,其中除八家的创办者不详外,其余十几家的创办人几乎都是湖南省政府成员、革命党要人和立宪派名流。

——虞和平:《辛亥革命与中国资本主义的"黄金时代"》,
《中国社会经济史研究》1985年第1期,第83页。

在种种施政的"倾斜"下,民族资产阶级经营企业的积极性极受触动,出现了以实业强国的愿景。

民国成立,百度维新,吾人际此盛会,若不克鼓舞其能力,竭尽其智谋,以完成我最优美最雄厚之共和民国,斯大负吾人之天职矣。

——《创办大同垦牧公司之旨趣》,《民国经济杂志》第1期,"杂录",
武昌该社发行,转引自虞和平:《辛亥革命与中国资本主义的
"黄金时代"》,《中国社会经济史研究》1985年第1期,第82页。

作为"亚洲觉醒"代表的辛亥革命大大激发出国人的爱国热情,最后也在经济上幻化为轰轰烈烈的提倡国货、抵制洋货运动,间接扩大了民族资本主义的国内市场,为其发展添砖加瓦。

除此之外,民国对"自由"这一价值观的肯定,也助力了资产阶级实业团体的壮大、实业报刊的涌现,实业思想被推而广之,风气大开,一股能对政府政策施加舆论和经济影响的阶级力量也在不断凝聚。剪发辫、易服饰等社会习俗的变迁,新式教育的普及之类的民国新气象,为中国人的"购物清单"增添了帽子、呢绒服饰、文教用品等项目,自然也刺激了纺织、印刷等民族资本主义工商业的发展。

3. 新文化运动如何实现解放思想的重大意义?

◆ **为何民国成立4年后出现了新文化运动?**

武昌起义的骤然成功以及中华民国的横空出世,在断然终止了中国传统封建王朝轮替的同时,将西方资产阶级民主化的政治、经济乃至文化教育等内容移植到了中华大地。但在思想上"去旧"的难度远甚于立足在政权更替上的制度"立新"。

因袭于清末保守的文化传统,执掌权柄的袁世凯与眷恋前清的康有为等人,虽然政治目的各异,却在相同的思想传统上达成共识,在行动上形成默契,纷纷将孔夫子"抬"到惊人的高度。在民间思想文化领域,康有为作为"复古"的精

神领袖，鼓动弟子陈焕章创建"孔教会"，胡诹由于将孔子请出了课堂，致使百姓失去了精神支柱，人人"相率而为禽兽"，认为"循是不救，人类将灭"，引起了一片尊孔守旧，反对新式教育的唱和声。在政府文化政策方面，袁世凯趁势抛出《饬照古义祀孔令》等政令，甚至特令交通部降低交通票价，便于人们前往山东曲阜祭孔，全然将尊孔复古作为官方行为的思想基础与社会基础。

诚然，袁世凯的尊孔复古是其复辟帝制闹剧的一个缓进手段而已。1914年颁布的《祀孔典礼》规定孔府"衍圣公"可以收回民国初期被革命政府所充公的"祀田"，堂而皇之对资产阶级民主革命"清算"。1915年8月，在其控制下成立的"筹安会"又打出"国情牌"，诡称共和国体有违中国国情，构建起了"尊孔——特殊国情——复辟帝制"这一因果链，为谋私利改换政体，荼毒国民思想。

> 三年以来，吾人于共和国体之下，备受专制政治之痛苦。……然自今以往，共和国体，果能巩固无虞乎！立宪政治，果能施行无阻乎？以予观之，此等政治根本解决问题，犹待吾人最后之觉悟。
>
> ——陈独秀：《吾人最后之觉悟》，1916年2月15日，《青年杂志》第1卷第6号，转引自《中外历史纲要（上）》第六单元第20课"史料阅读"栏目。

> 我们中国多数国民口里虽然是不反对共和，脑子里是在装满了帝制时代的旧思想。……这腐旧思想布满国中，所以我们要诚心巩固共和国体，非将这般反对共和的伦理文学等旧思想，完全洗刷得干干净净不可。否则不但共和政治不能进行，就是这块共和招牌，也是挂不住的。
>
> ——陈独秀：《旧思想与国体问题》，1917年5月1日，《新青年》第3卷第3号，见杨宏峰主编简体典藏全本《新青年》第3卷，宁夏人民出版社2011年版，第143—144页。

在筹安会成立的次月，陈独秀即在上海创办《青年杂志》，拉开了新文化运动的大幕，希冀以报刊唤醒青年的觉醒，在思想文化领域回应现实政治斗争。

◆ "民主"与"科学"如何成为新文化运动的大旗？

在西学东渐下，晚清以来的不同派别已从不同侧面反复倡导"民主"和"科学"等观念，作为后来者的新文化运动自然只能另辟蹊径，以话题讨论、读者来信对答、文化论战等不同以往的形式，对"民主"与"科学"进行探讨。也正是在面对诸如世界语言、家族制度、偶像破坏等中国社会转型问题，并将之纳入《新青年》讨论范畴的过程中，新文化运动的干将们最终把"科学"和"民主"结合起来，形成了以"德先生""赛先生"来衡量一切社会现象的价值原则，切实地扛起了"民主"与"科学"这两面大旗。

秉持这样的价值原则，新文化运动在文学革命上着力，认定其为实现文化、政治、社会进步的前驱。由此，小说、戏曲等平民文化被新文化干将们注入了新的活力。特别是白话文，无视新旧派文人出奇一致地非议这种"俗文"，陈独秀仍坚持白话文是文学革命的一项重要内容。

> 推倒雕琢的阿谀的贵族文学，建设平易的抒情的国民文学；推倒陈腐的铺张的古典文学，建设新鲜立诚的写实文学；推翻迂晦的艰涩的山林文学，建设明了的通俗的社会文学。
>
> ——陈独秀：《文学革命论》，1917年2月1日，《新青年》第2卷第6号，见杨宏峰主编简体典藏全本《新青年》第2卷，宁夏人民出版社2011年版，第342页。

先不论对白话文的推崇是否出于便利自身主张的意图，通俗式的文体确实大大降低了新思想受众的"门槛"，为唤醒理想中的"国民觉醒"提供了重要的社会基础。无怪乎经历五四运动后，各地青年学生间形成了一股白话文风尚，并迅速席卷全国。

在俄国十月革命发生，特别是五四以后，《新青年》旗帜鲜明地转向提倡社会主义。新文化运动起于现实政治批判，终又回到现实政治探索，对多舛的中国命运的解答迈上新台阶。

◆ 历史之音

1. 为何说清末新政"不改必亡，改则助亡"？

> 正是通过"新政"，从传统的小农社会向现代工商社会转型的迹象才真正出现。经济自由政策的颁发，为资本主义经济的发展提供了良好的制度基础；现代化的陆军体制、教育体制与现代人才培养模式也开始落户；还有现代法律体系与司法制度已开始成形。
>
> ——郭世佑：《辛亥革命与清末"新政"的内在联系及其他》，《学术研究》2002年09期，第89页。

清末新政的广泛变革，在深度与成效上已超过洋务运动和戊戌维新，客观上有利于中国社会政治从传统到近代的转型。

◆ 新政为什么没有改变清王朝覆灭的命运，没能把中国带上近代化的轨道？

第一，改革时机把握失当。

在20世纪初进行改革显然比洋务运动和戊戌变法时期面临着更严峻的挑战。经历一系列的侵略战争与不平等条约后，国家可用于现代化变革的经济、社会资源遭到了严重破坏，清政府的政治资源也严重丧失，沦为"洋人的朝廷"，权威扫地，统治根基遭到严重动摇。王朝的统治已经处于危机四伏中，在此种情况下推行新政改革，所面临的困难自然更多更复杂，所要承担的风险也更大。

第二，统治者无力整合革新之变。

> 新政仓促实施的种种措施，如奖励实业废科举、编练新军以及有限的政治体制改革，必然促成传统因素的解体、现代因子的滋生从而从根本上动摇了传统社会与政治整合机制。但此时处于危机四伏中的满清政府的政治整合能力已极度地衰弱，无法从制度和精神上将这些新兴的社会因子纳入到传统政治体系之中。

——龚喜林：《清末新政与满清政权的败亡》，《学习月刊》，2011年第10期上半月，总第491期，第52页。

清末新政是统治者力图通过革新实现自救的一场运动。新政的推行需要新的制度、新的价值观念、新的行为模式以及推行者的视野、胆识和魄力，这些要求皆与清朝统治者固有的传统相悖。而新政推行受到掣肘时，又难以整合产生新的因子，更无力应对改革中的困难和变数。因此，新政推行的效果与最初的本意背道而驰，主要表现在以下几方面：其一，废科举办新学，传统的士人阶层被分流，新式知识分子并不愿意效忠腐朽的王朝，清政权失去部分社会支持基础；其二，编练新军，本意是要镇压各种可能出现的变乱，结果不少人加入了革命阵营，成了清政府的掘墓人；其三，奖励发展实业，结果资产阶级利益与专制制度之间的矛盾越来越大；其四，宣布"预备立宪"并不断缩短预备立宪的期限，但依旧不能满足立宪派要求制度变革的急切心态；其五，成立"皇族内阁"，本是回应立宪派数次请愿，却充分暴露了满洲权贵集团的真面目，使得原本可能支持新政的实业家失望之下愤而转向革命。

新政本意是要实现王朝的自救，结果种豆得瓜，反而从政治、经济、军事若干方面都无意间为革命培养了力量，为革命准备了社会基础，加速了清政府的灭亡。

第三，新政加剧了人民的负担。

> 夫使其弊徒在新政之不能举办，犹可言也，而最危险者，乃在假新政之名，而日日朘人民之脂膏以自肥。数年以来，各省所兴种种杂捐，名目猥繁，为古今中外所未闻，人民之直接、间接受其荼毒者，至于不可纪极。
>
> ——梁启超：《上涛贝勒书》，原引自《近代十大家尺牍》，转引自丁文江、赵丰田：《梁启超年谱长编》，上海人民出版社1983年版，第505页。

推行新政，需要巨额的财政投入。此时的清政府连支付赔款与借款都需挖东墙补西墙。为解决经费问题，统治者不思惩治腐败而是继续压榨人民，不断加重旧税增设新税，使得早已不堪重压的民众雪上加霜。且新政改革本身缺乏民生方面的内容，百姓难以从改革中获利。因此，新政推行下民怨沸腾，引发连绵不断的"民变"。虽然引发清末民变的原因十分复杂，但其中不少与新政改革有着直接或间接关系。社会秩序动荡，外部环境不利于新政，新政改革失去群众基础。

2. 民国初年的日常生活为何"新旧杂陈"？

> "旧染污俗"代表了历史沉积中的丑陋一面。但它们又为千百万人所接受，并在社会变迁的过程里表现为一种无意识的顽固力量。因此，变政难，移风易俗更难。而革新政治又是与风习的改良紧密联系在一起的。
>
> ——陈旭麓：《近代中国社会的新陈代谢》，三联书店2022年版，第300页。

民国初年，南京临时政府采取了一系列措施，以期在社会生活领域实现"除旧布新"的目标。民国初年日常生活所呈现出的"新旧杂陈"，既反映出废除"旧染污俗"具体实施中的种种不易，也折射出新、旧时代交替之际的矛盾和冲突。

◆ 历法为何新旧并存？

改元易正朔，是传统帝王彰示权力更迭的标志。而民国更改的，是与日常生活休戚相关的历法。1912年元旦，民国初立，遵照西洋公历方式，宣布这天为"新年第一天"。政令易下，旧俗难除。新国民们在政治之阳历和社会之阴历中摇摆不定，于是就有了1月15日南京临时政府成立的补祝仪式变成"闹新元宵"的荒唐，更有商贾年底结算银钱的慌乱。

> 据大总统电谕各省，祝典一律改订于二十七日，即民国纪元元宵，俾

得从容布置。

——《改期举行庆典》，《申报》1912年1月5日第一张第三版，
"杭州见闻录"栏目。

沪西商团……议定于新历十五日（即旧历二十七日）下午二时，各会友戎装齐集，即于晚间举行提灯大会，遍游街巷，以伸祝典。

——《商团举行祝典之预备》，《申报》1912年1月10日第二张第二版，
"本埠新闻"栏目。

特借元宵补祝元年正统，元旦芳辰，并贺我元戎克敌，元勋定国，元首履新。元吉元良，造成我大汉元元福。

——朱允元：《庆祝元宵联》，《申报》1912年1月15日第八版，
自由谈"游戏文章"栏目。

新元宵，家家悬灯，好不热闹，我便出去闲逛。忽然碰见一个朋友（老月）……（老月道）听说今晚上海补祝新年，大玩花灯。我一个人冷清清，就是在云端里呆望着，人也不来睬我，倒不如下来挤在人丛里看灯耍子。

——《申报》1912年1月15日，第8版，自由谈"无稽之谈"栏目。

除却这些"小麻烦"，历法更换，亦是对依赖于节气的农桑行为的冲击，和对端午、重阳等民族文化的抹杀。有意识于此，民国的历法最终是"新旧二历并存"，只是旧历中吉凶神宿被一律删除，成了新旧糅杂时代最合适的选择。

◆ 为何会出现剪辫但缓易服的现象？

断发易服一直是革命的重要标志，也是最显著且易行的社会新风。民国建立后，碍于积习难改、出于政局观望，剪发辫也闹出过一阵混乱。但是随着民国根基渐稳，同时也出于"从众"的心理，辫子还是逐渐消失了。

徐志棠等在公共公廨前畅园茶馆内设立剪发义务会三天，凡愿入会剪发者不取分文，且赠肉面一碗。已志昨报。兹悉，前日到会剪发者共有六十余名，并有某某等七人各赠发辫一条变价助饷。

——《剪发问题汇记》，《申报》1912年1月2日，
第2张第2版，"本埠新闻"栏目。

剪辫义务会三天昨届期满，计共到会剪辫者二百五十四人，并有发辫五十条变价助饷。

——《剪发义务会之成绩》，《申报》1912年1月3日，
第2张第2版，"本埠新闻"栏目。

在此过程中，立于风气之先的上海，不仅出现了剪辫义务会，以大肉面一碗换取酬谢入会剪辫，更是在剪发后的美观上动足脑筋，让时代的变迁展现在中国男人的头顶上。

  从前衣服暗分等级，非真贵家豪族鲜有通身裘帛者。今上海龟奴鸨子无不以裘帛为常服，而一般学生更非舶来品不御。做上海人安得不穷。从前男子鞋，多半自妇人。即从店家所购，每双不过六七百文。今上海妇女之鞋且须买穿，而西装少年购皮鞋一双非化六七元不办。做上海人安得不穷。

    ——虎痴：《做上海人安得不穷》，《申报》1912年8月9日，
      第3张第9版，自由谈"挥扇闲谈"栏目。

但在风气开放的上海，在易西服过程中也经历了一番"水土不服"，还因易服费用感叹"做上海人安得不穷"，并发出剪发但缓易服的呼吁。在1912年6月颁布的《服制草案》上，确立了西服为男子公服，而长袍马褂可采为常礼服，为政者的遐想最终屈从于社会生活的实际。

毕竟，脱离开政治的渲染和等级礼制的束缚，发辫只是头发而已，西装汉服亦只是个人审美与财力的取向而已。

◆ **倡女权艰难，难在何处？**

妇女解放的呼声，在近代中国早就有，却也直到晚清民国之际，才开始出现如秋瑾一般真正冲脱出礼教枷锁的解放之妇女。有其做表率，辛亥革命的过程中出现的女子北伐光复军、女子国民军等也就不难理解了。可是，民国成立后的《临时约法》并无性别平等的条款，女子参政的愿景被打破。

  十九日午前八旬钟，有女子参政同盟会唐群英等二十余人以武装的状态同诣参议院，要求参政权。当由招待员引入旁听席，唐等不听，竟入议事厅与诸议员杂坐。至提议女子参政案时咆哮抗激，几至不能开议。

        ——《女子以武力要求参政权》，
    《申报》1912年3月24日第二版，"要闻一"栏目。

  二十五日上午九时，同盟会在湖广馆开会。……张继君报告六党合并之事。张君临时忘记六党名目，遂由宋教仁代为报告。语未毕，即有沈佩贞率女会员多人登台，将张继诸人皆驱之下台，势极凶猛，逢人便打。由某女士演说，谓同盟会政纲原有男女平权一条，今删去此条，是取消同盟会，即取消中华民国秩序。……下午国民党仍在湖广馆开成立大会……是时同盟会女

会员唐群英等皆到会，严词诘问，较午前尤为激烈。唐女士牵一青年女子揪撮宋教仁之短发，而以手左右批其颊，全场大骇。

——《申报》，1912年8月31日，第2版，"要闻一"栏目。

袁世凯政府期间，正式否决了女子完全参政权案、取消女子参政同盟会。

比量齐观，妇女政治权利的问题在20世纪初仍属世界难题。婚姻自由是女权组成部分中不可或缺的重要组成。可是这种文明的实践，仍需具备新式教育的经历以及父母的认可。若不然，则可能会上演如《申报》1913年9月4日第7版《一缕香魂逐水流》中刊登的惨案，南州女中校长周静娟因自由结婚被任省议员的父亲溺毙。结婚仪式上的除旧布新，出于经济的考量和家庭、伦理变革的艰难，反倒逐渐成了婚姻变革最容易的部分。

3. 中国为何被称为一战中"不出兵战胜国"？

对于北洋政府来说，参战更多的是为未来能在和平的谈判桌上争取更多权益的筹码。宣布参战后，中国随即废除了与德奥间的一切不平等条约，收回两国在华的特殊权益，停付或暂缓庚子赔款等。针对欧洲国家因战争而劳工严重短缺的情况，时任中华民国总统府秘书长的梁士诒早在1915年就提出"以工代兵之策"的构想，即派遣华工支援协约国，因此中国最终选择了与其他参战国截然不同的"以工代兵之策"[①]的方式参战。法国随即来华招募劳工，英国紧随其后，仿而效之。

十几万劳工远渡重洋，在冒着生命危险突破德国潜艇封锁后抵达欧洲，承担在前线挖掘战壕，装卸弹药，修筑铁路、公路，救护伤员，掩埋尸体等最艰苦、最繁重的工作。面对每日长达10小时，仅有5法郎的回报，"不在前线做工"的约定其实就是一纸空文。

战争最激烈时，不少劳工直接参加战斗，有2 000多人与协约国军一道战死。

——W. Reginald Wheeler:《China and the World-War》第151页，
转引自袁继成、王海林《中国参加第一次世界大战和巴黎和会问题》，
《近代史研究》1990年第6期，第155页。

---

① 王云五主编、凤岗及门弟子编:《中国名人年谱集成·第三辑·民国梁燕孙先生士诒年谱》，台湾商务印书馆1978年版，第310页。

中国还为协约国提供了大批粮食和战略物资,仅上海江南造船厂一次就与协约国订约建造价值3 000万元的万吨巨轮四艘。

——E. L. Hawks:《上海租界略史》,勤业印刷所1931年版,第227页,转引自袁继成、王海林:《中国参加第一次世界大战和巴黎和会问题》,《近代史研究》1990年第6期,第155页。

人力、物力上的援助和道义上的支持为协约国取得第一次世界大战的胜利发挥了积极作用,加快了"一战"的结束。然而,无休止的劳作、恶劣的战时生活供应及疫病和工伤,使劳工惨死异国他乡,付出了巨大的代价。

第七单元

中国共产党成立与新民主主义革命兴起

第一部分　单元解析

课程标准要求

高中课程标准对本单元的内容要求阐述如下。

（1）认识五四爱国运动的历史意义，认识马克思主义在中国的传播与中国共产党成立对中国革命的深远影响。

（2）认识国共合作领导国民革命的历史作用。

（3）了解南京国民政府的成立。

（4）认识中国共产党开辟革命新道路的意义。

（5）认识红军长征的意义。

单元主题解读

首先可以从本单元标题的"与"字入手，来解析本单元重大历史事件之间的逻辑关系，即1919年五四运动至20世纪30年代前期中国共产党的发展史。本单元涉及两个重要历史阶段——"中国共产党的诞生"和"新民主主义革命"。中国共产党是新民主主义革命理论、活动的实践者，新民主主义革命的开展和完成有赖于中国共产党的领导。在新民主主义革命阶段，中国共产党逐步清晰自身的革命任务，经过不断探索，实现了马克思主义的中国化。

本单元导言中，应紧密关注表述中三组以"新"开头的关键词。此处的"新"应置于"长时段"视阈下审视。第一，中国共产党的成立，指明了中国革命的新方向。有别于旧民主主义革命时期的领导阶级，中国共产党以马克思列宁主义为指导思想，走以俄国十月革命为范例的无产阶级革命道路，旨在建立无产阶级专政。第二，中国共产党开始认识到掌握武装力量的重要性，发动了一系列武装起义，开辟了中国革命的新道路。这里的"新"应关注，以毛泽东为代表的中国共产党人从中国实际出发，遵循马克思主义中国化的原则，科学总结斗争经验中创造了"农村包围城市、武装夺取政权"的理论，新道路的确立造就了勃勃生机的革命根据地。第三，红军长征的胜利，打开了中国革命的新局面。所谓"新"局面，表面是军事战争的主动权的易位，但从革命发展的形势深入分析，红军有生力量的保存，坚忍不拔的长征精神的铸就，都为革命的胜利提供了不竭的动力。

单元内容结构

本单元包括两课，第20课《五四运动与中国共产党的诞生》和第21课《南京国民政府的统治和中国共产党开辟革命新道路》，既讲述了中国共产党早期发展史，也涵盖了南京国民政府不断加强独裁统治、民族资本主义有较大发展却面临重重阻碍等相关史实。

五四运动是新民主主义革命的开端，作为独立单元篇章的第一目，抓住了新民主主义革命中核心的关键史实，也强调了重大历史事件对历史发展走向的"变"的作用。第20课第一目"五四运动和马克思主义的传播"承接上一单元第19课《北洋军阀统治时期的政治、经济与文化》最后一目"新文化运动的开展"。若从延续、变迁的角度来看，五四运动的发起，是前一单元中一系列民主革命运动的自然延伸和必然结果，是旧民主主义革命走向新民主主义革命的转折点。同时，五四运动也为中国共产党的成立做了思想和干部上的准备。中国革命的面貌从此焕然一新。

本单元以第21课第三目红军长征的胜利为结尾，也为后一单元阐述抗日战争、解放战争时期中国共产党基于国情，灵活运用马克思主义解决党及军队内部问题埋下伏笔。此外，课标还明确要求学生了解南京国民政府的成立，第21课第一目为"南京国民政府的统治"。导言中提到"这一时期，民族资本主义取得了较大发展，但也面临着重重阻碍"。前一单元第19课第三目也谈到了"民国初年经济、社会生活的新气象"。在唯物史观指导下，从"经济基础决定上层建筑"

的相关理论出发，关注民族资本主义发展中阶级力量的变化，为工人阶级以及资产阶级力量壮大在后续革命活动中的影响、官僚资本主义的出现与国民政府专制统治给出了一种视角解释。同时，这也能让学生理解中国共产党早期革命活动为何举步维艰，又为何要通过开辟新道路才能继续革命，以及长征的胜利怎么挽救了红军、党以及革命事业等一系列问题，更准确地把握好新民主主义革命初期的历史发展趋势。

核心素养教学建议

（1）运用唯物史观的相关理论，如经济基础与上层建筑的关系、人民群众在历史发展中的重要作用，理解五四运动是新民主主义革命的开端，并能结合中国共产党的诞生及其革命实践，分析中国共产党成立的历史必然性。

（2）能够将新民主主义革命时期的中国历史放置于长时段，理解新民主主义革命取代旧民主主义革命并取得胜利的历史必然。

（3）通过史料阅读，理解从五四运动到长征胜利等重大历史事件对新民主主义革命的阶段性意义和影响。

（4）在充分占有史料的基础上，知道新民主主义革命从兴起到胜利的重大史实，分析中国共产党从"以俄为师"到选择一条适合中国国情的革命新道路的原因。

（5）充分领悟和认同新民主主义革命的历程是无产阶级及其政党领导中国人民争取民族独立与人民解放的奋斗史，是马克思主义中国化指导中国革命走向胜利的历史，深刻理解中国共产党在近代革命中的领导核心地位是人民的选择。

第二部分　教材比较

与初中课程标准、教材比较

《中外历史纲要（上）》第七单元文本内容是《中国历史第三册》第四单元"新民主主义革命的开始"和第五单元"从国共合作到国共对立"的延伸，两者既有共性又有差异。

1. 课程标准相关内容表述

初中课程标准与高中课程标准相关课程内容要求对照见表 7-1。

表 7-1　初中课程标准与高中课程标准相关课程内容要求对照

初中课程标准	高中课程标准
1. 通过了解五四运动的基本史事，理解五四精神的内涵，认识五四运动是中国新民主主义革命的开端； 2. 通过了解陈独秀、李大钊传播马克思主义和中国共产党第一次全国代表大会的召开等史事，认识中国共产党成立的历史意义，理解伟大建党精神； 3. 了解第一次国共合作和北伐战争等国民革命的主要内容； 4. 知道南京国民政府的成立及性质； 5. 通过了解南昌起义、八七会议、秋收起义、毛泽东与朱德井冈山会师、古田会议等基本史事，认识中国共产党创建人民军队和农村革命根据地的意义； 6. 认识遵义会议在中国革命史上的地位； 7. 通过了解长征途中红军爬雪山过草地等艰难历程的史事，感悟长征精神	1. 认识五四爱国运动的历史意义，认识马克思主义在中国的传播与中国共产党成立对中国革命的深远影响； 2. 认识国共合作领导国民革命的历史作用； 3. 了解南京国民政府的成立； 4. 认识中国共产党开辟革命新道路的意义； 5. 认识红军长征的意义

初中课程标准对了解"五四运动的基本史事，理解五四精神的内涵""陈独秀、李大钊传播马克思主义和中国共产党第一次全国代表大会的召开等史事""南昌起义、八七会议、秋收起义、毛泽东与朱德井冈山会师、古田会议等基本史事""长征途中红军爬雪山过草地等艰难历程的史事"等相关内容提出了明确的要求。高中课程标准更强调从中国近代历史的整体发展视角、从历史发展的纵向联系中去认识这一时期的历史事件所产生的历史深远影响和历史地位。如高中课程标准更强调"马克思主义在中国的传播与中国共产党成立对中国革命的深远影响"；较之初中的"感悟长征精神"，高中课标要求更深入地认识"中国共产党开辟革命新道路的意义、红军长征的意义"等。

2. 教材相关单元、课、目编排

《中国历史第三册》与《中外历史纲要（上）》相关单元、课、目编排对照见表 7-2。

表 7-2 《中国历史第三册》与《中外历史纲要（上）》相关单元、课、目编排对照

《中国历史第三册》		《中外历史纲要（上）》	
第四单元　新民主主义革命的开始 第五单元　从国共合作到国共对立		第六单元　辛亥革命与中华民国的建立 第七单元　中国共产党成立与新民主主义革命兴起	
第四单元第12课 新文化运动	新文化运动的兴起	第六单元第19课　北洋军阀统治时期的政治、经济与文化	新文化运动的开展
	新文化运动的内容与意义		
第四单元第13课 五四运动	五四运动的爆发	第七单元第20课　五四运动与中国共产党的诞生	五四运动和马克思主义的传播
	五四运动的扩大		
	五四运动的历史意义		
第四单元第14课 中国共产党诞生	马克思主义的传播		五四运动和马克思主义的传播
	中国共产党的成立		中国共产党的诞生
	全国工人运动的高涨		
第五单元第15课 国共合作与北伐战争	国共合作的实现		国共合作与国民革命
	北伐胜利进军		
	国民党内反动集团叛变革命与南京国民政府的建立		
		第七单元第21课　南京国民政府的统治和中国共产党开辟革命新道路	南京国民政府的统治
第五单元第16课 毛泽东开辟井冈山道路	南昌起义		工农武装割据开辟革命新道路
	秋收起义与井冈山会师		
	工农武装割据		
第五单元第17课 中国工农红军长征	战略转移与遵义会议		红军长征
	过雪山草地		
	红军胜利会师陕甘		

◆ 从内容编排看，《中国历史第三册》第四单元"新民主主义革命的开始"和第五单元"从国共合作到国共对立"，共6课时，单元主题聚焦新民主主义革命的开始与国共从合作到对立的历程中的重大史事与过程。《中外历史纲要

（上）》第七单元"中国共产党成立与新民主主义革命兴起"，共计3课时，单元主题不仅围绕这一阶段的重大历史事件，更侧重从中国共产党成立的背景及其与新民主主义革命兴起之间的关系认识历史事件之间的内在关联，从中国近代史的整体视角认识新文化运动、五四运动、共产党的成立等历史事件的重要地位及其影响。

◆ 就知识点而言，《中外历史纲要（上）》第七单元相较于《中国历史第三册》第四、五单元新增知识点大致有"宁汉合流"和"济南惨案"，提及"南京国民政府统治时期民族工业的发展"及"四大银行的巧取豪夺"等经济领域的相关内容。《中国历史第三册》第四、五单元出现过的上海工人的3次武装起义等内容在《中外历史纲要（上）》中不再重复出现。

◆ 从行文表述上看，需要特别指出下列方面。

从总体而言，《中国历史第三册》第四、五单元更加注重历史事件如五四运动等的起因、经过、结果的描述，且语言通俗易懂、内容较为详实具体，即通过历史的叙事，让学生更为清晰地了解历史事件的全过程、认识其意义。《中外历史纲要（上）》在初中历史相关内容的基础之上，语言更为简明扼要，更为注重让学生从中国近代发展的整体视角深刻地认识、深入地理解重大历史事件之间的因果联系及其事件本身的重要历史意义。

对中国共产党成立的历史意义，《中国历史第三册》表述为"中国共产党的诞生，是中国历史上开天辟地的大事变。自从有了中国共产党，中国革命的面貌就焕然一新了。中国共产党的诞生不是偶然的，是适应近代以来中国社会进步和革命发展的客观需要，是近代历史选择的必然结果"。《中外历史纲要（上）》表述为"中国共产党的成立，是一个开天辟地的大事变，给灾难深重的中国人民带来了光明和希望。中国共产党的成立，使中国革命有了坚强的领导力量。自从有了中国共产党，中国革命有了正确的前进方向，中国人民有了强大的凝聚力量，中国命运有了光明的发展前景。从此，中国革命的面貌焕然一新。"其中提到"给中国人民带来了光明和希望、中国革命有了坚强的领导力量、中国革命有了正确的方向、中国人民有了强大的凝聚力和中国命运的发展前景"等，重点从中国近代历史发展历程来看凸显中国共产党的成立在对中国革命及其对中国命运所产生的重大的历史影响、深远的历史意义。

《中外历史纲要（上）》不仅提及"宁汉合流"，还提到"中国国民党专制统治的确立",与初中教材的"南京政府"的概念完全不同。初中教材有"中国共产党创建人民军队和农村革命根据地"的表述,《中外历史纲要(上)》更强调"工农武装割据和革命根据地的建立,开辟了中国革命新道路。"突出了工农武装割据和革命根据地的建立对中国革命道路的选择与影响。

与华师大版高中教材比较

《中外历史纲要(上)》第七单元"中国共产党成立"文本内容,与华师大版《高中历史第五分册》第六单元"中国民主革命的转折"中第20课《新文化运动与马克思主义的传播》和第21课《五四运动与中国共产党的建立》,第七单元"中国的土地革命与抗日救亡运动"中第23课《南京国民政府的内政外交》、第24课《红色政权的建立》、第26课《红军长征》的内容基本一致,但两者在内容的编排、详略、表述等方面存在一些差异。

◆ 从内容编排看,华师大版《高中历史第五分册》第六单元的编排更关注中国民主革命转折的重要史实,更凸显史实的时序性。《中外历史纲要(上)》第七单元着眼于中国共产党成立与新民主主义革命兴起的历程,以"五四运动与中国共产党诞生""南京国民政府的统治和中国共产党开辟革命道路"两个核心事件统摄整个单元,编排上更关注历史发展的总趋势,叙事更为精简,单元整体性和主题性更明显。

◆ 就知识点而言,相较于华师大版《高中历史第五分册》第六单元,《中外历史纲要(上)》第四单元新增知识点大致有南京国民政府的统治、南京国民政府行政院旧址、济南惨案、民族资产阶级兴办实业、官僚资本巧取豪夺、四大银行、古田会议等。黄埔军校、五卅运动、省港大罢工、币制改革、改订新约等相关内容在《中外历史纲要(上)》第七单元中没有涉及。

◆ 从行文表述看,需要特别指出下列内容。

关于五四运动的意义,《中外历史纲要(上)》的表述更为细化。首先,在参与群体上强调了青年知识分子的先锋作用与广大人民群众的参与;其次,将五四运动定位为拯救民族危亡,捍卫民族尊严,凝聚民族力量;最后,强调五四运动促进了马克思主义的传播,与增加的马克思主义在中国传播内容呼应。

关于南京国民政府的统治,《中外历史纲要(上)》从政治、经济等角度全方位解析,并补充了民族资产阶级兴办实业的内容,既厘清了民族资产阶级历史发展脉络，又有助于学生形成直观感受与认知。华师大版标题为"南京国民政府的建立"，主题侧重于反动政权的统治手段及具体表现，故在经济上方面的介绍相对省略。

关于红军长征，《中外历史纲要（上）》增加了红军长征的意义，宣传中国共产党的政治主张，鼓舞人民群众，铸就长征精神，与本课问题探究相关内容前后呼应。

第三部分　核心问题释读

线索一　中国革命的新方向、新力量

1. 为什么说五四运动是新民主主义革命的开端？

1919年5月爆发的五四运动，是中国近代史上划时代的事件。它是此前一系列民主革命运动的自然延伸和必然结果，又是中国迈入民主革命新阶段的第一步，标志着中国旧民主主义革命的结束和新民主主义革命的开端。

在五四运动时期，马克思列宁主义在中国开始广泛传播并受到中国先进分子的热烈欢迎，从此中国人民找到了指导中华民族实现伟大复兴的理论武器——马克思列宁主义；在五四时期，中国人民放弃了通过学习西方资本主义走向民族复兴的幻想，选择了实现中华民族伟大复兴的新的方向——与资本主义不同的社会主义方向；在五四时期，中国人民表现出了高度的爱国精神和为新精神，焕发出推动中华民族伟大复兴的强大精神动力；在五四运动期间，一大批先进知识分子实现了从激进民主主义者到共产主义者的转变，形成了实现中华民族伟大复兴的新的领导力量——具有共产主义思想的先进知识分子，与此同时，工人阶级从这时也开始登上我国政治舞台，这两支先进力量在五四运动后期开始结合，在1921年产生了中国共产党，从此中华民族伟大复兴有了坚强的领导核心。由于五四运动期间发生了这几个具有深远影响的伟大事件，就使五四运动在中华民族伟大复兴历史上成为划时代的历史事件。五四运动爆发前的近80年，是灾难深重的中华民族面临不断加剧的生存危机，在迷茫中苦苦求索振兴中华之路的历史时期；五四运动

爆发后的一百年，是日益觉醒的中华民族奋起斗争，在中国共产党的领导下逐步实现伟大复兴的历史时期。

——闫志民：《五四运动与中华民族伟大复兴》，《北京大学学报（哲学社会科学版）》2019年第1期，第5页。

五四运动既是新的生产力成长、壮大的产物，又是新文化运动掀起的思想解放潮流的结果，也是俄国十月革命影响推动的产物。但由于五四运动是在新的社会历史条件下发生的，因而具有以辛亥革命为代表的旧民主主义革命所不具备的一些鲜明特点。例如，它是一场彻底的反帝反封建的群众运动，促进了马克思主义在中国的传播及其与中国工人运动的结合。这些特点使五四运动为1921年中国共产党的成立做了思想上和干部上的准备，成为中国革命的新阶段即新民主主义革命的开端。

2. 如何理解五四运动是一场彻底的不妥协的反帝反封建的爱国运动？

巴黎和会上，作为战胜国的中国的合法权益遭到了西方列强的集体无视，强权战胜了公理，民族危机在帝国主义控制下的中国日益深重。过往几十余年里，地主阶级的先进知识分子、农民阶级、资产阶级等爱国志士为挽救民族危机，做出了一系列救亡图存的探索、努力与斗争。然而范围仅限于各阶级之中，并没有达到群众层面范围内各阶层的联合。

这（五四运动）以前，中国人民也发生过多次反对帝国主义和封建军阀的政治行动，可是它们或者是单纯的军事行动，或者是只有较少人参加的爱国运动。五四运动就大不相同了。它所牵动的社会面如此之广，表现出不达目的誓不罢休的顽强意志，使反动势力张皇失措。在严重民族危机的强烈刺激下，许多人忧愤填膺。他们聚在一起便畅谈国家面对的危局，一旦经历过五四这次大风暴的洗礼，在他们眼前便打开一个新的天地，带来从来没有的思想大解放，完全改变了他们的生活道路。

——金冲及：《二十世纪中国史纲》第1卷，社会科学文献出版社2009年版，第165—166页。

五四运动作为一场反帝反封建的爱国运动。反帝方面，运动的兴起是为了反抗巴黎和会对中国山东权益的宰割。在反封建方面，运动表现了"内惩国贼"的坚强决心。斗争后来指向北洋军阀政府，迫使政府释放了被捕学生，罢免了3个卖国贼的职务。因此，整个运动体现出与帝国主义、封建主义势不两立的斗争精神。

　　五四运动以全民族的力量高举起爱国主义的伟大旗帜。五四运动，孕育了以爱国、进步、民主、科学为主要内容的伟大五四精神，其核心是爱国主义精神……

　　五四运动以全民族的行动激发了追求真理、追求进步的伟大觉醒。五四运动前后，我国一批先进知识分子和革命青年，在追求真理中传播新思想新文化，勇于打破封建思想的桎梏，猛烈冲击了几千年来的封建旧礼教、旧道德、旧思想、旧文化。五四运动改变了以往只有觉悟的革命者而缺少觉醒的人民大众的斗争状况，实现了中国人民和中华民族自鸦片战争以来第一次全面觉醒……

　　五四运动以全民族的搏击培育了永久奋斗的伟大传统……中国人民和中华民族从斗争实践中懂得，中国社会发展，中华民族振兴，中国人民幸福，必须依靠自己的英勇奋斗来实现，没有人会恩赐给我们一个光明的中国。

　　——习近平：《在纪念五四运动100周年大会上的讲话》(2019年4月30日)，转引自《中外历史纲要（上）》第七单元第20课"学思之窗"栏目。

　　五四运动的历史意义在于：政治上，是一场人民群众伟大社会革命运动，改变了政治发展方向轨迹；思想文化上，是一场传播新思想、新文化的伟大思想启蒙运动，"爱国、进步、民主、科学"成了时代的民族精神，马克思主义思想广泛传播。这些都为中国共产党的成立做了思想上干部上的准备，也为新的革命力量、革命文化、革命斗争登上历史舞台创造了条件。

　　3. 自巴黎和会、五四运动后，为什么越来越多的近代知识分子开始信仰马克思主义，并逐步将目光投向从西方转向东方，从资本主义的民主主义转向社会主义？

　　巴黎和会上中国受到"不公"的待遇，让一直试图主张学习西方资本主义民主主义、改造中国的知识分子彻底失望。俄国十月革命的道来犹如一声巨大的"炮响"，给中国带了新的方向。马克思主义的传播迅速，之前新文化运动解放了国人的思想，五四运动唤醒了人民群众的意识觉醒，这些都打破了封建思想的重重枷锁。五四运动的不妥协、对反帝反封建的坚决斗争，又助推了马克思主义在中国的传播。激荡岁月中，迷茫的知识分子找寻革命真正的出路和方向，马克思主义给予了他们力量。我们大可以通过个体来看群体的思想转变，蔡和森就是一个很好的例子。

对于初期的社会主义，乌托邦的共产主义，不识时务穿着理想的绣花衣裳的无政府主义，专主经济行动的工团主义，调和劳资以延长资本政治的吉尔特社会主义，以及修正派的社会主义，一律排斥批评，不留余地。以为这些东西都是阻碍世界革命的障碍物……窃以为马克思主义的骨髓在综合革命说与进化说。专恃革命说则必流为感情的革命主义，专恃进化说则必流为经济的或地域的投机派主义。马克思主义所以立于不败之地者，全在综合此两点耳。马克思的学理由三点出发：在历史上发明他的唯物史观在经济上发明他的资本论；在政治上发明他的阶级战争说三者一以贯之，遂成为革命的马克思主义。社会革命完全为无产阶级的革命。

——蔡和森：《马克思学说与中国无产阶级》(1921年2月11日)，《新青年》第9卷第4号，转引自《中外历史纲要（上）》第七单元第20课"问题探究"栏目。

4. 中国共产党的诞生为何是一件开天辟地的大事？

第一，中国共产党的成立，标志着中国工人阶级有了自己的战斗司令部和精神中枢，是中国工人阶级自觉领导中国革命的根本标志。

第二，中国共产党的成立，标志着中国人民的革命事业有了自己的政治领袖。中国人民在长期奋斗中选择了中国共产党做自己的政治领袖，从根本上改变了中国革命中各阶级的互相关系。中国共产党对中国革命的领导是中国革命能够取得完全胜利的根本保证。

第三，中国共产党的成立，标志着国际共产主义运动发展到了一个新的里程碑，极大地加强了世界无产阶级革命的力量。由于中国共产党是共产国际在东方的一个支部，中国的民族解放运动在实际上与世界无产阶级社会主义革命结合起来了。中国革命就成为世界无产阶级社会主义革命的一部分。

第四，中国共产党的成立，预示着马克思列宁主义将会在中国这块土地上生根、开花、结果，是马克思主义中国化的起点。

综上所述，中国共产党的诞生，无论是在中国革命事业还是在国际共产主义运动中，无论是在理论上还是在实践上，都是一个具有划时代意义的伟大事件，是二十世纪中国开天辟地的大事变。

——俞文冉、陈乃宣：《二十世纪中国开天辟地的大事变》，《理论月刊》2000年第6期，第44—45页。

从国内—国际的角度分析，从近代中国历史发展和国际共产主义运动发展历程中，看出中国共产党成立具有上述重大意义。

（1）革命军队必须与无产阶级一起推翻资本家阶级的政权，必须支援工人阶级，直到社会的阶级区分消除为止；

（2）承认无产阶级专政，直到阶级斗争结束，即直到消灭社会的阶级区分；

（3）消灭资本家私有制，没收机器、土地、厂房和半成品等生产资料，归社会共有；

（4）联合第三国际。

——《中国共产党第一个纲领》，《中共中央文件选集》第1册，转引自《中外历史纲要（上）》第七单元第20课"学思之窗"栏目。

从中共一大会议上制定的党纲来看，中国共产党已经明确了自己无产阶级政党的属性，将斗争对象定位为剥削无产阶级的资本家，从一开始就把社会主义和共产主义确定为了自己的奋斗目标，强调用革命的手段来实现这个目标。

经济的改造自然占人类改造之主要地位。吾人生产方法除资本主义及社会主义外，别无他途。资本主义在欧美已经由发达而倾于崩坏了，在中国才开始发达，而他的性质上必然的罪恶也照例扮演出来了。代他而起的自然是社会主义的生产方法，俄罗斯正是这种方法最大的最新的试验场。

——1920年11月《共产党》第1号卷首代发刊词《短言》，转引自《中外历史纲要（上）》第七单元第20课"史料阅读"栏目。

结合《中外历史纲要（上）》"史料阅读"栏目的这则史料，不难发现，处在正确前进方向，指明中国光明发展光景的中国共产党还不够成熟。

发刊词开场就表示"经济的改造自然占人类改造之主要地位"。旗帜鲜明的中国共产党，积极主动吸收马克思主义的唯物史观理论知识，强调突出唯物史观构成认识社会发展的作用，并以此指出资本主义"倾于崩坏"，取而代之的自然是"社会主义的生产方法"，最后提到"俄罗斯正是这种方法最大的最新的试验场"。

由于当时这些革命的领导者和马克思主义者对于马克思主义理论的学习还不够系统、全面，对俄国革命道路也有片面的认识，党内先后受到陈独秀、李立三、王明等右倾和"左"倾机会主义的主导，加之中国在幅员广大、人口众多、情况复杂、经济文化落后的半殖民地半封建的旧中国开展活动的，从何处着手进行革命，如何把马克思主义的基本原理同中国革命的具体实践正确地结合起来，搞清楚民主革命与社会主义革命的区别和联系，制定出符合国情的民主革命纲领，需要有一个探索的过程。

——李庚香：《建党百年对"中国规律"的探索》，《领导科学》2021年4月（上），第7页。

中国共产党初期因缺乏经验，在制定党纲的过程中，无论党内主动学习还是被动接受共产国际的指示，更多是"以俄为师"，在遭遇挫折后逐步探索出一条适合中国国情的中国革命道路。

5. 为什么国共第一次合作成为历史的必然？

1924年1月，国民党第一次代表大会在广州召开，标志着国共第一次合作正式形成，国民大革命的开始。对于合作的原因，主流观点认为是国共两党在革命事业中结合自己政党的利益诉求，导致了合作的产生。这一论断并无问题，但深层分析，更应从特定时空下的社会条件出发审视国共双方（甚至共产国际第三方）的动机，对促成合作进行全面、客观的解释。

（二）……半殖民地的中国应该以国民革命运动为中心工作，以解除内外压迫。

（三）依中国社会的现状，宜有一个势力集中的党为国民革命运动之大本营，中国现有的党只有国民党比较是一个国民革命的党……

（五）工人阶级尚未强大起来，自然不能发生一个强大的共产党——一个大群众的党，以应目前革命之需要，因此，共产国际执行委员会决定中国共产党须与中国国民党合作。共产党员应加入国民党，中国共产党中央执行委员会曾感此必要，遵行此决议，此次全国代表大会会议亦通过此决议。

——《关于国民运动及国民党问题的议决案》，中央档案馆：《中共中央文件选集》第1册，中共中央党校出版社1989年版，第146—147页。

以上是1923年6月在广州召开的中国共产党第三次全国代表大会作出的决议案。这则史料清楚展示了中国共产党对当时革命形势的判断，以及推动国民革命的原因。其一，处于半殖民地的中国，需要一场国民革命，以解除内外压迫；其二，这样一场国民革命，需要一个势力集中的党来领导，而在当时中国的各党中，国民党是最符合这一要求的；其三，由于中国工人阶级的力量还不够强大，中国共产党自然也难以强大，因此，"中国共产党须与中国国民党合作，共产党员应加入国民党"就显得颇为必要。这个重大决策以党的全国代表大会决议的方式确定下来，为国共合作的进行提供了保证。

反观国民党一方面，《中外历史纲要（上）》第六单元第19课第二目"北洋时期的军阀割据"正文就提到"孙中山于1918年就辞去大元帅之职，发表通电，痛心地表示：'顾吾国之大患，莫大于武人之争雄，南与北一丘之貉'"。革命处于低潮期，国民党内部也需要新鲜血液加入进行政治改组，孙中山的思想变化以及对俄国社会主义革命的局势关注，也是把合作对象确定为中国共产党的因素。

第一，我们的提纲中最重要最基本的思想是什么呢？就是压迫民族和被压迫民族之间的区别。同第二国际和资产阶级民主派相反，我们强调这种区别。在帝国主义时代，对于无产阶级和共产国际来说，特别重要的是弄清具体的经济事实；在解决一切殖民地和民族问题时，不要从抽象的原理出发，而要从具体的现实出发。

……

第三，我想特别强调一下落后国家的资产阶级民主运动问题。正是这个问题引起了某些意见分歧。我们发生争论的地方是：共产国际和共产党应该支持落后国家的资产阶级民主运动，这在原则上和理论上是否正确。讨论的结果我们一致决定，把"资产阶级民主"运动改为民族革命运动……实际上，在落后国家和殖民地国家里，这种区别最近已经表现得十分明显，因为帝国主义资产阶级也极力在被压迫民族中培植改良主义运动。剥削国家和殖民地国家的资产阶级已经有相当亲密的关系，所以被压迫国家的资产阶级往往甚至可以说在大多数的场合下，都是一方面支持民族运动，一方面又同帝国主义资产阶级妥协，也就是同他们一起来反对一切革命运动和革命阶级……只有在殖民地国家的资产阶级解放运动真正具有革命性的时候，在这种运动的代表人物不阻碍我们用革命精神去教育、组织农民和广大被剥削群众的时候，我们共产党人才应当支持并且一定支持这种运动。如果没有这些条件，共产党人在这些国家里就应该反对与第二国际的英雄同类的改良主义资产阶级。在殖民地国家里已经出现了改良主义的政党，这些党的代表人物有时也自命为社会民主主义者和社会主义者。

——《民族和殖民地问题委员会的报告》，1920年7月26日在共产国际第二次代表大会上的报告，全文第一次载于1921年彼得格勒共产国际出版局出版的《共产国际第二次代表大会速记记录》一书。按该书原文刊印选自《列宁全集》第3卷，人民出版社2014年版，第209—214页。

共产国际方面，除了派遣代表促成国共合作外，列宁主义关于民族殖民地问题的理论奠定了第一次国共合作的理论基础。该理论认为，在殖民地和半殖民地国家里，斗争的矛头应指向帝国主义和封建主义，民族资产阶级应是同盟军。因此，殖民地半殖民地国家的无产阶级及其政党应当支持资产阶级的民族民主运动，并在一定条件下同资产阶级民主派结成同盟。

6. 为什么国民革命以失败告终，但新民主主义革命却孕育新的希望？

大革命空前地提高了中国共产党在全国人民中的政治威望，壮大了共产党及其领导的革命力量。从建党到大革命失败短短的6年时间内，中国共产党由起初只有50多人，发展成为一个拥有近5.8万名党员、领导着280余万工人和970余万农民的具有相当群众基础的政党。

……

大革命是一场以工农民众为主体的，包括民族资产阶级和上层小资产阶级在前期都曾积极参加的人民革命运动……大革命教育和锻炼了各革命阶级。党所领导的工农大众经受了革命的洗礼，提高了政治觉悟。

——中共中央党史研究室：《中国共产党历史第一卷（1921—1949）上册》，中共党史出版社2011年版，第220—221页。

毛泽东后来指出："这时的党终究还是幼年的党，是对于中国的历史状况和社会状况、中国革命的特点、中国革命的规律都懂得不多的党，是对于马克思列宁主义的理论和中国革命的实践还没有完整的、统一的了解的党。"

——毛泽东：《〈共产党人〉发刊词》（1939年10月4日），《毛泽东选集》第2卷，人民出版社1991年版，第610页。

一个真正将反帝反封建的历史任务挑在肩上的党，是能赢得人民群众的认可和支持的。大革命虽以失败告终，但是工农大众都经受革命洗礼，提高政治觉悟，奠定了革命的群众基础。此外，中共吸取了失败的教训，认识到掌握革命的领导权和革命武装的重要性，进一步将马克思主义和中国国情相结合。

线索二　开辟"工农武装割据"的新道路

"四一二""七一五"政变后，国民党右派大肆捕杀共产党人和革命群众。面对刀俎鱼肉的局势，为挽救革命，中国共产党决定用武装起义来反抗国民党反动派的屠杀政策。

1. 为什么南京国民政府的成立预示着国民大革命的失败？

南京国民政府的建立，本质上就是国民党的专制统治。它强取豪夺、不得人心，受英、美帝国主义扶植，虽实现了形式上的统一，实则党派内部斗争激烈、军阀割据不断。种种迹象都指向了它与共产党的政治立场与属性的不同，注定了国共第一次合作失败的命运。

◆ 南京国民政府在政治上的问题是什么？

国民党在政治上加强专制统治，即坚持实行一党专政的独裁政治。

> 1928年8月在南京召开的国民党二届五中全会，宣布实行"训政"。10月，国民党中央常务委员会通过《训政纲领》，规定在"训政"期间，"由中国国民党全国代表大会代表国民大会，领导国民行使政权"；国民党全国代表大会闭会期间，"以政权托付中国国民党中央执行委员会执行之"；国民政府总揽行政、立法、司法、考试、监察五种"治权"，由国民党中央政治会议"指导监督国民政府重大国务之施行"。1929年3月，国民党第三次全国代表大会进一步规定："中华民国人民须服从拥护中国国民党，……始得享受中华民国国民之权利"；对"中华民国之政权治权"，要由国民党"独负全责"。1931年5月，国民党主持的国民会议通过《训政时期约法》，以法律的形式确认了国民党一党专政的统治。
>
> 由于军权控制在蒋介石集团的手中，国民党的一党专政事实上是以蒋介石为首的军事独裁统治。……自1928年起陆续建立起庞大的特务组织，把破坏中国共产党的组织，绑架和暗杀共产党人、民主人士或异己分子作为主要任务，在全国造成严重的白色恐怖局面。……蒋介石集团化还通过实施严密的保甲制度，强化在乡村的统治。……蒋介石为建立南京国民政府曾得到美、英等帝国主义国家的支持，采取有利于它们的经济政策。
>
> ——中共中央党史研究室：《中国共产党历史第一卷（1921—1949）上册》，中共党史出版社2011年版，第228—230页。

从上述材料可见，南京国民政府在1928至1931年间以"训政"之名，利用多个政治舞台揽收各种权力，形成以蒋介石为核心的军事集团。通过严密控制自上到下各级单位、迫害进步的革命力量、出卖国家的经济利益等手段，南京国民政府在农村、城市中进一步强化专制统治，实则背离民心，是一个彻彻底底的代表地主阶级和买办资产阶级利益的反动政权。

◆ 南京国民政府在经济上的问题是什么？

经济上：官僚资本主义与民族资本主义工业的艰难发展。

此处不作论述，详见下文"如何看待南京国民政府统治时期民族工业在夹缝中发展？"。

◆ 如何看待南京国民政府形式上的"全国统一"？

"宁汉合流""东北易帜"后，南京国民政府在形式上基本统一了全国，但实则军阀混战。

> 1930年5至11月，国民党蒋介石集团与阎锡山、冯玉祥、李宗仁集团在河南、山东、安徽等省发生了一场新军阀混战。由于这次战争主要在中原地区进行，史称"中原大战"。双方参战兵力超过百万，最终以蒋介石集团的胜利而结束。中原大战是中华民国建立后规模最大、耗时最长的军阀混战。
>
> ——转引自《中外历史纲要（上）》第七单元第21课"学习拓展"栏目。

"中原大战"的史实说明，南京国民政府只是在形式上统一中国。当时，各地还存在着大大小小的实力派军阀，与中央分庭抗礼；还存在着中共建立的农村革命根据地及中华苏维埃政权。

2. 如何看待南京国民政府统治时期民族工业在夹缝中发展？

《中外历史纲要（上）》对民族资本主义发展的叙述如下："国民政府建立以后，民族资产阶级兴办实业的热情有所提高。中国人民的反帝爱国运动蓬勃开展，抵制洋货、提倡国货的行动，为民族工业的发展创造了机遇。除了原有的纺织、面粉等行业外，民族工业中的新兴部门如化学、橡胶、搪瓷等，都有了一定程度的发展"。这与导言中"这一时期，民族资本主义取得了较大发展"是相呼应的，也能更好地帮助我们理解下一单元抗日战争的物质基础从何而来。两处在结尾部分都谈到了民族资本主义遇到的重重阻碍。

◆ 南京国民政府统治时期的民族资本主义是否迅速发展？

从教材文本的表述可以看出，教材尊重并符合客观史实，以实事求是口吻描述了新民主主义时期的经济发展特征。

　　南京政府建立后的一段时间里，一方面，由于经常中断的国内交通基本得到恢复，促进了国内市场的交流和扩大；另一方面，由于在一定程度上实行关税自主、废除厘金等措施，加上白银价格下降，刺激了中国商品的出口，减少了外国商品的进口。在这些因素的影响下，中国的民族资本主义经济一度有所发展。以民族工业为例，据中国银行1930年度的营业报告统计，卷烟、棉织、制帽、制皂、化妆品、造纸、机器、针织、调味品、搪瓷、橡胶11个行业的总营业额，比1929年度平均增长20%。再据中国银行1931年度的营业报告统计，上述各行业又有不同程度的发展。其中橡胶业1930年增长率为250%，1931年增长率为200%；棉织业1930年增长率为120%，1931年增长率为128%；卷烟业1930年度增长率为130%，1931年增长率为115%。1928年，新设工厂的注册数和资本额也有所增加，分别为250家和1.17多亿元。民族工业的发展，还带动了商业、交通运输业、服务业的一度发展。

　　　　　　——中共中央党史研究室：《中国共产党历史第一卷（1921—1949）上册》，中共党史出版社2011年版，第230页。

　　这一时期民族工业取得较大进步，一方面如教材所提示，与反帝爱国运动蓬勃开展休戚相关；另一方面也得益于南京国民政府形式上的统一，一定程度上改变了军阀割据、长期政治分立的局面。国民政府新建之初，也采取了相应的工业政策。我们不可因为国民政府制度腐朽、政权反动就全盘否定国民政府对民族工业的某种程度上的保护和改进。这也是《中外历史纲要（上）》教材尊重历史的例证。

◆ 为何民族工业是在夹缝中发展的？

　　在国民党政府的统治之下，民族资本主义经济不可能得到充分的发展。首先，民族资本在资金、设备、技术等方面，无法与外国资本竞争。以纺织业为例，1930年民族资本工厂增加纱锭14万余枚，在华日本工厂则增加40~50万枚。1931年民族资本工厂增加纱锭6万余枚，在华日本工厂则增加10万余枚。其次，民族资本的资金不如买办资本雄厚，不如买办资本那样能得到外国的支持和国民党政府的保护。再次，在中国农村经济日益衰败，广大农民购买力极低的情况下，国内商品市场的逐渐萎缩对民族资本主义经济的发展更是一种极大的束缚。第四，南京政府建立后，军阀混战连年不断，军费开支激增，另外还宣布承担北洋军阀政府欠下的全部外债，这样，用于发展经济的费用就微乎其微。而新军阀之间的混战，又主要在大城市之间和铁路线上进行，给民族资本主义经济的发展造成了恶劣的环境。第五，南京政府为了弥补财政上的亏空，千方百计地向民族资本家勒索，如采取开征新税，采用绑架等恐怖手段或以其他罪名逼迫"捐款"和交纳"赎金"等，使他们常常陷于困境。第六，南京政府变动关税税率的主要着眼点在于增加其财政收入，并非为了保护民族工商业的发展，因此，民族工业发展所急需的原料和设备的关税往往很高，这对发展民族资本主义经济是不利的。由于上述原因，从南京政府建立到1931年九一八事变发生的几年中，民族资本主义经济虽然有某些发展，但发展的速度愈来愈缓慢，有些行业甚至出现急剧衰退的现象。以新注册工厂数为例，1929年已从1928年的250家下降为180家，1930年、1931年更分别下降为119家和113家，呈现出直线下降的趋势。

——中共中央党史研究室：《中国共产党历史第一卷（1921—1949）上册》，中共党史出版社2011年版，第231页。

民族工业艰难发展的原因，除了长期近代化历程中民族资本主义固有的先天局限、外部资本主义国家遭遇世界经济危机下施与经济侵略压力外，不可否认，这原因必然是与上层建筑中南京政府的政权性质有关。

3. 工农武装割据的重要意义

南昌起义、秋收起义等武装起义失败后，毛泽东决定改向敌人统治力量薄弱的山区进军。1927年10月，毛泽东率领秋收起义的部队到达井冈山，创立了第一个农村革命根据地，点燃了"工农武装割据"的星星之火，开辟了中国革命新道路。

◆ **如何认识毛泽东选择"挺进"井冈山进行革命斗争？**

毛泽东做出"挺进"井冈山的战略决策，开辟了革命的新道路。从思想形成来看，这并非一时兴起。

大革命失败后，以毛泽东为代表的中国共产党人历经艰难探索出了革命新道路，但是在一段时间里并没有被党中央认可和重视，反而遭到了中央的点名批评。1930年6月9日召开的政治局会议上，主张城市中心论的李立三就点名批评了毛泽东。他说:"在全国军事会议中发现了妨碍红军发展的两个阻碍:一个是苏维埃区域的保守观念,一是红军狭隘的游击战略。最明显的是四军毛泽东同志,他有整个的路线,他的路线完全与中央不同。"

——刘宝东:《从城市到乡村——中国特色革命道路的开辟及意义》,《史学集刊》2011 年第 3 期,第 37 页。

毛泽东在理论与实践的统一方面,超过了他的同事……毛泽东认为,如果你对事物有所了解,你就能够并且应该照那样做,但是你的经验和你实践的结果,应该引导你对你所知道的东西加以再认识。

——〔美〕费正清:《伟大的中国革命》,刘尊棋译,世界知识出版社 2000 年版,第 212 页。

从上述两段史料可以看出,大革命失败后,毛泽东在革命的实践探索与理论创新方面,超过了他的同事,探索出了中国革命新道路。但即便是井冈山革命根据地建立后,1930 年 6 月召开的政治局会议上,毛泽东还被点名批评。可见,党内对中国革命的道路仍存在不同观点,"农村包围城市、武装夺取政权"的道路并非一开始就获得普遍认可。党中央并未完全抛弃城市中心论,对这种极富创新意义的理论和实践提出了质疑和批评。

我们能理解人们总是根据自己原有的经验来处理新遇到的问题,通常需要在实践中经过多次胜利和失败的反复,才能认识清楚何为最适合的道路。革命也不是请客吃饭、过家家,中国共产党也在不断走向成熟的过程中。难能可贵的是,毛泽东坚持了自己正确的理论和实践。

◆ 工农武装割据是什么?

毛泽东领导的秋收起义余部到达井冈山后,广泛开展游击战争和"打土豪,分田地"的土地革命。他还特别关注部队与群众间的关系,总结部队做群众工作的经验,规定部队必须执行"三大纪律""八项注意"(原"六项注意")。

1928 年 4 月,毛泽东总结部队做群众工作的经验,1928 年 4 月,毛泽东又总结部队做群众工作的经验,规定部队必须执行"三大纪律"(当时称"三条纪律")和"六项注意"。"三大纪律"为:行动听指挥;不拿工人农民一点东西;打土豪要归公。"六项注意"为:上门板;捆铺草;说话和气;买卖公平;借东西要还;损坏东西要赔。1929 年 1 月,根据形势的发展和部队的实践经验,"六项注意"又增加了洗澡避女人和不搜俘房腰包两项内容，形成了最初的"三大纪律、八项注意"。这些规定体现了人民军队的本质，对于加强人民军队建设、正确处理军队内部的关系特别是军民之间的关系、瓦解敌军等，都起到了重大作用。

——中共中央党史研究室：《中国共产党的九十年》，
中共党史出版社 2016 年版，第 113 页。

不难发现，"三大纪律""八项注意"体现了人民军队的本质，毛泽东在井冈山革命根据地建设中赢得了人民群众的支持。古田会议确认了人民军队建设的基本原则，规定了红军的性质、宗旨和任务，重申了中国共产党对红军实行绝对领导的原则。

通过军队问题的厘定，我们可以认识到工农武装割据的性质与军阀割据截然不同。前者是工农民主专政的政权，代表了工农大众；后者是地主阶级的政治代表，又是帝国主义侵华的工具，还是维护其反动统治而建立的反动武装集团。工农武装割据使广大人民政治上得到解放，经济上得到翻身，使革命由"星星之火"形成"燎原之势"；但后者只能带来灾难。

◆ "工农武装割据"这一新道路开辟的历史意义是什么？

边界红旗子始终不倒，不但表示了共产党的力量，而且表示了统治阶级的破产，在全国政治上有重大的意义。

——毛泽东：《井冈山的斗争》，《毛泽东选集》第 1 卷，
转引自《中外历史纲要（上）》第七单元第 21 课"史料阅读"栏目。

朱德毛泽东式、方志敏式之有根据地的，有计划地建设政权的，深入土地革命的，扩大人民武装的路线是经由乡赤卫队、区赤卫大队、县赤卫总队、地方红军直至正规红军这样一套办法的，政权发展是波浪式地向前扩大的等等的政策，无疑义地是正确的。

——毛泽东：《星星之火，可以燎原》，《毛泽东选集》第 1 卷，
人民出版社 1991 年版，第 99 页。

井冈山道路与模式，是革命新道路的普遍应用和验证，最终证明这是一条符合中国国情的革命道路。中国的国情是农民占人口的绝大多数，而国民党是大地主、大资产阶级的政党，不重视工农尤其是农民，其统治力量主要集中在城市。第一段史料中，毛泽东的这番话，是伟人极具前瞻性的预判，也蕴含着农村根据地对处理好上级政权与基层民众之间水乳交融关系的自信。

上述两段史料不仅准确分析了中国革命胜利发展的必然趋势和客观规律，也是对马克思列宁主义的继承与发展。同时，也说明了新道路不仅团结了工农群众，一扫党内、军内对革命前途悲观和迷茫的情绪，坚定了党领导广大军民为理想信念继续奋斗的决心和信心，让革命的前途光景更加清晰，最终解决了中国共产党人长期以来备受困扰的革命出路问题，完成了对如何继续坚持革命这一问题的回答。

线索三　长征——革命新局面的打开

红军在反第五次"围剿"之初即在军事上陷于被动。一是蒋介石对第五次"围剿"做了充分的准备，在根据地周围实行保甲制和"连坐法"，对根据地实行严密封锁，采取了持久战和"堡垒主义"的新战略；二是帝国主义方面的支持，美、英提供了军火贷款等，增加了国民党军的新式装备，德国70多名军事专家被聘为顾问，美、英、德、日还帮助运输武器装备；三是共产国际的指导脱离中国革命实际，中共中央犯了"左倾"错误，如在军事上，共产国际选派进入中央苏区担任军事顾问的德国人李德，只参加过几个月德国城市巷战，只在苏联普通军校学习过，对中国战争和中国军队的特点不了解，对长期利用地形地貌和群众支持，凭借着游击战术取胜的苏区红军作战的特点也一窍不通。反"围剿"开始后，"左倾"错误领导人不顾中国国情和革命的特殊性，无视红色割据的长期性和艰巨性，主张战术上要实施阵地战，视战争为"国民党政权与红色政权的决战"，在防御中又实行保守主义，使红军处处挨打。1934年10月，红军被迫进行战略转移，开始了万里长征路。

1. 为何遵义会议的地位如此重要？

遵义会议通过了《关于反对敌人五次"围剿"的总结决议》，肯定了毛泽东等人的正确军事路线，改组了中央领导机构，增选了毛泽东为政治局常委。会后成立了周恩来、毛泽东、王稼祥组成的三人小组负责全军的军事行动。

　　莫斯科支持中共按照俄国革命的模式发动苏维埃革命，从政治方针一直到具体政策文件的制定，从决定中共领导人到选派代表亲临上海，甚至到苏区就近帮助工作和指导作战，可以说是事无巨细，几乎一包到底。但是，在经历了一系列惨重的失败之后……土生土长的毛泽东在中共领导人中迅速崛起，或可谓一种必然。

——沈志华：《中苏关系史纲》，新华出版社2007年版，第34页。

遵义会议开始确定以毛泽东为主要代表的马克思主义正确路线在党中央的领导地位。它标志着中国共产党从幼稚走向成熟，学会独立处理军事、组织等系列问题，改变了以往共产国际"事无巨细""一包到底"的局面。在极其危急的情况下，挽救了党、红军、中国革命，预示着中国革命即将走上新的征程。

2. 为什么说长征打开了中国革命的新局面？

1936年10月，红军三大主力会师，长征结束。

> 长征是宣言书，长征是宣传队，长征是播种机。
>
> ——毛泽东"雪地讲话"（1935年11月6日），《论反对日本帝国主义的策略》，选自毛泽东：《毛泽东选集》第1卷，人民出版社1951年版，第141页。

> 它不是一般意义上的"行军"……它是一曲人类求生存的凯歌，是为避开蒋介石的魔爪而进行的一次生死攸关、征途漫漫的撤退，是一场险象环生、危在旦夕的战斗……长征却使毛泽东及其共产党人赢得了中国。
>
> ——〔美〕哈里森·索尔兹伯里：《长征：前所未闻的故事》，朱晓宇译，北京联合出版公司2015年版，第3页。

长征的意义在于打开了中国革命的新局面，主要表现在以下4个方面。

第一，长征使中国革命转危为安。中国共产党解决了领导问题，战胜了党内危机；粉碎了国民党反动派扼杀中国革命的企图，赢得了红军战略大转移的胜利。

第二，经过了长征锻炼和保存下来的革命骨干，成为以后领导抗日战争和解放战争的主干。

第三，在跨越十几个省、总行程达数万里的长征沿途播下革命的种子，鼓舞了广大人民群众，投身革命事业，其传奇故事传遍国内外，表明中国共产党及其领导的工农红军具有顽强的意志力、敢于战胜任何困难，是一支不可战胜的力量。

第四，长征铸就了引领中国革命不断从胜利走向胜利的精神——长征精神，即把全国人民和中华民族的根本利益看得高于一切，坚定革命的理想和信念，坚信正义事业必然胜利的精神；为了救国救民，不怕任何艰难险阻，不惜付出一切牺牲的精神；坚持独立自主、实事求是，一切从实际出发的精神；顾全大局、严守纪律、紧密团结的精神；紧紧依靠人民群众，同人民群众生死相依、患难与共、艰苦奋斗的精神。

历史之音

1. 如何理解有学者将南京国民政府统治失败的根源归因于南京国民政府统治模式中的腐败？

> 20世纪的政治发展表明，能否有效地抑制和清除腐败现象，决定着一个国家现代化的成败，也决定着社会能否长治久安……南京国民政府作为中国政治现代化过程的一个阶段，虽然试图建立一个现代国家政府。但却在腐败问题上栽了跟斗。
>
> ——陈明明：《论南京国民政府腐败的政治根源》，
> 《南京师大学报（社会科学版）》1997年第3期，第51页。

腐败是南京国民政府统治失败的主要根因之一。对于南京国民政府统治过程中腐败的滋生与难以根除，可以从政权权力架构设置及实施过程两个角度进行解读。

现代社会的公共权力的骨架是由执政党体系与行政体系构成的。通常来说，腐败问题并非是在权力设置之初产生，而是被赋予权力后，在实施中产生的。久而久之，腐败问题就会改变公共权力的面貌，但南京国民政府统治并非如此。

从上层权力结构看，1928年南京国民政府进入了"训政"时期，"以党治国"的模式是孙中山等资产阶级革命家"以俄为师"走中国政治现代化的重要战略性指导思想，蒋介石完全继承了这一点。但是，南京国民政府统治时期的国民党，其政党性质已从早期的信仰驱动下的资产阶级革命政党转变为一个利益驱动的代表大资产阶级和大地主的独裁政党，政党的阶级属性、利益诉求决定了此时的国民党已站在广大人民群众的对立面。

> 蒋介石国民党所建立的南京政权及其统治模式，与中国传统社会及其传统政治的统治架构并没有本质性的区别。它依旧是一种头重脚轻，政权与其被治之民上下脱节的统治结构。其统治模式依旧是以城市为中心，中央与各地军政官僚机构依靠县以下的地方士绅或地主阶层，来实现对广大农村基层社会的征缴与治理的模式。
>
> ——杨奎松：《一九二七年南京国民党"清党"运动研究》，
> 《历史研究》2005年第6期，第61页。

从实施权力的过程看，南京国民政府为了换取旧式军阀势力对政权的认同，与旧式军阀形成紧密的政治利益结合，旧式军阀贪污、腐化的恶习得以渗透到南京国民政府中且未受到彻底的根除。在实际统治中，政府统治模式以城市为重心，缺乏对农村地区的直接有效管控，因而在一定程度上默许了旧有势力集团对广大民众的盘剥，又因疏于建立有效的制度化的保障监督体系，由此形成滋生腐败问题的温床。

综上，"训政"时期的南京国民政府的失败根源在于"头重脚轻"的权力架构设置，"上"（政权）、"下"（被治之民）的脱节，以及依靠大地主、大资产阶级来统御社会基层。南京国民政府本质上作为一个错综复杂多方利益的结合体，外加制度化的贫弱，注定无法清除腐败的毒瘤。

2. 如何理解有学者认为"马克思主义中国化是新民主主义革命接续与突破旧民主主义革命在理论问题上的解决"？

> 历史选择了社会主义，历史又以客观现实限制了主观愿望。这个矛盾，要求马克思主义中国化。于是，在这种选择和限制的统一中形成了新民主主义革命的思想和理论。这一思想理论以反帝反封建的革命目标接续了旧民主主义革命未竟的事业，又以无产阶级的领导取代资产阶级的领导表现了新旧革命的嬗递。同时，它赋予资产阶级性质的民族革命以社会主义的未来前途，并产生了与之相适应的一整套方针、政策和策略。中国社会特有的矛盾因此而获得了一种理论上的解决。……由此，新民主主义革命一面成为旧民主主义革命的继续，一面又成为社会主义革命的前导。
>
> ——陈旭麓：《近代中国社会的新陈代谢》，
> 三联书店2022年版，第379—380页。

中国的国情特殊，长期以来真正压迫中国、给广大人民造成深重苦难的是帝国主义和封建势力。南京国民政府成立后，官僚资本凭借国家权力，迅速聚敛起巨额财富，对广大人民群众实行超经济的榨取和掠夺，三座大山沉重压垮了人民，中国继续处在半殖民地半封建社会的境地中。

无产阶级接过革命大旗之时，旧民主主义革命未竟事业也落在它的肩上。盲目照搬俄国社会主义革命的路径，必然不能成功。这就导致中国共产党在搞革命的过程中，要充分结合中国国情，具有创新性地活用马克思主义，这就是马克思主义中国化的必然所在。同样，武装起义是先攻打"城市"还是挺进"农村"的分歧问题，也是马克思主义中国化探索的实例。

第八单元

中华民族的抗日战争和人民解放战争

第一部分　单元解析

课程标准要求

高中课程标准对本单元的内容要求阐述如下。

（1）了解日本军国主义的侵华罪行。

（2）通过了解正面战场和敌后战场的抗战，感悟中华民族英勇不屈的精神，认识中国共产党是全民族团结抗战的中流砥柱。

（3）认识中国战场是世界反法西斯战争的东方主战场，理解十四年抗战胜利在中华民族伟大复兴中的历史意义。

（4）通过了解全面内战的爆发及人民解放战争的进程，分析国民党政权在大陆统治灭亡的原因，探讨中国共产党领导人民取得中国革命胜利的原因和意义。

单元主题解读

本单元的大标题"中华民族的抗日战争和人民解放战争"点明本单元的时间跨度，包含了"中华民族的抗日战争"和"人民解放战争"两个核心概念。本单元的时间跨度是从1931年九一八事变至1949年南京解放。"中华民族"修饰"抗日战争"，具体指国共合作完成的全民族抗战；"人民解放战争"的重点在于"人民解放"，即中国共产党领导中国人民反对独裁、争取民主的斗争。"与"字蕴含近代中国主要矛盾的转换与消解——由民族矛盾为主转变为阶级矛盾为主，最终取得新民主主义革命的胜利。

在本单元导言中，除基本史实外，教师可借助一些表述历史阶段的关键词句来帮助学生厘清该时段内历史发展脉络和阶段特征。如抗日战争是从"中国局部抗战"到"全国团结抗战"至"全民族抗战"；国共关系则由"逼蒋抗日"到"国共合作抗日"，再到"全面内战"。

单元内容结构

本单元包括3课，第22课《从局部抗战到全面抗战》、第23课《全民族浴血奋战与抗日战争的胜利》、第24课《人民解放战争》。

从整体来看，课文内容按照时序排列，围绕从争取民族独立到实现人民民主的主线展开。第22、23课内容对应单元标题"中华民族的抗日战争"，第24课直接对应"人民解放战争"。从更深层次看，第22课第一、二目以时间为纬，以地理空间和社会阶层两条线索勾勒出从"局部抗战"到"全面抗战"的历史脉络，并用第三目揭露"日军的侵华暴行"，与第23课"全民族浴血奋战"形成呼应。第23课在时间、空间上承接第22课，彰显"全民族浴血奋战"的中国与世界意义，同时也为第24课的内容奠定基础。第24课四目的内容紧扣"人民解放战争"核心概念，从政治、经济、军事多角度阐述其特征，并与前两课内容接续，共同奏响"新民主主义革命胜利"的时代终章。

核心素养教学建议

（1）能够客观、全面地分析抗日战争胜利的原因、中国共产党领导人民取得中国革命胜利的原因，理解人民群众在历史发展中的重要作用以及阶级斗争是推动社会发展的直接动力。

（2）能够将中华民族的抗日战争置于世界大势中去思考，认识抗日战争是第二次世界大战的重要组成部分，中国战场是世界反法西斯战争的东方主战场，对维护世界和平起到了重要作用。

（3）能够比较、分析不同来源、不同立场抗日战争、解放战争的相关史料，在充分辨析的基础上正确认识并合理运用相关史料。

（4）能够在充分占有史料的基础上，全面、客观地评价正面战场、敌后战场的关系与作用，理解中国共产党是全民族团结抗战的中流砥柱，探讨中国共产党领导人民取得中国革命胜利的意义。

（5）能够充分感悟中华民族在抗日战争中英勇不屈的反侵略斗争精神，中国共产党领导下的人民在解放战争中不惧迫害、敢于斗争的精神，培养民族责任感和历史使命感。

第二部分　教材比较

■ 与初中课程标准、教材比较

《中外历史纲要（上）》第八单元文本内容是《中国历史第三册》中的第六单元"中华民族的抗日战争"和第七单元"人民解放战争"的统合与延伸，两者既有共性又有差异。

1. 课程标准相关内容表述

初中课程标准与高中课程标准相关课程内容要求对照见表8-1。

表8-1　初中课程标准与高中课程标准相关课程内容要求对照

初中课程标准	高中课程标准
1. 通过了解九一八事变、东北抗联、一二·九运动、西安事变、七七事变、南京大屠杀、正面战场和敌后战场的抗战等史事，认识日本侵华的罪行，认识中国人民十四年抗战的艰苦历程，认识中国共产党是全民族抗战的中流砥柱，知道中国战场是世界反法西斯战争的东方主战场，体会中国军民在抗日战争中孕育的抗战精神，认识抗日战争胜利在中华民族伟大复兴中的重要历史意义； 2. 通过了解中共七大，认识确立毛泽东思想作为党的指导思想的重大意义； 3. 知道重庆谈判，理解中国共产党为争取和平民主作出的努力； 4. 了解全面内战的爆发、中共中央转战陕北和刘邓大军挺进大别山等史事； 5. 通过了解解放区的土地改革、辽沈、淮海、平津三大战役，中共七届二中全会，知道国民党反动统治的覆灭和人民解放战争迅速胜利的主要原因，以及中国共产党领导人民取得新民主主义革命胜利的意义	1. 了解日本军国主义的侵华罪行； 2. 通过了解正面战场和敌后战场的抗战，感悟中华民族英勇不屈的精神，认识中国共产党是全民族团结抗战的中流砥柱； 3. 认识中国战场是世界反法西斯战争的东方主战场，理解十四年抗战胜利在中华民族伟大复兴中的历史意义； 4. 通过了解全面内战的爆发及人民解放战争的进程，分析国民党政权在大陆统治灭亡的原因，探讨中国共产党领导人民取得中国革命胜利的原因和意义

初中课程标准对了解抗日战争与人民解放战争的相关史事、认识中国共产党发挥的作用和对中华民族伟大复兴的意义等方面提出了明确的要求。相较于初中课程标准，高中课程标准对在新民主主义革命框架下认识抗日战争和解放战争提出了更高要求，更强调对中国共产党不断自主探索、自我完善直至领导中国革命胜利这一历史进程的认识和评价。

2. 教材相关单元、课、目编排

《中国历史第三册》与《中外历史纲要（上）》相关单元、课、目编排对照见表8-2。

表8-2 《中国历史第三册》与《中外历史纲要（上）》相关单元、课、目编排对照

《中国历史第三册》		《中外历史纲要（上）》	
第六单元 中华民族的抗日战争 第七单元 人民解放战争		第八单元 中华民族的抗日战争和人民解放战争	
第六单元第18课 从九一八事变到西安事变	九一八事变	第22课 从局部抗战到全面抗战	局部抗战
	华北危机与一·二九运动		
	西安事变		
第六单元第19课 七七事变与全民族抗战	七七事变		全面抗战的开始
	第二次国共合作		
	南京大屠杀		日军的侵华暴行
第六单元第20课 正面战场的抗战	淞沪会战	第23课 全民族浴血奋战与抗日战争的胜利	正面战场的抗战
	台儿庄战役		
	武汉会战		
	第三次长沙会战		
第六单元第21课 敌后战场的抗战	平型关大捷		敌后战场的抗战
	毛泽东《论持久战》和抗日根据地的建立与发展		
	百团大战		
第七单元第22课 抗日战争的胜利	全民族坚持抗战		抗日战争的胜利
	中共七大		
	战略反攻和日本投降		
	抗日战争胜利的原因与伟大意义		

(续表)

《中国历史第三册》		《中外历史纲要（上）》	
第七单元第23课 内战爆发	重庆谈判	第24课 人民解放战争	争取和平民主的斗争
	国民党发动内战		全面内战的爆发
	解放区军民的自卫反击		
第七单元第24课 人民解放战争的胜利	解放区的土地改革		国民党政权的统治危机
	三大战役和南京解放		新民主主义革命的胜利

◆ 从内容编排看，《中国历史第三册》第六单元"中华民族的抗日战争"和第七单元"人民解放战争"，共7课时，单元主题聚焦日本不断扩大侵华战争，国共团结御侮取得伟大胜利及战后中国共产党领导人民推翻国民党独裁统治的重大史事与过程。《中外历史纲要（上）》第八单元"中华民族的抗日战争和人民解放战争"，共3课时，单元主题按时序展开这一阶段的重大历史事件，更围绕"全民族"和"人民解放"这两个关键词，展现中国人民争取民族独立，实现人民解放的历史大势。

◆ 就知识点而言，《中外历史纲要（上）》第八单元相较于《中国历史第三册》第六、七单元新增知识点大致有细菌战、"慰安妇"制度等日军侵华暴行、高校内迁、国际友人支援、国民党政权的统治危机、北平和平谈判等，并将《中国历史第三册》第20、22课的"知识拓展"栏目内容与世界史相关知识进行整合，作为"东方主战场"一目进行具体讲述。《中国历史第三册》第六、七单元中正面战场战役的具体经过、抗日英雄事迹、重庆谈判和解放战争的具体经过等内容在《中外历史纲要（上）》第八单元中则不再重复出现。

◆ 从行文表述上看，需要特别指出下列方面。

对抗日战争胜利的伟大意义，《中国历史第三册》表述为"中国抗日战争是中国近代以来中国人民反抗外敌入侵第一次取得完全胜利的民族解放战争……中国的国际地位得到提高。"《中外历史纲要（上）》的表述是"抗日战争的胜利，是近代以来中国抗击外敌入侵所取得的第一次完全胜利……重新确立了中国在世界上的大国地位。"其中将"国际地位得到提高"明确为"确立了大国地位",更符合史实,也有助于学生理解后文"凤凰涅槃,浴火重生"的意义。

对人民解放战争胜利原因的讨论,《中国历史第三册》通过课后活动引用海外学者的疑问引导学生自主探究思考。《中外历史纲要（上）》则表述为"国民党因其不能解决中国社会的根本矛盾,不能应对中国社会的发展要求,不能代表广大民众的切身利益,从而失去了民众的支持……中国共产党能够始终顺应时代发展的潮流,代表了中国最广大人民的根本利益,得到了广大民众的支持,故能领导人民取得中国新民主主义革命的胜利",在对比论述中帮助学生理解决定解放战争胜利的核心要素。

对人民解放战争胜利的意义,《中国历史第三册》没有专门论述,仅强调战争结果是"国民党残余势力退往台湾"。《中外历史纲要（上）》则表述为"中国人民革命的胜利……从根本上改变了中国社会的发展方向,是20世纪人类历史上最具影响的伟大事件之一",凸显从中国革命和世界格局双重视角理解人民解放战争胜利的意义。

■ 与华师大版高中教材比较

《中外历史纲要（上）》第八单元内容与华师大版《高中历史第五分册》第七单元第25课《九一八事变与全国抗日浪潮的兴起》、华师大版《高中历史第六分册》第一单元"中国人民抗日战争"和第二单元"中国人民解放战争"的内容基本一致,但两者在内容的编排、详略、表述等方面存在一些差异。

◆ 从内容编排看,华师大版《高中历史第五分册》25课及《高中历史第六分册》第一、二单元基本按照历史事件发生的时序进行编排,分别展示国共两党的发展变化,有助于形成清晰的时空观念。《中外历史纲要（上）》第八单元紧紧围绕单元大标题"中华民族的抗日战争和人民解放战争"中的核心概念,以"民族独立"和"政治民主"两条清晰的主线统领相关史实,有助于从整体把握这一时期历史发展的大势。

◆ 就知识点而言,《中外历史纲要（上）》第八单元相较于华师大版《高中历史第五分册》25课、华师大版《高中历史第六分册》第一、二单元,新增知识点大致有东北抗联、日军侵华暴行、第三次长沙会战、皖南事变、边区建设、七届二中全会、北平和平谈判等。华师大版《高中历史第六分册》中有关金圆券风潮等相关内容在《中外历史纲要（上）》第八单元中没有涉及。

◆ 从行文表述看，需要特别指出下列方面。

关于西安事变的影响，华师大版《高中历史第六分册》表述为"西安事变的和平解决，成为时局的转折点，对国共两党再次合作、团结抗日起了重大的推动作用"；《中外历史纲要（上）》表述为"从此，十年内战的局面基本结束，全国团结抗战的局面初步形成"。

关于南京大屠杀，华师大版《高中历史第六分册》给出"被害者达30万人以上"的结论；《中外历史纲要（上）》进一步指出这一数据是"据战后中国南京审判日本战犯的军事法庭查证"而来，并在"史料阅读"栏目补充了德国《拉贝日记》和在场日本记者的记述，为结论提供了多元的史料支撑，有利于史料实证核心素养的培育。

关于中国共产党在抗日战争中的地位和作用，华师大版《高中历史第六分册》指出中国共产党领导的敌后战场"逐渐成为中国人民抗日战争的主战场"；《中外历史纲要（上）》明确指出"中国共产党……发挥了中流砥柱的作用"，从军事、政治等多角度阐明了中国共产党在领导全民族抗战过程中的地位。

关于解放战争胜利的原因，华师大版《高中历史第六分册》指出"人心向背是决定战争胜负的关键"；《中外历史纲要（上）》则从阶级分析出发，站在国共两党各自代表的社会阶级属性角度论述了国民党失败的历史因果。

第三部分　核心问题释读

线索一　作为民族振兴转折点的全民族抗战

1. 全民族抗战局面是如何形成的？

九一八事变后，日本对华侵略步步紧逼，国民政府坚持"攘外必先安内"，全力围剿红军，张学良、杨虎城发动西安事变，成为扭转时局的关键。卢沟桥事变后，中国共产党和中间政治派别相继发表抗日宣言。在各方面因素的合力推动下，蒋介石国民党也表达了抗战的决心。

　　中共中央再郑重向全国宣言：

　　一、孙中山先生的三民主义为中国今日之必需，本党愿为其彻底的实现而奋斗。二、取消一切推翻国民党政权的暴动政策及赤化运动，停止以暴力没收地主土地的政策。三、取消现在的苏维埃政府，实行民权政治，以期全国政权之统一。四、取消红军名义及番号，改编为国民革命军，受国民政府军事委员会之统辖，并待命出动，担任抗日前线之职责。

　　亲爱的同胞们！本党这种光明磊落大公无私与委曲求全的态度，早已向全国同胞在言论行动上明白表示出来，并且已获得同胞们的赞许。现在为求得与国民党的精诚团结，巩固全国的和平统一，实行抗日的民族革命战争，我们准备把这些诺言中在形式上尚未实行的部分，如苏区取消、红军改编等，立即实行，以便用统一团结的全国力量，抵抗外敌的侵略。

　　——《中共中央为公布国共合作宣言》(1937年7月15日)，《周恩来选集》，转引自《中外历史纲要（上）》第八单元第22课"问题探究"栏目。

从中共中央发表的宣言可以看出，中国共产党以民族大义为重，做出了巨大的让步，取消了自国民党清党反共以来十年间坚定不移推行的政策，表现出了极大的诚意。

　　一、提前召集国民代表大会，制定全国上下一致遵守政治纲领，俾全国各阶层力量，能迅速集中，各方政治意见能彻底融洽，以树立政府之坚实抗战基础。

　　二、实现最低限度之民主政治，以增强人民对政府之信赖，并使人民得以自由发挥其抗战能力。

　　……

　　七、对广大战区中之劳苦人民，自由职业者，中小手工业者，失业公务人员等须有妥善之救济方法。

　　八、除汉奸外，宜从速开释全国政治犯，并取消以前有碍民众运动之各项特殊条例。

　　——《中华民族解放行动委员会在卢沟桥事变爆发时对国民党提出的八大政治主张》(1937年7月10日)，转引自《中外历史纲要（上）》第八单元第22课"学思之窗"栏目。

以中华民族解放行动委员会为代表的中间政治派别在主张上明显表现出与中国共产党主张的相似之处，既有抵抗日本侵略的坚定诉求，也表达了政治民主化的强烈呼声。

> 对于抗日任务，民主也是新阶段中最本质的东西，为民主即是为抗日。抗日与民主互为条件，同抗日与和平、民主与和平互为条件一样。民主是抗日的保证，抗日能给予民主运动发展以有利条件。
>
> ——毛泽东：《为争取百万群众进入抗日民族统一战线而斗争》，《毛泽东选集》第 1 卷，人民出版社 1991 年版，第 274 页。

中间政治派别与中国共产党共同推动抗日民族统一战线的形成，既体现出各党派求同存异、团结御侮的民族凝聚力，也为中国的民主化进程做出了贡献。

> 我们既是一个弱国，如果临到最后关头，便只有拼全民族的生命，以求国家生存；那时节再不容许我们中途妥协，须知中途妥协的条件，便是整个投降、整个灭亡的条件。全国国民最要认清，所谓最后关头的意义，最后关头一到，我们只有牺牲到底，抗战到底。唯有"牺牲到底"的决心，才能博得最后的胜利。若是彷徨不定，妄想苟安，便会陷民族于万劫不复之地！……如果战端一开，那就是地无分南北，年无分老幼，无论何人，皆有守土抗战之责，皆应抱定牺牲一切之决心。
>
> ——蒋介石：《对于卢沟桥事件之严正表示》(1937 年 7 月 17 日)，转引自《中外历史纲要（上）》第八单元第 22 课 "问题探究" 栏目。

7 月 17 日蒋介石发表的谈话，表明了国民政府准备对日采取强硬态度，坚决抵抗侵略的决心。9 月 22 日，国民党中央通讯社发表《中共中央为公布国共合作宣言》。9 月 23 日，蒋介石发表谈话，承认了中国共产党的合法地位。至此，以国共第二次合作为基础的抗日民族统一战线正式形成。纵观事态发展的进程，国民党虽然也有抗战御侮的主观愿望，但在具体步骤上行动迟缓，处处被动。而中国共产党则在其中起到了重要的推动作用。

> （法西斯国家）过去和现在都在执行一种具有极大挑衅性的对外政策，蓄意制造和恶化国际关系中的紧张形势，这种政策的特别突出之点就是反对苏联。
>
> ——〔苏〕安德烈·安德烈耶维奇·葛罗米柯：《苏联对外政策史》，韩正文等译，中国人民大学出版社 1989 年版，第 330 页。

九一八事变后，国际局势的变化也对中国全民族抗战局面的形成起到了不可忽视的作用。随着欧亚战争策源地逐渐形成，受到欧洲绥靖政策影响，西线面对德国且东线面对日本的苏联转而希望蒋介石国民政府成为抵抗日本侵略的中坚力量，其要求中共中央积极和平解决西安事变的行为便不难理解了。同时，日本侵略威胁到了英美在华利益，欧美同样支持和平解决。可见，在西安事变解决的过程中，大国关系的发展变化也会左右中国政局的走向。

全民族抗战局面的正式形成，是以抗日民族统一战线的正式形成为基础。"全民族"的概念可以从社会阶层来理解，即除了以武力直接抵抗日军侵略的国共两党外，中间政治派别、知识分子、海外华侨、学生、工人等都以各自的方式参与到抗战的斗争中，并做出了重要贡献。"全民族"的概念指代整个中华民族，包括广大的汉族，少数民族同胞同样在其中发挥了不可忽视的作用。

2. 如何理解中国共产党在抗日战争中的中流砥柱作用？

第一，中国共产党领导的军事斗争对抗战胜利起到中流砥柱的作用。在全民族抗战的过程中，中国共产党始终高举抗日旗帜，坚定不移地推行全面抗战路线。即使在国民党消极抗日、积极反共的时间段里，中国共产党也在政治上坚决打退国民党反共高潮，坚持开展艰苦卓绝的敌后抗日游击战争。

据不完全统计，从1937年9月到1938年10月，在战略防御阶段的一年多时间里，八路军、新四军同日伪军作战1 600余次，毙伤俘敌5.4万余人，八路军发展到15.6万余人，新四军发展到25万人，敌后抗日根据地（包括游击区）总人口达到5 000万以上……八路军发动的百团大战，作战1 824次，毙伤日伪军2.58万人，俘虏1.8万余人，破坏铁路474公里、公路1 500公里，桥梁、隧洞和火车站260多处，导致日军赖以运输兵力和物资的华北主要交通线瘫痪，迫使日军将兵力转向后方，迟滞了日军南下的步伐。

从1938年起，中国共产党领导的军队抗击侵华日军的比例：1938年59%，1939年62%，1940年58%，1941年75%，1942年63%，1943年58%，1944年64%，1945年69%。进入全面抗战的八年中，八路军、新四军和华南人民抗日游击队对敌作战12.5万余次，消灭日伪军171.4万人，其中日军52.7万余人，缴获各种枪支69.4万余支，各种炮1 800余门，收复国土 100 余万平方公里，解放人口约 1 亿。

——曲青山：《论中国共产党在抗日战争中的历史地位和作用》，
见中共中央党史研究室、中国社会科学院、中国人民解放军军事科学院编：
《纪念中国人民抗日战争暨世界反法西斯战争胜利 70 周年国际学术
研讨会论文集》，第 8—9 页。

纵观中国共产党领导的敌后战场抗战，不仅在战略上有力地配合了正面战场的作战，也实际上牵制了侵华日军的主要兵力，付出了巨大牺牲，取得了重大战果，为全民族浴血奋战的最终胜利做出了重要贡献。

第二，中国共产党在实际的抗战斗争中总结出了科学的抗战路线，基于中国国情的科学抗战分析，为抗战胜利提供了重要的理论遵循。

> 我们说抗日战争是持久战，是从全部敌我因素的相互关系产生的结论。敌强我弱，我有灭亡的危险。但敌尚有其他缺点，我尚有其他优点。敌之优点可因我之努力而使之削弱，其缺点亦可因我之努力而使之扩大。我方反是，我之优点可因我之努力而加强，缺点则因我之努力而克服。所以我能最后胜利，避免灭亡，敌则将最后失败，而不能避免整个帝国主义制度的崩溃。

——毛泽东：《论持久战》，《毛泽东选集》第 2 卷，
转引自《中外历史纲要（上）》第八单元第 23 课"史料阅读"栏目。

《论持久战》将这种敌我分析的范畴上升到中日两国的高度，是在全面总结抗战以来经验教训的基础上提出的。所谓"全部敌我因素的相互关系"，就是指中日双方存在的 4 对基本矛盾特点。其一，日本是帝国主义强国，中国是半殖民地半封建弱国；其二，日本侵华是反动的、退步的，中国抗战是正义的、进步的；其三，日本是小国，打不起消耗战，中国是大国，足以坚持长期作战；其四，日本侵华孤立无援，中国抗战能得到世界同情与帮助。第一个特点决定了中国不可能短时间内击败日本，也就是不能"速胜"，后 3 个特点决定了日本失败、中国胜利的必然结果。毛泽东基于对敌我双方优势和劣势的全面比较，得出了抗日战争必然是持久战，胜利必然属于中国的科学结论，坚定了广大军民持续抗战、顽强斗争的决心，为抗日战争走向最终胜利提供了科学的理论指导。

第三，中国共产党能将抗战期间积累的经验与实践进行总结，转化成全党的统一认识，进而带领中国人民继续赢得新民主主义革命的完全胜利。

中国急需把各党各派和无党无派的代表人物团结在一起，成立民主的临时的联合政府，以便实行民主的改革，克服目前的危机，动员和统一全中国的抗日力量，有力地和同盟国配合作战，打败日本侵略者，使中国人民从日本侵略者手中解放出来。然后，需要在广泛的民主基础之上，召开国民代表大会，成立包括更广大范围的各党各派和无党无派代表人物在内的同样是联合性质的民主的正式的政府，领导解放后的全国人民，将中国建设成为一个独立、自由、民主、统一和富强的新国家。

——毛泽东：《论联合政府》，《毛泽东选集》第 3 卷，人民出版社 1991 年版，第 1029—1030 页。

抗战胜利前夕，中国共产党在延安召开中共七大，毛泽东在会上做了《论联合政府》的报告，提出了当前党的政治路线。报告批评了国民党的消极抗战路线，并将中国共产党在抗战实践中积累的经验作为政治路线确立下来，同时将战时对中间政治派别的统战政策内涵进行延伸，提出了废除国民党一党专政，建立联合政府，推进政治民主化的诉求。不难看出，此时的中国共产党已不仅是正确抗战路线的代表，更在抗战尚未结束时就已经成为战后中国前进方向的灯塔。

3. 中国重新确立世界上大国地位的依据是什么？

全民族抗战的胜利完全改变了中国的国际地位。全面抗战爆发后，中国军民前赴后继、浴血奋战，令世界为之动容。随着欧战爆发，英、法等国在纳粹德国进攻下节节败退，中国却能与日军形成战略相持之势，并在局部取胜，在国际上产生了巨大的积极影响。1941 年 12 月，日本制造珍珠港事件，太平洋战争爆发，中国战场与美英太平洋战场密切联系起来。1942 年初，中国与美、英、苏及其他同盟国家签署《联合国家宣言》，组建世界反法西斯统一战线，成为世界反法西联盟的倡导者之一。中国政府派遣远征军赴缅参战，救援英军，稳定了中缅战场的形势，战绩名扬海外。中国的抗战也取得了同盟国家的有力支援，美国志愿援华航空队"飞虎队"及驼峰航线的开辟、滇缅公路的修建，都为中国抗战的胜利做出了重要贡献。同时，中国战场也在消灭日本法西斯的战争中扮演了最重要的角色。

勇敢的中国人民抗击日本侵略，歼灭了无数日军，摧毁了大量的日本军用物资。援助中国进行英勇抗战并最终发起反击是非常必要的，因为中国的抗战是最终战胜日本的重要因素。

——〔美〕富兰克林·罗斯福，《罗斯福炉边谈话》，张爱民等译，
中国社会科学出版社2009年版，第176页。

中国抗战军民伤亡3 500万以上，其中军队伤亡380余万，占各国伤亡人数总和的三分之一；日本军国主义侵略军在中国造成一次性800人以上伤亡的惨案至少有173个；按照1937年的比价，中国官方财产损失和战争消耗达1 000多亿美元，间接损失达5 000亿美元；日本投降前夕，日军在中国战场的兵力为186万人，其海外总兵力为358万人，在华兵力占其海外总兵力的50%以上，等等。

——《求是》杂志社课题组：《铭记伟大历史彰显学术话语——纪念中国人民抗日战争暨世界反法西斯战争胜利七十周年理论研究成果综述》，
《中国社会科学》2015年第12期，第13页。

中国的抗战牵制、消耗和消灭了日军总兵力的半数以上，且在欧美等国对法西斯侵略采取绥靖政策时便坚持抗战，同时以实际行动支援盟国在亚太地区的作战，证明了中国战场是世界反法西斯战争的东方主战场，并得到了其他盟国的承认。

在太平洋战争爆发时，武器装备落后的中国已经孤军抗击日军四年多了，粉碎了日军速亡中国的企图，有力地支援了其他反法西斯战场。中国的英勇抗战，改变了中国过去任人欺侮的软弱形象，中国的国际地位相应提高，赢得了国际上的广泛支持、同情和尊敬……美英要对中国继续保持奴役性的不平等条约是十分不合时宜的了。

——韩渝辉：《中国是怎样得以在抗战时期实现废约的》，
《近代史研究》1986年5月，第133页。

作为对中国抗战贡献和牺牲的认可，1943年初，中国分别与美、英签署新约，废除不平等条约，取消在华特权。1943年11月，中、美、英三国首脑在开罗举行会议，发表《开罗宣言》，规定"日本所窃取于中国之领土，例如满洲、台湾、澎湖列岛等归还中华民国"，从而为战后中国恢复对台湾等地行使主权提供了重要的法理依据。同时，作为联合国创始国之一且在联合国成立过程中发挥了重要的作用，中国不仅是《联合国宪章》的首签国，还是联合国安理会5个常任理事国之一。此举确立了中国在世界上的大国地位。

也应看到，这一时期中国大国地位的确立仍然带有一定局限性。签订新约

后，外国人在中国仍有一系列特权未予完全取消。香港、九龙等租借地也没有收回。在1945年召开的雅尔塔会议上，美、英、苏三国以中国东北地区的权益为代价换取苏联对日作战，严重损害了中国的主权和利益。中国被完全排斥在外，又一次沦为大国强权政治宰割和利益交换的对象。

线索二　中国共产党争取和平与民主的进程

1. 抗战胜利后，中国共产党是如何争取和平的？

抗战胜利后，和平、民主成为饱受战乱之苦的中国人民的共同心愿。

中国共产党认为在这个新的历史时期中，我全民族面前的重大任务是：巩固国内团结，保证国内和平，实现民主，改善民生，以便在和平民主团结的基础上，实现全国的统一，建设独立自由与富强的新中国，并协同英、美、苏及一切盟邦巩固国际的持久和平。

——《中共中央对目前时局宣言》，摘自中央档案馆：《中共中央文件选集15》，中共中央党校出版社1991年版，第247页。

（一）关于和平建国的基本方针

一致认为：中国抗日战争业已结束，和平建国的新阶段，即将开始，必须共同努力，以和平、民主、团结、统一为基础，并在蒋主席领导之下，长期合作，坚决避免内战，建设独立、自由和富强的新中国，徹底实行三民主义。双方又同认蒋主席所倡导之政治民主化、军队国家化、及党派平等合法，为达到和平建国必由之途径。

……

（九）关于军队国家化问题

中共方面提出政府应公平合理地整编全国军队，确定分期实施计划，应重划军区，确定征补制度，以维军令之统一。在此计划下，中共愿将其所领导的抗日军队，由现有数目，缩编为24个师，并表示迅速将其所领导下散布在广东、浙江、苏南、皖南、皖中、湖南、湖北、河南（豫北不在内）各地之部队，由上述地区，逐次撤退，应整编的军队调至陇海路以北及苏北皖北的解放区集中。

——《政府与中共代表会谈纪要》，摘自中央档案馆：《中共中央文件选集15》，中共中央党校出版社1991年版，第326—328页。

全中国人民在战胜日本侵略者之后，为建立国内和平局面所作之努力，今已获得重要之结果。中国和平民主新阶段，即将从此开始。

——《中共中央关于停止国内军事冲突的通告》，摘自中央档案馆：《中共中央文件选集16》，中共中央党校出版社1992年版，第15页。

1945年8月25日，中共中央发表《对目前时局的宣言》，明确提出在新的和平建设时期"我们必须坚持和平、民主、团结，为独立、自由与富强的新中国而奋斗"，反映了中国共产党顺应民心，力争国内和平民主的真诚愿望。1945年国共重庆谈判后，双方在10月10日正式签署《政府与中共代表会谈纪要》，即"双十协定"，国民党政府承认中共提出的"和平建国的基本方针"。重庆谈判是对中共和平主张的一次宣传、普及，是对全国和平民主运动的一次大推动、大促进。1946年1月10日，政治协商会议在重庆开幕。

1946年6月26日，国民党军队进攻中原解放区，全面内战爆发。至此，中国共产党不得不以革命的武装斗争，去争取和平、民主。尽管中共为争取和平民主的努力失败了，但它的历史影响是重大而深远的。一方面，中共提出"和平、民主、团结"的方针，并通过谈判、整军等表明中共争取和平的诚意，符合全国人民的利益，赢得了舆论的支持与赞成，在与国民党的政治斗争中处于有利地位；另一方面，中共争取和平民主的努力，赢得了民主党派的认同与支持，为建立人民民主统一战线奠定了基础。

2. 抗战和解放战争期间，中国共产党如何开展民主化实践？

中国共产党民主政治建设的初试是在陕甘宁边区。

改苏维埃工农共和国为苏维埃人民共和国……这些政策的改变，首先就是在更充分地表明苏维埃自己不但是代表工农的，而且是代表中华民族的。

——《中央关于目前政治形势与党的任务决议》，中央档案馆编：《中共中央文件选集10》，中共中央党校出版社1991年版，第610页。

1941年5月1日中共中央批准颁布的《陕甘宁边区施政纲领》，全面体现了共产党团结抗战的基本路线和根据地建设的基本方针。

民主政权建设，是抗日根据地建设首要的、根本的任务。中国共产党提出，根据地政权是共产党领导的抗日民族统一战线性质的政权，是一切赞成抗日又赞成民主的人们的政权，是几个革命阶级联合起来对于汉奸和反动派的民主专政。边区（省）、县参议会既是民意机关，也是立法机关……抗日民主政府在工作人员分配上实行"三三制"原则。这样做，可以容纳各方面的代表，团结一切赞成抗日又赞成民主的各阶级、阶层。

抗日民主政权普遍采取民主集中制，各级抗日民主政权机构的领导人都经过人民选举产生。

——中共中央党史研究室：《中国共产党的九十年·新民主主义革命时期》，
转引自《中外历史纲要（上）》第八单元第23课"探究与拓展"栏目。

从政权形式上看，中共中央在1935年到达陕北后，改"中华苏维埃共和国"为"中华苏维埃人民共和国"，后又改为"中华苏维埃民主共和国"。抗日民族统一战线建立后，出于团结抗战的需要，中共创新政权形式，改为抗日民主政权，构建由参议会、政府、法院组成的政权结构形态，这种改变更能体现抗日和民主精神。其次，陕甘宁边区实行"三三制"政权建设原则，中共党员在参议会和政府机关的组成中不超过1/3，主张各党各派各阶级合作，为边区的民主政治建设提供组织保证，开创了中国政治协商制度的先河。此外，边区各级参议会是由边区全体人民选举代表而组成，边区各级政府及其工作人员由边区各级参议会选举产生，保障了边区人民实现当家作主的权利。陕甘宁边区的民主政治建设推动了边区社会的整体发展，也为后来的民主建设提供借鉴。

以1946年冬爆发的"抗议美军暴行"运动为标志，一个以反对美蒋为中心的、声势浩大的爱国民主运动在国统区迅速兴起。这一运动以学生为先锋，核心是反饥饿、反内战、反迫害，逐步发展成为配合人民解放军作战的第二条战线。

——转引自《中外历史纲要（上）》第八单元第24课
"历史纵横"栏目"第二条战线"。

中国现有的八个民主党派都是在民主革命时期形成的。这些党派组建的宗旨大都为挽救民族危亡，促进社会进步，发展民主科学。多数民主党派成立的时间是在抗日战争到人民解放战争期间，只有中国致公党和中国农工民主党是在这之前成立的。抗日战争胜利后，国共两党谈判协商的政治氛围，鼓舞了各界民主人士参政的信心和勇气。各界民主人士活跃起来，他们积极整顿组织，发表政见，或者组建新的政党。1945年，中国民主同盟提出了"民主统一、和平建国"的口号，并召开了全国代表会议。同年，中国民主建国会、中国民主促进会、九三学社成立。在民主活动受到国民党政府压制后，它们逐渐和共产党结成同盟。在人民解放战争走向胜利之时，台湾民主自治同盟、中国国民党革命委员会先后成立。这些民主党派在维护和平、反对内战的运动中发挥了重要作用。

——转引自《中外历史纲要（上）》第八单元第24课"探究与拓展"栏目。

解放战争时期，中国共产党的民主政治建设不断拓展与完善。早在1945年中共七大上，毛泽东作了《论联合政府》的政治报告，提出结束国民党一党专政、建立联合政府。抗战胜利后，中国共产党力图通过协商谈判争取民主，1946年重庆政协会议上通过《和平建国纲领》明确提出"建立统一、自由、民主的新中国"。中国共产党还抓住有利时机，团结各民主党派，为争取民主、反对内战而努力。内战爆发后，中国共产党一方面通过武装斗争争取建立新中国，实现民主政治，另一方面领导国统区的人民民主运动，逐步形成配合人民解放军作战的第二条战线，使国民党反动统治集团深深陷于革命力量两面夹击的境地。

线索三　中国社会主要矛盾的交织演化

研究任何过程，如果是存在着两个以上矛盾的复杂过程的话，就要用全力找出它的主要矛盾。捉住了这个主要矛盾，一切问题就迎刃而解了。

——毛泽东：《矛盾论》，《毛泽东选集》第1卷，
人民出版社1991年版，第322页。

帝国主义和中华民族的矛盾，封建主义和人民大众的矛盾，这些就是近代中国社会的主要矛盾。当然还有别的矛盾，例如资产阶级和无产阶级的矛盾，反动统治阶级内部的矛盾。而帝国主义和中华民族的矛盾，乃是各种矛盾中的最主要的矛盾。

——毛泽东：《中国革命和中国共产党》，《毛泽东选集》第2卷，
人民出版社1991年版，第631页。

近代中国，社会矛盾错综复杂。在诸多矛盾中，由半殖民地半封建社会性质决定的主要矛盾是帝国主义和中华民族的矛盾、封建主义和人民大众的矛盾。这两对主要矛盾贯穿中国半殖民地半封建社会的始终，对近代中国社会的发展变化起着决定性的作用。在抗日战争和解放战争时期，近代中国主要矛盾决定了国共两党的关系，同时后者反过来又影响着主要矛盾的解决。

沈阳日军行动，可作为地方事件，望力避冲突，以免事态扩大，一切对日交涉，听候中央处理。

——洪钫：《九一八事变时的张学良》，全国政协《文史资料选辑》第6辑第1页，转引自张魁堂：《张学良传》，东方出版社1991年版，第82页。

我国民众此刻必须上下一致，先以公理对强权，以和平对野蛮，忍痛含悲，暂取逆来顺受态度，以待国联公理之判断。

——1933年9月23日蒋介石在南京国民党员大会上的演讲，转引自严如平、郑则民：《蒋介石传稿》，中华书局1992年版，第248页。

为挽救日益严重的民族危机，1935年8月1日，中共驻共产国际代表团以中华苏维埃共和国中央政府和中国共产党中央委员会的名义发表《为抗日救国告全体同胞书》，即"八一宣言"，号召"停止内战，一致抗日"。年底，中共中央在瓦窑堡召开会议。毛泽东根据会议精神，在党的活动分子会议上作了《论反对日本帝国主义的策略》的报告，确定了建立抗日民族统一战线的方针，统一了党内思想。

——"'八一宣言'和瓦窑堡会议"，转引自《中外历史纲要（上）》第八单元第22课"历史纵横"栏目。

1931年，日本发动蓄谋已久的九一八事变，民族危机日益严重。国民党政府面临着中日民族矛盾和国内阶级矛盾的双重压力，罔顾全国人民要求抗日的呼声，将阶级矛盾置于民族矛盾之上。九一八事变后，日本侵略步伐不断加快，中日民族矛盾日益激化。西安事变的和平解决成为国共关系的重要转折点。在中国共产党推动下，国共两党摒弃前嫌、将民族矛盾置于首位，再度携手合作，抗日民族统一战线正式形成。中日民族矛盾的激化是国共关系从分裂、对抗走向合作的根本原因。

从抗日民族统一战线正式建立到抗战胜利，国共双方基本以合作为主。但由于国共两党代表不同阶级利益，以争夺领导权和军事摩擦为主要形式的阶级斗争仍比较激烈。1941年发生的皖南事变是抗战时期国共阶级矛盾冲突达到白热化的集中表现。国民党方面担心抗战期间共产党力量的不断壮大，不惜采用军事来驱除共产党军队，是为了自身利益将阶级矛盾凌驾于民族矛盾之上。中共中央则坚持抗战、团结、进步的方针，一面从政治上坚决打退国民党的反共高潮，一面坚持艰苦的敌后抗日游击战争。

当着帝国主义不是用战争压迫而是用政治、经济、文化等比较温和的形式进行压迫的时候，……人民大众往往采取国内战争的形式，去反对帝国主义和封建阶级的同盟，而帝国主义则往往采取间接的方式去援助半殖民地国家的反动派压迫人民，而不采取直接行动，显出了内部矛盾的特别尖锐性。

——毛泽东：《矛盾论》，《毛泽东选集》第1卷，人民出版社1991年版，第321页。

随着抗日战争的胜利，中国人民同美帝国主义支持的国民党反动派之间的矛盾成为中国社会的主要矛盾，两党关系趋向紧张乃至分裂。国共两党从各自阶级的根本利益出发，提出了"一党专政"和"联合政府"的建国方针。1945年，毛泽东在中共七大上作《论联合政府》的政治报告，主张废止国民党专政，建立民主联合政府。而国民党坚持独裁统治，撕毁重庆谈判和政治协商会议上达成的协议，发动内战，国共关系由再度合作走向再度分裂。

抗战时期和解放战争时期国共关系发展变化的历史表明：中国社会主要矛盾的发展变化与国共关系的演变密切相关。当民族矛盾成为最主要的矛盾时，国共两党以民族利益出发，建立抗日民族统一战线，合作以抵御外来侵略；而当阶级矛盾成为主要的矛盾时，两党以本阶级利益为根本，发生分裂斗争。

■ 历史之音

1. 教材文本为何称"中国战场是世界反法西斯战争的东方主战场"？

中国战场牵制着日本陆军三分之二以上的兵力。正是由于中国战场的顽强抵抗，彻底粉碎了日本的"北进"计划，推迟了日本的"南进"计划，打破了德、意、日法西斯瓜分全球、称霸世界的侵略图谋，有力地支援了苏联的卫国战争和美英盟军对德、意、日作战。

——郑德平：《中国的抗日战争在世界反法西斯战争中的重要战略地位》，《理论观察》2016年第12期，第57页。

近年来，中国战场与世界反法西斯战争间的关联互动得到学界的更多重视。从世界反法西斯战争的角度看，轴心国集团德、意、日三巨头中日本处于东方，中国战场作为东方"主战场"的依据可以从应然与实然两个维度进行思考。

从应然的历史逻辑看，日本帝国主义从明治维新时代起在制定对外侵略扩张政策时，早已将中国视为其对外扩张的核心所在。自19世纪末侵占琉球、渗透朝鲜后，日本对外扩张的步伐全部指向中国。因此，日本势必会将主要军事力量投入中国战场作战，中国战场必将成为东方最重要的战场。20世纪30年代末，日本北进派曾试探对苏联发动攻势，在张鼓峰和诺门坎两次战役后随即放弃，转而以开辟东南亚战场作为其支撑侵略中国战略的南进行动。这足以证明中国在日本法西斯扩张策略中的核心地位，中国战场因而在反法西斯战争东方战场上处于支配地位。

从实然的历史事实看，中国战场在整个反法西斯战争中开始时间最早、持续时间最长。从各反法西斯战场开始的时间来看，欧洲战场始于1939年，北非战场始于1940年，太平洋战场始于1941年，中国战场可以追溯到1931年。1931年九一八事变爆发后，东北人民已经开始了艰苦卓绝的抗日斗争，中国局部抗战开始。1937年卢沟桥事变后，中国全面抗战开始。1931—1945年，中国军民前赴后继，坚定不移地抵抗日本侵略，向全世界展现了反抗侵略的坚定意志。一方面，在反法西斯战争前期，相较于苏联与纳粹德国签署互不侵犯条约、美国的孤立主义和英法的绥靖政策，中国军民即使在不利的国际环境下依然顽强抵抗、孤军奋战，其功绩和影响彪炳史册。另一方面，中国战场与世界反法西斯战争的其他战场具有高度的互动关系，在战略上形成了对世界反法西斯战争的有力配合。中国战场对日军的巨大牵制，既使日本无力北上进攻苏联，使苏联避免陷入东西两线作战的窘境，可倾全力与纳粹德国作战；又让日本陆军无法抽调更多兵力用于太平洋战场，致使日本在太平洋战场最终败于美国强大的战争潜力之下。此外，1942年，中国远征军入缅作战，有力支援了盟军、配合了盟军在太平洋的反攻。

2. 如何理解"中国人民革命的胜利，是马克思主义普遍原理与中国革命具体实践相结合的胜利"？

中国革命胜利的历史证明，马克思主义概括的是无产阶级解放运动的一般规律，而每个国家的历史事实和发展过程是丰富多彩、千差万别的。各国工人阶级政党只有把马克思主义一般原理同本国的具体实际相结合，形成符合本国社会发展规律和民族历史特点的理论和路线，即实现马克思主义民族化，使马克思主义成为本国人民革命斗争的思想武器，才能领导革命和建设事业走向胜利。

——王朝彬：《把马列主义普遍原理同中国革命具体实际相结合——中国共产党与中国革命胜利的道路》，《学习导报》2001年第1期，第9页。

中国人民以反帝反封建为革命目标，经历了旧民主主义革命和无产阶级及其政党领导的新民主主义革命两个阶段。从中国共产党领导人民革命以来，将马克思主义普遍原理与中国革命具体实践相结合既是中国人民革命取得胜利的原因，也是中国人民革命胜利的表现。历史地看，中国共产党之所以能在恶劣的斗争环境下由小到大、由弱变强，与马克思列宁主义的中国化密不可分。

中国共产党从一开始就是以马克思列宁主义作为指导思想的。但是马克思主义的一般原理，不可能对任何国家的革命，尤其是中国这样的半殖民地半封建东方大国的革命，提供现成的公式。中国共产党的幼年时期，曾经一再犯过把马克思主义教条化和把外国经验神圣化的幼稚病。患着这种病，只能使中国革命在黑暗中摸索，甚至陷于绝境。毛泽东在同这种错误倾向作斗争的过程中，在党和人民的集体奋斗中，把马克思主义普遍原理同中国革命具体实际成功地结合起来，总结和创造了一系列新鲜经验，形成了适合中国情况的科学的指导思想——毛泽东思想。在这个科学思想指引下，中国革命才能够高屋建瓴，势如破竹，取得了一个又一个伟大的胜利。

——王朝彬：《把马列主义普遍原理同中国革命具体实际相结合——中国共产党与中国革命胜利的道路》，《学习导报》2001年第1期，第7页。

中国共产党成立伊始，在领导工人运动的过程中认识到建立革命统一战线的必要性，与国民党合作，推动了国民革命和北伐战争的开展。国民党右派叛变革命后，中国共产党认识到武装斗争的必要性，毛泽东在八七会议上提出了"政权是由枪杆子中取得的"重要结论。在实际的武装起义斗争中，中国共产党认识到中国的国情与苏俄不同，革命的基础和火种并不在城市而在广大的农村，井冈山革命根据地的开辟使中国共产党走出了一条"农村包围城市，武装夺取政权"的革命新道路。长征途中，面对红军伤亡惨重的局面，中国共产党在与共产国际联系完全中断的情况下召开遵义会议，确立了正确的军事路线，从而在危急时刻挽救了党，挽救了红军，挽救了中国革命，引领长征取得胜利，打开了中国革命的新局面。面对日本帝国主义加紧对华侵略，中国共产党以民族大义为重，适时调整政策，由"抗日反蒋"转为"逼蒋抗日"，和平解决了西安事变并推动以第二次国共合作为基础的抗日民族统一战线的正式形成。全面抗战爆发后，毛泽东通过对中日双方客观实力与主观条件的对比，得出抗日战争必然是持久战的科学结论，领导根据地人民不断开拓敌后战场，中国共产党成为抗日战争的中流砥柱。

从国民革命失败到抗日战争，毛泽东的思想在实践中不断得到完善和验证，形成了马克思主义中国化的最终成果——毛泽东思想。

在毛泽东思想的不断指引下，中国共产党持续加强自身建设。从三湾改编到古田会议确立"思想建党，政治建军"的原则，从土地革命和中华苏维埃共和国建立到抗日根据地推行的"减租减息"和"三三制"，中国共产党日益完善自身的社会动员能力、群众基础和政权建设经验，最终为夺取全国革命的胜利，实现中国人民的彻底解放奠定坚实基础。以广泛的统一战线、革命的武装斗争和党的自身建设为三大武器，在马克思主义中国化的最终成果即毛泽东思想的指引下，中国人民革命走向胜利是历史的必然。

第九单元

中华人民共和国的成立和社会主义革命与建设

第一部分　单元解析

课程标准要求

高中课程标准对本单元的内容要求阐述如下。

（1）认识中华人民共和国成立的伟大意义。

（2）概述新中国巩固人民政权的主要举措。

（3）认识新中国为民主政治建设和向社会主义过渡所作出的努力。

（4）了解20世纪50—70年代中国探索社会主义建设道路的曲折发展和伟大成就，认识"文化大革命"的错误及教训。

（5）理解政治、经济、外交、国防等领域所取得的成就在新中国历史上所具有的开创性、奠基性意义。

（6）了解和感悟这一时期中国人民艰苦奋斗、奋发图强的精神风貌。

（7）了解毛泽东对中国革命和社会主义建设的贡献，认识毛泽东思想对近现代中国的深远影响。

单元主题解读

本单元的大标题"中华人民共和国的成立和社会主义革命与建设"包含3个关键词。"中华人民共和国的成立"标志着中国历史的发展进入新纪元，是进行"社会主义革命"与"（社会主义）建设"的前提条件，同时也在时间上界定了本单元的时间起点。"社会主义革命"与"（社会主义）建设"进一步明确了本单元的时间跨度是 1949—1978 年；同时点明了在这一时间段内现代中国历史发展的主要脉络，即在 20 世纪下半叶的世界变局中，站起来的中国人民在中国共产党领导下，基于新民主主义革命的胜利成果，通过"社会主义革命"，奠定了当代中国一切发展与进步的根本政治前提和制度基础，并在独立探索适合中国国情的"社会主义建设"道路上取得了举世瞩目的成就。

在本单元导言中，第一段最后一句话"古老的中国以崭新的姿态屹立在世界东方"的表述值得关注。这一表述，点出了单元大标题中三个关键词所涵盖的时间段，与前一历史时期间承前启后的关系；同时将本单元置于世界大势的视野中进行解读。纵向来看，社会主义革命是在"新民主主义革命胜利成果的基础上"进行；社会主义建设在"曲折探索中积累了社会主义建设的重要经验"，并"在'一穷二白'的基础上"取得了社会主义的政治、经济和文化等方面的伟大成就，从而为下一阶段中国的腾飞奠定了基础。横向来看，新中国的成立冲破了帝国主义在世界东方的殖民体系，扩大了社会主义的影响力，增强了世界和平和民主的力量。在 70 年代世界多极化趋势的发展中，中国成为一支重要的多极力量。教师应引导学生从整体上理解该时间段内中国历史发展的开创性、奠基性意义。

▎单元内容结构

本单元包括两课，第 25 课《中华人民共和国成立和向社会主义的过渡》和第 26 课《社会主义建设在探索中曲折发展》。

整体来看，重要史实按照时序展开。从更深层次看，每一课的内容都系统诠释了单元标题中 3 个核心关键词之间的密切联系。第 25 课聚焦中华人民共和国的成立和社会主义革命时期的重要史实。第一目"中华人民共和国的成立"是本单元内容的前提条件，承接新民主主义革命的胜利成果。第二目"人民政权的巩固"与第三目"开创独立自主的和平外交"相互联系，阐述了新中国在 50 年代初严峻的国际形势下，积极稳定国内形势，并初步融入世界，为第四目"社会主义基本制度的建立"奠定了基础。第 26 课侧重于 1956—1978 年新中国社会主义建设道路的探索。第一目"全面建设社会主义"重心在"全面"，即新中国"以苏联为鉴"，从社会主义理论发展出发，在践行政治、经济、文化等制度化建设中，全面、独立探索出一条适合中国国情的社会主义建设道路。第二目"文化大革命"是探索中的严重曲折。新生的人民政权在探索中虽历经严重曲折，但仍取得举世瞩目的历史成就，因此第三目设置为"伟大的建设成就"，即新中国初步建立起独立的、比较完整的工业体系，为社会主义现代化奠定了重要的物质、技术基础，培养了大批骨干力量，积累了领导社会主义建设的重要经验，形成了中国人民艰苦奋斗、奋发图强的精神风貌，创造了有利于社会主义建设的和平国际环境，因而这段时期在新中国历史上具有开创性、奠基性的意义。

核心素养教学建议

（1）能够运用唯物史观，理解新民主主义革命的意义，了解新中国走向社会主义的历史发展总趋势。

（2）能够将中国放在20世纪下半叶的世界新变化中去思考，并将之与19世纪中叶至20上半叶的中国历史进行比较，理解中国在此期间所取得成就的开创性、奠基性意义。

（3）通过相关史料了解中国社会主义建设时期的重要史实，理解社会主义建设过程中的"曲折"，肯定"探索"与"前进"为未来中国的发展奠定了基础。

（4）能够在充分占有史料的基础上，知道中国社会主义建设时期的国内外局势，能够从内因与外因等角度客观、公正、全面地评析中国社会主义建设时期的曲折探索与伟大成就。

（5）认同中国特色社会主义道路是历史的必然，树立中国特色社会主义道路自信、理论自信、制度自信和文化自信。

第二部分 教材比较

与初中课程标准、教材比较

《中外历史纲要（上）》第九单元文本内容是《中国历史第四册》[1]中第一单

---

[1] 教育部组织编写：《义务教育教科书（五四学制）中国历史 第四册》，人民教育出版社2022年版。以下简称《中国历史第四册》。

元"中华人民共和国的成立和巩固"、第二单元"社会主义制度的建立与社会主义建设的探索"、第五单元"国防建设与外交成就"和第六单元"科学技术与社会生活"的延伸，两者既有共性又有差异。

1. 课程标准相关内容表述

初中课程标准与高中课程标准相关课程内容要求对照见表9-1。

表9-1　初中课程标准与高中课程标准相关课程内容要求对照

初中课程标准	高中课程标准
1. 了解中国人民政治协商会议召开、开国大典，认识中华人民共和国成立对中国和世界历史的伟大意义； 2. 知道抗美援朝、土地改革，理解其对巩固人民民主政权的意义； 3. 通过《中华人民共和国宪法》的制定，以及人民代表大会制度、中国共产党领导的多党合作和政治协商制度、民族区域自治制度的确立，认识当代中国政治制度的内涵及意义； 4. 了解"一五"计划、"三大改造"、开创独立自主的和平外交，理解建立社会主义制度的重要意义； 5. 知道中共八大； 6. 了解"大跃进"运动、人民公社化运动等错误与调整国民经济的"八字方针"； 7. 认识这一时期取得的政治、经济、外交、国防、科技等成就及其具有的开创性、奠基性意义； 8. 了解毛泽东对中国社会主义革命和社会主义建设的贡献，认识毛泽东思想的重要指导意义； 9. 了解以王进喜、雷锋、钱学森、邓稼先、焦裕禄等为代表的广大干部群众艰苦奋斗的事迹； 10. 了解"文化大革命"的严重危害及主要教训	1. 认识中华人民共和国成立的伟大意义； 2. 概述新中国巩固人民政权的主要举措； 3. 认识新中国为民主政治建设和向社会主义过渡所作出的努力； 4. 了解20世纪50—70年代中国探索社会主义建设道路的曲折发展和伟大成就，认识"文化大革命"的错误及教训； 5. 理解政治、经济、外交、国防等领域所取得的成就在新中国历史上所具有的开创性、奠基性意义； 6. 了解和感悟这一时期中国人民艰苦奋斗、奋发图强的精神风貌； 7. 了解毛泽东对中国革命和社会主义建设的贡献，认识毛泽东思想对近现代中国的深远影响

初中课程标准对了解新中国前29年的一系列重大历史事件、新中国建立后建设成就的具体内容及影响、先进模范人物的事迹等方面提出了明确的要求。相较于初中课程标准，高中课程标准更突显"新中国成立的意义""社会主义革命"

与"社会主义建设"的主题,强调从整体上把握共和国历史发展的脉络、理解新中国走上社会主义道路的必然性。

2. 教材相关单元、课、目编排

《中国历史第四册》与《中外历史纲要(上)》相关单元、课、目编排对照见表9-2。

表9-2 《中国历史第四册》与《中外历史纲要(上)》相关单元、课、目编排对照

《中国历史第四册》		《中外历史纲要(上)》	
第一单元 中华人民共和国的成立和巩固 第二单元 社会主义制度的建立与社会主义建设的探索 第五单元 国防建设与外交成就 第六单元 科学文化与社会生活		第九单元 中华人民共和国的成立和社会主义革命与建设	
第一单元第1课 中华人民共和国成立	中国人民政治协商会议	第25课 中华人民共和国成立和向社会主义的过渡	中华人民共和国的成立
	开国大典		
	西藏和平解放		
第一单元第2课 抗美援朝	抗美援朝,保家卫国		人民政权的巩固
	战斗英雄黄继光和邱少云		
第一单元第3课 土地改革	《中华人民共和国土地改革法》的实施		
	土地改革的意义		
第五单元第16课 独立自主的和平外交	和平共处五项原则的提出		开创独立自主的和平外交
	加强与亚非国家的团结合作		
第二单元第4课 新中国工业化的起步和人民代表大会制度的确立	第一个五年计划		社会主义基本制度的建立
	人民代表大会制度的确立		
第二单元第5课 三大改造	农业、手工业合作化		
	公私合营		

（续表）

《中国历史第四册》		《中外历史纲要（上）》	
第二单元第6课 艰辛探索与建设成就	在探索中曲折前进	第26课 社会主义建设在探索中曲折发展	全面建设社会主义
	"文化大革命"		"文化大革命"
	建设成就		
第五单元第17课 外交事业的发展	恢复在联合国的合法席位		伟大的建设成就
	中美、中日建交		
	全方位外交		
第六单元第18课 科学文化的成就	从"两弹一星"到漫步太空		
	杂交水稻与青蒿素		
	文化事业的发展		

◆ 从内容编排看，《中国历史第四册》第一、第二单元大体按照时序，用"一事一课""一事一目"的形式编排，有助于学生更好地把握共和国发展的大致时间脉络；国防外交成就的相关内容单独设置为一个单元。《中外历史纲要（上）》第九单元则从"中华人民共和国的成立""社会主义革命""社会主义建设"三大核心概念入手，叙事精简，着眼于大历史观，整体把握中华人民共和国成立初期的历史。

◆ 就知识点而言，相较于《中国历史第四册》，《中外历史纲要（上）》第九单元新增知识点大致有"银元之战""米棉之战""一边倒"方针、"另起炉灶"方针、"打扫干净屋子再请客"方针、50年代中国第一次建交高潮、"百花齐放、百家争鸣"方针、全党整风运动和反右派斗争、三届全国人大一次会议、三线建设等。

《中国历史第四册》中有关西藏和平解放、毛泽东做《论十大关系》报告等相关内容在《中外历史纲要（上）》第九单元中没有涉及。"一化三改造"及20世纪70年代外交成就等的具体内容和过程在《中国历史第四册》中均有详细表述，在《中外历史纲要（上）》第九单元中亦不再赘述。

◆ 从行文表述看，需要特别指出下列方面。

关于"一化三改造"，《中国历史第四册》中没有明确出现"过渡时期总路线"的概念，而是将其中的"一五计划"和"三大改造"分成两课，在顺序上先叙述"一五计划"的实施使我国向社会主义工业化迈进,再叙述"三大改造"的完成。在"三大改造"的评价中出现"社会主义基本制度在我国建立起来"的表述,同时也提及了改造工作中存在的缺点。《中外历史纲要(上)》在两者的顺序上优先叙述"三大改造",评价的表述是"标志着社会主义经济制度在我国的确立",认为"三大改造"是"一五计划"提前完成的重要前提,体现了过渡时期总路线的内在联系,在评价中强调"经济制度",和后文的"社会主义政治制度"共同构成了子目标题的"社会主义基本制度"。

有关日内瓦会议的评价,《中国历史第四册》(知识拓展《周恩来和日内瓦会议》)表述为"在会议期间,周恩来出色的外交才能和政治家风度,为新中国赢得了很高的国际声誉,大大提高了中国的国际地位,为打开新中国外交的新局面作出了巨大贡献。"该表述更关注周恩来在日内瓦会议上所作出的贡献。《中外历史纲要(上)》则以大历史观放眼日内瓦会议的国际意义,表述为"印度支那问题由于中国作出的努力得以政治解决,显示了刚刚登上国际舞台的新中国在通过谈判解决国际争端、维护世界和平方面所起的积极作用。"

有关社会主义基本制度的建立的评价,《中国历史第四册》一言蔽之,"这是中国历史上最深刻的社会变革。"《中外历史纲要(上)》在初中教材的基础上延伸到社会主义革命的意义,表述为"中国共产党团结带领人民完成社会主义革命……完成了中华民族有史以来最为深刻的社会变革,为当代中国一切发展进步奠定了根本政治前提和制度基础。"此外《中外历史纲要(上)》还进一步强调了毛泽东和毛泽东思想在社会主义革命、社会主义建设过程中不可替代的作用。

与华师大版高中教材比较

《中外历史纲要(上)》第九单元文本内容与华师大版《高中历史第六分册》第五单元"中国从新民主主义向社会主义过渡"、第六单元"社会主义道路的探索与曲折"以及第九单元"中国走向世界"前两课的内容基本一致,但两者在内容的编排、详略、表述等方面存在一些差异。

◆ 从内容编排看,华师大版《高中历史第六分册》按照时序罗列主要史实,同时将外交领域的成就单独设置为一个单元。《中外历史纲要(上)》第九单元在编排上更关注政治制度、经济发展、国防建设与外交成就等各方面的体系建构,叙事更为精简,更突显单元整体性与核心概念之间承前启后的关系。

◆ 就知识点而言，相较于华师大版《高中历史第六分册》相关单元，《中外历史纲要（上）》第四单元新增知识点大致有"银元之战""米棉之战""一边倒"方针、"另起炉灶"方针、"打扫干净屋子再迎客"方针、50 年代中国第一次建交高潮、全党整风运动和反右派斗争、七千人大会、三线建设等。

华师大版《高中历史第六分册》中有关西藏和平解放、毛泽东做《论十大关系》报告、1949—1978 年的文学艺术成就、1966 年中共中央政治局扩大会议、党的八届十一中全会等相关内容在《中外历史纲要（上）》第九单元中没有涉及。

◆ 从行文表述看，需要特别指出下列方面。

关于中华人民共和国成立的意义，华师大版《高中历史第六分册》第五单元的表述为"结束了帝国主义压迫中国、奴役中国人民的历史，结束了封建主义、官僚资本主义统治中国的历史、结束了军阀割据、内外战乱频仍、四分五裂的历史"。《中外历史纲要（上）》概括为"结束帝国主义、封建主义和官僚资本主义长期压迫和剥削中国各族人民的历史"，体现了半殖民地半封建社会下内外反动势力对民众的压迫，强调了中国从古至今的统一多民族国家概念。华师大版教材的进一步表述为"是 20 世纪世界历史进程中最重大的事件之一，壮大了世界和平、民主和社会主义的力量"。《中外历史纲要（上）》则表述为"人民真正成为国家的主人，从根本上改变了中国社会的发展方向，为实现新民主主义向社会主义过渡创造了前提条件。中华民族开始以崭新的姿态自立于世界民族之林，中国历史进入新纪元。"两者都从世界历史发展角度来评价新中国成立的意义，《中外历史纲要（上）》更强调新中国成立对中国社会发展的根本性转变和开创的新纪元。

关于"一化三改造"的表述，华师大版《高中历史第六分册》第五单元将"一化三改造"中的"一五计划"和"三大改造"分开叙述，指出两者分别奠定了社会主义制度的物质基础和经济基础。《中外历史纲要（上）》重点叙述三大改造，认为"三大改造"的完成"标志着社会主义经济制度在我国的初步建立"；认为"三大改造"是"一五计划"提前完成的重要前提，由此点明了过渡时期总路线的内在联系。

关于这一时期中国人民艰苦奋斗、奋发图强的精神风貌的表述，华师大版《高中历史第六分册》第六单元在图文史料上略有涉及，如焦裕禄、邓稼先，但只是简单提及"在建设社会主义的各条战线上，涌现出不少先进模范人物"。《中外历史纲要（上）》对此进行了详细描述，如抗美援朝时期涌现的英雄功臣和功臣集体如杨根思、黄继光、邱少云、罗盛教等，社会主义建设时期出现的先进典型和英雄模范人物如王进喜、焦裕禄、雷锋和以李四光、钱学森、邓稼先、华罗庚等，由此体现出"人民群众在历史发展中的作用"。

关于20世纪50年代外交的表述，华师大版《高中历史第六分册》第八单元仅提及和平共处五项原则，并将日内瓦会议、亚非会议分目罗列。《中外历史纲要（上）》将20世纪50年代的新中国外交表述为"开创独立自主的和平外交"，详细描述了从"一边倒""另起炉灶"等外交方针到和平共处五项原则产生的历史背景及具体内涵，并整合了外交理论与实践的内容。《中外历史纲要（上）》将20世纪70年代外交内容归于社会主义建设的伟大成就，将外交活动、国防建设、经济发展视为整体。

第三部分　核心问题释读

线索一　对于中华人民共和国成立的伟大意义的认识

对于中华人民共和国的成立意义，可分为革命意义、社会意义和世界意义三方面进行分析，这里适当结合第二目人民政权的巩固相关措施，来帮助学生理解。

1. 如何理解中华人民共和国成立的革命意义？

◆ 关于革命意义的教材文本解读是什么？

中国的工业和农业在国民经济中的比重，就全国范围来说，在抗日战争前，大约是现代性的工业占百分之十左右，农业和手工业占百分之九十左右。这是帝国主义制度和封建制度压迫中国的结果……也是中国革命的时期内和革命胜利以后一个相当长的时期内一切问题的基本出发点。

——毛泽东：《毛泽东在七届二中全会上的讲话》，《毛泽东选集》第4卷，人民出版社1991年版，第1470页。

由于长期处于半殖民地半封建社会，使得中国近代工业发展缓慢，自给自足小农经济根深蒂固，因此1949年的中国被称为"一穷二白"。因此，教材文本将新中国的成立表述为"结束了帝国主义、封建主义和官僚资本主义长期压迫和剥削中国各族人民的历史",其中包括两层含义。

一是从根本终结了帝国主义列强侵略压迫中国、欺凌奴役中国人民的苦难历史,中国从一个半殖民地性质的国家变为具有独立主权的国家。这是完成了新民主主义革命的反帝任务。

二是结束了封建主义、官僚资本主义统治的历史,随着在全国范围内完成废除封建剥削的土地制度的改革,中国从根本上结束了极少数剥削者统治广大劳动人民的历史。这是完成了新民主主义革命的反封建任务。

◆ 如何理解新中国成立的革命意义?

> 1949年10月,中国海关总署成立。1950年,中央人民政府政务院发布公布《中华人民共和国暂行海关法》和新的海关税则,并由国家管制对外贸易,施行进出口许可证制度。至此中国海关完全掌握在中国人民自己手中。
>
> 1950年1月,北京、天津和上海的军管会先后宣告收回或征用美国、英国、法国、荷兰在当地的兵营,外国在华军事特权全部取消。
>
> 1950年7月,政务院财政经济委员会发布关于统一航运管理的告示,规定外轮一般不准在中国内河航运……中国领水主权全部恢复。
>
> ——中共中央党史研究室:《中国共产党的九十年·
> 社会主义革命和建设时期》,中共党史出版社2016年版,第367页。

自鸦片战争以来,西方列强通过一系列不平等条约,破坏中国的领土、司法、关税等主权,使中国逐步沦为半殖民地半封建国家。中华人民共和国成立后,在不到一年内,便彻底结束了鸦片战争以来我国主权被外国肆意践踏、外国人在中华大地上耀武扬威的百年屈辱史。

> 东北自11月15日至30日,须每日运粮一千万至一千二百万斤入关,……财政部拨交贸易部二亿一千万斤公粮,以应付棉产区粮食销售。
>
> ——陈云:《制止物价猛涨》(1949年11月13日),
> 引自《陈云文选》,人民出版社1991年版,第30页。

在新中国建立前,废除封建土地制度的土地改革、大行政区建设等制度已经在解放区开展。结合第二目中上海的"米棉之战",11月在"米棉之战"打响的前夜,陈云起草的《制止物价猛涨》,实质上显现出解放区土地改革使得新政权获得了强大的政治经济动员能力,这才是中央最终获得经济战胜利的重要原因。

1950年3月，政务院发出《关于统一国家财政经济工作的决定》……1950年一、二季度国家财政赤字曾占支出总数的43%和40%，而三、四季度即下降到9.8%和6.4%，财政收支当年已接近平衡。

——中共中央党史研究室编：《中国共产党的九十年·社会主义革命和建设时期》，中共党史出版社2016年版，第373页。

通过稳定物价和统一财经，新中国实现了在全国范围内将半殖民地半封建经济转变为独立自主的新民主主义经济。

2. 中华人民共和国成立的社会意义

第十二条　中华人民共和国的国家政权属于人民。人民行使国家政权的机关为各级人民代表大会和各级人民政府。各级人民代表大会由人民普选产生之。各级人民代表大会选举各级人民政府。

第十五条　各级政权机关一律施行民主集中制。

——《中国人民政治协商会议共同纲领》(1949年)，见杨建新、石光树、黄廷华：《五星红旗从这里升起——中国人民政治协商会议诞生记事资料选编》，文史资料出版社1984年版，第481、483页。

依据《中国人民政治协商会议共同纲领》，中国历史上第一次出现了人民当家作主的政权。因此教材中"人民真正成为国家的主人，从根本上改变了中国社会的发展方向，为实现由新民主主义向社会主义的过渡创造了前提条件"这一句话，意指一个真正属于人民的共和国的建立，为实现国家富强、民族复兴奠定了坚实的基础。这一社会意义，体现了革命的阶段性、新民主主义革命与社会主义革命两个阶段的衔接。民主集中制，又区别于资产阶级国家的议会制和三权分立制，能够保证最广大人民享有当家作主的权利。

3. 如何理解中华人民共和国成立的世界意义？

◆ 新中国成立时面对的世界格局是怎样的？

联合世界上以平等待我的民族和各国人民，共同奋斗，这就是联合苏联、联合各人民民主国家，联合其他各国的无产阶级和广大人民，结成国际的统一战线……必须一边倒……中国人民不是倒向帝国主义一边，就是倒向社会主义一边，绝无例外。骑墙是不行的，第三条道路是没有的。

——毛泽东：《论人民民主专政》(1949年6月30日)，《毛泽东选集》第4卷，人民出版社1991年版，第1472—1473页。

追问一：从国际背景角度出发，新中国为何强调联合苏联？

新中国成立时，由于意识形态的对立与国家利益的冲突，美苏两国已从二战时的同盟关系转变为势均力敌的对手关系，冷战大幕早已落下。这种局面对新中国来说影响是巨大的。新中国成立后，美国对新中国长期坚持执行政治上孤立、军事上包围和经济上封锁的政策。中国与苏联一样，都是社会主义国家，1949年苏共领导人做出了将大力援助新中国建设的承诺。基于此，身处冷战大环境中的新中国会强调联合苏联。

追问二：除了苏联，毛泽东所说的"各人民民主国家"还指哪些国家？

主要是第二次世界大战（简称二战）结束后在东欧和亚洲出现的一系列人民民主国家，这些国家与苏联组成了可以与帝国主义抗衡的社会主义阵营。

二战结束，随着世界殖民体系的崩溃，民族解放运动风起云涌，大量新兴民族国家诞生。社会主义阵营的形成，民族解放运动的发展为新中国的成立与发展提供了有利的国际环境。而新中国的成立也冲破了帝国主义的东方战线，大大增强了社会主义阵营和人民民主的力量。

追问三：如何理解"平等"这一关键词？

建交的前提是平等，这个关键词充分体现出新中国作为一个独立的主权国家的本质特点，这与鸦片战争后逐渐沦为半殖民地半封建社会性质，且国家主权受侵的近代中国屈辱的形象形成本质区别。

◆ **关于世界意义的教材文本解读是什么？**

基于20世纪50年代国际格局的演变，新中国成立的世界意义在于：从事实上冲破了帝国主义的东方战线，大大加强了世界和平、民主和社会主义阵营的力量，改变了世界格局，维护世界和平和正义事业，推动世界走向进步和光明，从而对世界历史产生了广泛而深远的影响。

线索二　新中国会走向社会主义

1. 如何理解社会主义是历史发展的大方向？

> 尽管我们所处的时代同马克思所处的时代相比发生了巨大而深刻的变化，但从世界社会主义500年的大视野来看，我们依然处在马克思主义所指明的历史时代。
>
> ——习近平：《习近平谈治国理政》第2卷，外文出版社2007年版，第66页。

马克思、恩格斯在其著作中多次阐述了资本主义制度灭亡、社会主义制度崛起的理论。十月革命后，世界上第一个社会主义国家诞生，至20世纪中叶涌现出一大批社会主义国家。新中国建立以来，以毛泽东为首的党中央不断丰富和发展马克思主义，并使之与中国国情相结合，探索出一条符合中国实际的社会主义建设道路。

中国共产党从成立之初就制定了实现社会主义的纲领和目标。中国老百姓也希望摆脱社会资源和生产资料由少数人占有的不公平状态，从而走上一条共同富裕的康庄大道。可以说从新中国成立开始，中国已经走向社会主义发展的道路。

1949年颁布的《中国人民政治协商会议共同纲领》规定，中华人民共和国为"实行工人阶级领导的、以工农联盟为基础的、团结各民主阶级和国内各民族的人民民主专政"的国家。自此，中国共产党成为在全国范围执掌政权的党，领导全国各族人民建设新生活、实现人民共同富裕、国家繁荣富强。事实证明，只有进行社会主义革命、实行社会主义制度才能达成这些伟大目标，才符合历史发展方向。

2. 新中国发展的社会主义基础是什么？

◆ 为什么说毛泽东思想的引领是中国共产党的独特之处？

　　毛泽东同志为中国新民主主义革命的胜利、社会主义革命的成功、社会主义建设的全面展开，为实现中华民族独立和振兴、中国人民解放和幸福，作出了彪炳史册的贡献。

——习近平：《在纪念毛泽东同志诞辰120周年座谈会上的讲话》（2013年12月26日），转引自《中外历史纲要（上）》第九单元第27课"学思之窗"栏目。

毛泽东亲自参与到社会主义建设中。以他为代表的中共第一代领导集体带领中国人民，承接新民主主义革命胜利成果，在经济上、政治上、军事上、外交上、文艺上采取了积极有效的措施，巩固了新生的人民政权。在1953年6月15日召开的中央政治局扩大会议上，毛泽东首次提出了过渡时期总路线的基本内容。在总路线的指导下，我国成功开辟出了一条富有中国特色的社会主义改造道路，实现了对农业、手工业和资本主义工商业的社会主义改造，开始改变工业落后的面貌，人民生活水平得到提高。

在新中国的社会主义革命中，在毛泽东的带领下，中国人民创造性地完成了从半殖民地半封建的旧社会到民族独立、人民当家作主的伟大目标，实现了从新民主主义到社会主义的两个历史性转变，确立了社会主义基本制度，完成了中国历史上最深刻最伟大的社会变革。

毛泽东思想不仅是新民主主义革命的指导思想，也是社会主义革命、社会主义建设的指导思想。

1949年6月30日，毛泽东发表《论人民民主专政》，提出人民民主专政这一科学概念，即"对人民内部的民主方面和对反动派的专政方面，互相结合起来，就是人民民主专政"。他认为，在现阶段的中国，人民包括工人阶级、农民阶级、城市小资产阶级和民族资产阶级。工人阶级是领导力量，工农联盟是基础力量。

——转引自《中外历史纲要（上）》第九单元第25课"历史纵横"栏目。

毛泽东的《论人民民主专政》，为之后制定《中国人民政治协商会议共同纲领》提供了理论基础。毛泽东关于人民民主专政的理论，是在对中国革命、中国历史、中国人民的深入理解下，对马克思主义国家学说的扩展和完善，在理论和政策上为新中国的建立奠定了基础。

国家的统一，人民的团结，国内各民族的团结，这是我们的事业必定要胜利的基本保证。

——毛泽东：《关于正确处理人民内部矛盾的问题》（1957年），
转引自《中外历史纲要（上）》第九单元第26课"学思之窗"栏目。

1957年初，毛泽东作了《如何处理人民内部的矛盾》的讲话。讲话经修改和补充后，以《关于正确处理人民内部矛盾的问题》为题发表在《人民日报》上。毛泽东认为当时我国正要进入全面建设社会主义时期，在国际上要借鉴苏联和东欧各国社会主义建设的经验教训，并结合我国的实际国情，站在社会主义事业能否取得胜利的高度，提醒全党全国人民团结的重要意义。该文中关于正确处理人民内部矛盾的论述为认识中国基本国情奠定了理论基础。

◆ **如何看待生产关系的突破性变革？**

历史发展证明，生产关系必须适应社会生产力发展的需要，如果生产关系落后于生产力发展需要，就要通过革命或改革来改变生产关系，使之适应生产力发展的需要。中国新民主主义革命的胜利推翻了压迫民众的帝国主义、封建主义、官僚资本主义，这是中国历史上一个重大进步，为社会主义制度的建立奠定了生产关系的基础。

  曾被称为"纺织大王"的一位民族资本家，历述了他如何一直梦想兴办工业，救国图强，可是在旧社会受尽帝国主义和官僚资本的压迫和勒索，解放初期由于政府贷款、委托加工和收购产品，才使企业摆脱窘迫局面，盈利逐年增加。他看到整个国家出现前所未有的欣欣向荣景象，真诚地说："五年计划开始了，全国兴建了许多大工厂，各地进行了大规模的建设，一切实现得比梦想还要快，多么令人鼓舞！没有共产党，不走社会主义的道路，哪能有今天？"

——中共中央党史研究室：《中国共产党的九十年·社会主义革命和建设时期》，中共党史出版社2016年版，第458页。

中国共产党争取到了大多数民族资本家的支持。在社会主义改造过程中，他们与中国共产党合作，使马克思、列宁所设想的对资本主义的和平赎买得以顺利完成，并在新的社会实践中得到了充实，丰富了科学社会主义理论。这是中国共产党创造的独特经验。

◆ **如何看待经济基础的全面建立与政治制度的保障？**

  国民收入结构上，1956年同1952年相比，国营经济的比重由19.1%上升到32.2%，合作社经济由1.5%上升到53.4%，公私合营经济由0.7%上升到7.3%，社会主义经济成分合计达92.9%。

——中共中央党史研究室：《中国共产党的九十年·社会主义革命和建设时期》，中共党史出版社2016年版，第458页。

1956年，在针对生产资料私有制的问题上，中国共产党在农业、手工业、资本主义工商业领域开展了一场彻底的社会主义改造，把生产资料私有制转变为全民所有或者国家所有的公有制。我国的国民经济生产中，公有制经济已经占据国民经济生产的主体。这标志着社会主义经济制度，即以生产资料公有制为基础的经济制度，在我国初步建立起来，为社会主义制度的全面建立奠定了经济基础。

在政治上，中国共产党在领导人民群众建设社会主义中起着举足轻重的作用。作为人民民主专政国家的领导阶级，其领导作用得到增强，工农联合、工人阶级与其他人民群众的联合也在社会主义的基础上得到了进一步的巩固。按照民主集中制而设立的人民代表大会制度，能成为适合中国的一种政治体制，是因为这一制度反映了人民当家作主的根本需要，有利于人民群众参与国家治理，更好地发挥他们的积极性和创造性，确保国家沿着社会主义道路前行。与此同时，在中国共产党的领导下，多党合作与政治协商制度不断深入，民族区域自治制度不断健全，这也反映出我国在国家基础制度方面所取得的伟大的成就。1954年颁布的《中华人民共和国宪法》，是一部具有社会主义性质的宪法，包含了人民民主和社会主义两项基本原则，以基本法的方式确立了中国人民在国家政权中的地位，为建设社会主义社会提供了一条正确的、可持续的道路。这一切的一切，都构成了我国全面确立社会主义体制的政治根基。

线索三 社会主义建设时期的探索

1. 社会主义建设时期的国际格局演变是怎样的？

要正确认识1956—1978年中国社会主义建设时期的曲折与前进，必须首先了解该时期的国际格局演变。

20世纪50年代，苏共二十大召开，赫鲁晓夫打破了斯大林的个人崇拜，却没有对斯大林的功过做全面、客观的分析，造成严重的后遗症。外加苏联在建设实践中所暴露出的弊端，这些都促使中国共产党人开始"以苏为鉴"，积极探索适合中国国情的社会主义建设道路。与此同时，美国仍旧对中国进行重重封锁。50年代末，中苏关系也开始恶化，也使得中国面对的国际局势比较严峻。

20世纪70年代，世界产生了深刻变化，多极化趋势更明显。以中国自力更生拥有"两弹一星"、中华人民共和国恢复在联合国的一切合法权利、美国总统尼克松正式访华等重大事件为标志，中国成为国际社会中不可忽视的政治力量。

2. 为什么说中共八大是全面建设社会主义的开始？

> 特别值得注意的是，最近苏联方面暴露了他们在建设社会主义过程中的一些缺点和错误……过去我们就是鉴于他们的经验教训，少走了一些弯路，现在当然更要引以为戒……我们一定要努力把党内党外、国内国外的一切积极的因素，直接的、间接的积极因素，全部调动起来，把我国建设成为一个强大的社会主义国家。
>
> ——毛泽东：《论十大关系》(1956年)，《毛泽东文集》第7卷，人民出版社1999年版，第23—44页。

毛泽东在《论十大关系》中指出，中国要建设成为一个强大的社会主义国家，其关键在于能否调动一切积极的因素、如何调动积极因素和吸取苏联的经验教训。《论十大关系》初步总结了我国社会主义建设的经验，提出了探索适合中国国情的社会主义建设道路的任务，为中共八大的召开作了理论上的准备。

　　党的八大提出在三个五年计划或者再多一点的时间内，在我国建成一个基本上完整的工业体系的战略构想。

　　大会《关于修改党的章程的报告》，指出党的领导工作能否保持正确，决定于它能否采取"从群众中来，到群众中去"的方法。

　　大会上陈云提出了的"三个主体、三个补充"的思想（国家经营和集体经营、计划生产、国家市场为主体，个体经营、自由生产、自由市场三者为补充），为大会决议并采纳。

　　大会上董必武着重谈了要有法可依、有法必依的问题，建议尽快制定刑法、民法、诉讼法、劳动法、土地使用法等法律，逐步完善社会主义法制。

　　　　——整理自中共中央党史研究室：《中国共产党的九十年·社会主义革命和建设时期》，中共党史出版社2016年版，第474—476页。

中共八大在分析中国当时主要矛盾的基础上，进一步明确了党和国家社会主义建设的长期战略目标；确定了经济建设的方针；初步探索了中国经济体制改革的方向；进一步加强人民民主专政，加强了执政党的自身建设；此外还确定了我国文化教育事业的发展方针。中共八大的内容包含了经济、政治、文化、教育等方方面面，因此，中国开始进入全面建设社会主义阶段。

3. 社会主义建设成就得以实现的基础是什么？

　　20世纪60年代初，大庆工人吃大苦、耐大劳，坚持"三老四严""四个一样"（即对待革命事业，要当老实人、说老实话、办老实事。对待工作，要有严格的要求、严密的组织、严肃的态度、严明的纪律。对待革命工作要做到黑天和白天一个样，坏天气和好天气一个样，领导不在场和领导在场一个样，没有人检查和有人检查一个样）和"爱国、创业、求实、奉献"的精神风貌，出色地完成石油会战，摘掉了中国贫油的帽子。

　　　　——转引自《中外历史纲要（上）》第九单元第26课"学思之窗"栏目。

20世纪60年代初，中国正处于大跃进后的严重经济困难时期，在国际社会上又遭到帝国主义的封锁。尽管出现那么严重的困难，人民却仍然团结在党的周围,把战胜困难、经济好转的希望寄托在党的身上。也正是由于中国人民团结一致、艰苦朴素的精神,才使得中国能够克服大跃进后的经济严重困难,为此后经济的健康发展奠定基础。

为什么在严重困难时期,人民却能紧紧团结在党的周围,从而形成全新的时代风貌?

> 敌我之间的矛盾是对抗性的矛盾。人民内部的矛盾,在劳动人民之间说来,是非对抗性的……一般说来,人民内部的矛盾,是在人民利益根本一致的基础上的矛盾。……把解决人民内部矛盾的这种民主的方法,具体化为一个公式,叫做"团结—批评—团结"。讲详细一点,就是从团结的愿望出发,经过批评或者斗争使矛盾得到解决,从而在新的基础上达到新的团结。
>
> ——毛泽东:《关于正确处理人民内部矛盾的问题》(1957年),《毛泽东文集》第7卷,人民出版社1999年版,第205—210页。

回顾之前对于毛泽东《关于正确处理人民内部矛盾的问题》的内容分析,正是由于中国共产党将团结视为解决人民内部矛盾的关键要素,才有了这一时期人民群众伟大的时代风貌。

> 刘少奇在七千人大会上代表中央作出的书面报告,指出:我们所有的领导干部,都应该听老实话,听老实人的话。同时,必须在党员中间,大力提倡说老实话、办老实事、当老实人,坚决反对弄虚作假。
>
> ——李颖:《文献中的百年党史》,学林出版社2020年版,第285页。

大庆工人的"三老四严"源自党中央在七千人大会的报告。刘少奇代表党中央作出的书面报告,其实反映了中国共产党一贯以来实事求是的作风和对群众路线的坚持。秉持着实事求是的精神,在经济困难时期,党中央抱着对人民负责的态度,及时把情况告诉人民,公开进行自我批评,努力调整政策,纠正错误。因此人民仍然紧紧团结在党的周围,把战胜困难、经济好转的全部希望寄托在党的领导身上。

在社会主义建设时期,党和人民同甘共苦、同舟共济,才有了社会主义建设的伟大成就。

4. 社会主义建设时期的伟大成就

1949—1966年主要工业品增长见表9-3。

表 9-3 1949—1966 年主要工业品增长

产品名称	1949 年产量	1956 年产量	1966 年产量
原煤（万吨）	3 243	11 000	25 200
发电量（亿度）	43.08	166	825
原油（万吨）	12	116	1 455
钢（万吨）	15.8	447	1 532
机床（万台）	—	2.59	5.49
汽车（万辆）	0	0.17	5.59
棉纱（万吨）	棉花 44.4 万吨 棉布 18.9 亿米	95.2	156.5
化纤（万吨）	—	（1957 年）0.02	7.58
自行车（万辆）	—	64	205.3
缝纫机（万架）	—	20.6	142.4
手表（万只）	—	（1957 年）0.04	128.9

注：摘自何沁：《中华人民共和国史》，高等教育出版社 1999 年版，第 8 页、第 170 页。

从表 9-3 中可以看出，除了传统的棉纺织业等轻工业外，电力、煤炭、钢铁、石油等重工业迅速发展，出现了新兴的工业部门如自行车制造、新材料化纤以及手表等电子工业的发展。因此，新中国建立起独立的、比较完整的工业体系。

1964 年成功爆炸第一枚原子弹；

1967 年成功爆炸第一枚氢弹；

1968 年建成的南京长江大桥，是我国自行设计建造的最大的铁路、公路两用桥；

1970 年成功发射第一颗人造地球卫星"东方红一号"；

1971 年第一艘核潜艇建成并完成系泊试验，1974 年完成试航任务；洲际火箭首次飞行试验成功。

1972 年中国参加了在瑞典举行的世界上第一次保护环境的国际会议——联合国人类环境会议。

1973 年在世界上首次成功培育强优势的籼型杂交水稻。

1974年建成第一条长距离输油管道（大庆至秦皇岛）。

1975年建成的宝成铁路是我国第一条电气化铁路。

1976年初步建成连通全国20多个省市的微波通信干线。

——整理自中共中央党史研究室：《中国共产党的九十年·社会主义革命和建设时期》，中共党史出版社2016年版，第599—604页。

在艰苦岁月中，除了经济上的成就，中国在军事、农业、交通、电信、环境保护等各个方面取得了成就，其影响不仅仅是提高了中国的国防实力，也惠及普通民生。进一步结合外交领域的成就，从20世纪70年代中国成为世界多极化的重要力量角度，了解这些成就提高了中国的国际地位和国家实力。这些伟大的成就证明，中国共产党和社会主义制度具有强大的生命力，中国人民是伟大的。

历史之音

1. 教材为何用"站起来"形容中国人民？

◆ "站起来"的中国人民的出处在哪里？

> 诸位代表先生们，我们有一个共同的感觉，这就是我们的工作将写在人类的历史上，它将表明：占人类总数四分之一的中国人从此站立起来了。
>
> ——毛泽东：《中国人民站起来了》，《毛泽东文集》第5卷，人民出版社1996年版，第343页。

"站起来"对应的，是古老中国的辉煌与近代中国的耻辱间的强烈反差。鸦片战争以来，中国人民曾经饱受列强凌辱，被视为世界上的"劣等民族"，国家与民族曾处于危亡的边缘。面对内外反动势力的重重压迫，中国人民始终进行着不屈不挠的斗争。抗战时期，在中国共产党主导的抗日民族统一战线下，中华民族取得了一百多年来反抗外国侵略的第一次完全胜利。之后，中国共产党又领导人民取得了新民主主义革命的胜利，使得中国人民重新找回了自己的尊严，对未来充满希望。

◆ "站起来"的中国人民的群像是什么？

> （北平解放后第一次各界人民代表会议）我踏进会场，就看见很多人，穿制服的，穿工装的，穿短衫的，穿旗袍的，穿西服的，穿长袍的，还有位戴瓜帽的——这许多一望而知不同的人物，会在一个会场里一起讨论问题，在我说是生平第一次。这是什么意思呢？我望着会场前挂着大大的"代表"

二字，不免点起头来。代表性呀！北平住着的就是这许多形形色色的人物。如果全是一个样子的人在这里开会，那还能说是代表会么？

——费孝通：《费孝通文集》第6卷，群言出版社1999年10月版，第96—97页。

在费孝通的描述中，穿着"短衫""长袍"、戴"瓜帽"的工人农民，在旧社会是社会的底层，如今和"穿西服""穿长袍"的人坐在一起，这反映出中国广大人民真正实现了人民当家做主，也展示了"站起来"的中国人民的群像。

◆ "站起来"的中国人民如何在党的领导下推进社会主义革命与建设？

社会主义革命时期，抗美援朝战争打出了国威和军威，提高了新中国的国际地位。志愿军涌现出杨根思、黄继光、邱少云、罗盛教等30多万英雄功臣和近6 000个功臣集体，他们可歌可泣的英雄事迹汇成强大的民族凝聚力，锻造了伟大抗美援朝精神，极大地鼓舞着全国人民为保卫和建设祖国而团结奋斗。

大庆油田王进喜为代表的大庆石油工人、科技人员和干部，喊出了"宁肯少活20年，拼命也要拿下大油田"的口号；

河南兰考县委书记焦裕禄"生也沙丘，死也沙丘"。

1966年，河南林县人民在县委领导下，经过几年苦战，开凿太行山，引漳河水入境，修建了"人造天河"红旗渠，彻底告别"水缺贵如油"的历史，创造了人间奇迹。

沈阳军区工程兵某部运输连班长雷锋，在平凡的工作岗位上"甘当螺丝钉"；

以钱学森、邓稼先等为代表的著名科学家辛勤工作，那时形成的"两弹一星"精神，至今仍给人们勇攀科学高峰以强大动力。

——整理自中共中央党史研究室：《中国共产党的九十年》，中共党史出版社2016年版，第554—556页。

站起来的中国人民，在中国共产党的领导下，意气风发、锐意进取，展现出艰苦奋斗、奋发图强的创业精神。

2. 教材文本为何形容古老的中国开始以"崭新"的姿态屹立于世界东方？

新中国之"新"，不仅在于国号之新、山河之新，更在于打破一个旧世界、建设一个新世界的气象之新，在于面对艰难困苦而百折不挠、昂扬进取的精神之新。

——《雄关漫道真如铁》,《人民日报》2019年9月26日。

◆ 新的社会性质是什么？

伴随着中国人民解放战争和人民革命的伟大胜利，帝国主义、封建主义和官僚资本主义统治中国的时代宣告结束。中国的社会性质发生了翻天覆地的变化，结束了鸦片战争以来半殖民地半封建社会的历史。《中国人民政治协商会议共同纲领》明确规定：中华人民共和国为新民主主义即人民民主主义的国家。新中国取消帝国主义国家在中国的一切特权，没收官僚资本归人民的国家所有，旧中国那个由官僚资产阶级掌握国家政权、垄断国家经济、"外崇国信"的时代一去不复返了。

◆ 新的制度与新的思想是什么？

1950年《中华人民共和国土地改革法》颁布，通过对新解放区的土地改革，全国大陆地区基本废除了封建土地制度，旧中国地主阶级封建剥削的土地所有制变为农民的土地所有制，从根本上铲除了中国封建制度的根基。1956年底，"三大改造"的完成，标志着生产资料公有制占绝对优势的社会主义基本经济体制在我国确立，这是人民群众成为国家主人的根本保证。

政治制度方面，虽然辛亥革命推翻了两千年来的君主专制，中华民国在形式上采取资产阶级民主共和制，但总体上专制独裁的实质长期以来未真正改变。1954年召开的第一届全国人民代表大会通过了《中华人民共和国宪法》，确立了人民代表大会制度为我国根本政治制度，中国共产党领导的多党合作和政治协商制度、民族区域自治制度是基本政治制度，它们构成了新中国政治制度的核心内容和基本框架，集中体现了社会主义民主政治，保障了国家由人民当家作主的本质要求。

> 毛泽东提出："最重要的是要独立思考，把马列主义的基本原理同中国革命和建设的具体实际相结合……民主革命时期，我们在吃了大亏之后才成功地实现了这种结合，取得了新民主主义革命的胜利。现在是社会主义革命和建设时期，我们要进行第二次结合，找出在中国怎样建设社会主义的道路。"
>
> ——中共中央文献研究室：《毛泽东年谱》第2卷，中央文献出版社2013年版，第557页。

《中国人民政治协商会议共同纲领》第四十一条中提到："中华人民共和国的文化教育为新民主主义的，即民族的、科学的、大众的文化教育……肃清封建的、买办的、法西斯主义的思想，发展为人民服务的思想为主要任务。"新中国成立后，在人民群众批判封建主义和资本主义的腐朽思想的同时，中国共产党不断加强马克思主义思想在全国的指导地位，以毛泽东为代表的中国共产党人将马克思主义基本原理和中国实际相结合，对适合中国国情的社会主义建设道路进行了艰辛的探索，实现了马克思主义的中国化。毛泽东思想不仅是指导了新民主主义革命，同时也是新中国社会主义革命、社会主义建设的指导思想。

◆ 新的领导力量与新的发展方向是什么？

在当今中国，没有大于中国共产党的政治力量或其他什么力量。党政军民学，东西南北中，党是领导一切的，是最高的政治领导力量。

——习近平：《中国共产党领导是中国特色社会主义最本质的特征》

（2020年7月16日），《求是》2020年第14期。

工人阶级是人民民主专政国家的领导阶级，中国共产党是无产阶级的政党、是中国工人阶级的先锋队。中国共产党成立以来，团结带领全国各族人民赢得新民主主义革命的胜利，实现社会主义革命，确立社会主义基本制度，推进社会主义建设，完成了中华民族有史以来最深刻的社会变革。因此，中国共产党成为最高政治领导力量，是由我国的国家性质和国体政体所决定的，是由国家宪法所确立的，是经过中国革命、建设、改革长期实践所检验的。

近代以来，党和人民胜利完成了争取民族独立、人民解放的历史任务，中华民族踏上了为实现国家富强、人民幸福而奋斗的历史新征程。

发展是硬道理，这是历史经验教训告诉我们的。只有保障经济持续、良性地发展才是国泰民安、国强民富的根本。新中国建立后举国齐心谋发展、搞建设，过渡时期发出"为动员一切力量把我国建设成为一个伟大的社会主义国家而斗争"的号召，彻底改变"一穷二白"的落后农业国状况，逐步实现了从站起来、富起来到强起来的伟大转变。

历史经验教训还告诉我们，没有和平稳定的内、外环境，就谈不上真正的发展。面对建设社会主义道路上的各种风险挑战，新中国始终坚持独立自主的和平外交政策，以独立、自主、和平、安全的形象屹立在世界东方。

第十单元

改革开放和社会主义现代化建设新时期

第十一单元

中国特色社会主义新时代

第一部分　单元解析

课程标准要求

高中课程标准对第十、十一单元的内容要求阐述如下。

（1）认识真理标准问题讨论和中共十一届三中全会的历史意义。

（2）认识改革开放以来中国在各个领域取得的成就、综合国力及国际影响力的不断提高。

（3）认识"一国两制"对实现祖国完全统一的重大意义。

（4）认识邓小平理论对建设中国特色社会主义的重要指导意义。

（5）认识"三个代表"重要思想是加强和改进党的建设、推进我国社会主义自我完善和发展的强大理论武器。

（6）认识科学发展观是马克思主义关于发展的世界观和方法论的集中体现。

（7）认识中国特色社会主义进入新时代的重大意义，认清我国发展新的历史方位。

（8）认识习近平新时代中国特色社会主义思想是全党全国人民为实现中华民族伟大复兴而奋斗的行动指南。

（9）形成对中国特色社会主义道路、理论体系、制度、文化的形成过程及意义的系统认识。

◆ 单元主题解读

第十单元的大标题"改革开放和社会主义现代化建设新时期"包含了"改革开放"和"社会主义现代化建设新时期"两个关键词，两者间有紧密的内在逻辑关系，在时间跨度上都是从1978年至今。"改革开放"的提出和实践推动中国进入社会主义现代化建设新时期，"社会主义现代化建设新时期"全面涵盖了中共十一届三中全会以来在邓小平理论、"三个代表"重要思想、科学发展观、习近平新时代中国特色社会主义思想指引下中国所取得的各方面的重大成就。在本单元的导言中，有两点表述值得关注。一是把中共十一届三中全会以来的历史时期明确定义为"社会主义现代化建设新时期"。这一表述一方面要求教师要及时更新对新中国历史进程发展的认识，另一方面要能在教学中引导学生全面理解"社会主义革命和建设""改革开放和社会主义现代化建设新时期"等时间概念的界定。二是对"中国特色社会主义"的表述，主要分为三个阶段：中共十一届三中全会成功开创了中国特色社会主义；20世纪末，我国人民生活实现总体小康，中国特色社会主义全面推向21世纪；中共十六大后，中国共产党团结全国各族人民坚持和发展中国特色社会主义，全面建成小康社会。教师要引导学生对比分析中国特色社会主义发展的各个阶段，体会不同阶段表述间的差异，更好地引导学生理解中国特色社会主义的内涵与发展，为下一单元"中国特色社会主义新时代"的学习埋下伏笔。

第十一单元"中国特色社会主义新时代"以时间为线索，梳理中共十八大以来，中国特色社会主义进入新时代的重要史实以及新时代中国特色社会主义的伟大成就。在本单元的教学中，教师要注意厘清单元导言中的脉络，把握两个关键点：一是引导学生充分认识习近平新时代中国特色社会主义思想的不断发展与重大意义，从中共十九大确立为党的指导思想，到十三届全国人大一次会议将其写入宪法，再到中共二十大提出全面贯彻习近平新时代中国特色社会主义思想，是全党全国人民为实现中华民族伟大复兴而奋斗的行动指南；二是牢牢抓住"新时代"这一关键词，以丰富生动的史实帮助学生全方位理解"全面建成小康社会""综合国力显著提升""应对各类风险挑战""中国特色大国外交"和"推动构建人类命运共同体"等伟大成就，认识中国特色社会主义新时代究竟"新"在何处，增强中国特色社会主义的道路自信、理论自信、制度自信、文化自信。

单元内容结构

第十单元包括两课，第27课《中国特色社会主义的开创与发展》和第28课《改革开放和社会主义现代化建设的巨大成就》，涵盖了中共十一届三中全会以来四十多年间新中国历史发展脉络。本单元着眼于叙述新中国从"富起来"到"强起来"的伟大发展历程，突出改革开放以来中国所取得的巨大成就，彰显中国特色社会主义的巨大生命力。每一课文本内容的编纂都紧密围绕单元标题的两个关键词展开。第27课《中国特色社会主义的开创与发展》以中共十一届三中全会这一伟大的历史转折为起点，重点关注改革开放的主要进程，在梳理中共十二大到十七大会议精神的基础上，厘清中国特色社会主义理论体系的概括提出，突显"改革开放"与"社会主义现代化建设新时期"间的内在关系。第28课《改革开放和社会主义现代化建设的巨大成就》主要有三目内容，即"综合国力不断提升""'一国两制'与祖国统一大业"和"国际影响力不断扩大"，从国内和国际两个角度涵盖了改革开放以来在中国共产党领导下，社会主义现代化建设在政治、经济、文化、外交等领域所取得的历史性成就。

第十一单元包括两课，第29课《中国特色社会主义进入新时代》和第30课《新时代中国特色社会主义的伟大成就》，分别以时间和专题为主线，全面阐述中共十八大以来，中国特色社会主义进入新时代的理论创新和实践成就。第29课《中国特色社会主义进入新时代》聚焦中国共产党的三次重大会议和理论成果。中共十八大是在我国进入全面建成小康社会决定性阶段召开的一次十分重要的大会。会后不久，习近平提出中华民族伟大复兴的中国梦；中共十九大是在全面建成小康社会决胜阶段、中国特色社会主义进入新时代的关键时期召开的一次十分重要的大会，大会确立习近平新时代中国特色社会主义思想为党的指导思想，并写入党章；中共二十大是在全党全国各族人民迈上全面建设社会主义现代化国家新征程、向第二个百年奋斗目标进军的关键时刻召开的一次十分重要的大会，提出全面贯彻习近平新时代中国特色社会主义思想。第30课《新时代中国特色社会主义的伟大成就》的四个子目"全面建成小康社会""综合国力显著提升""在应对风险挑战中推进各项事业""中国特色大国外交和推动构建人类命运共同体"与第十单元的第28课相呼应，以国内视角和国际视野梳理新时代中国特色社会主义在各领域取得的显著成就的同时，进一步突出党和国家在新时代团结带领人民有效应对重大挑战、抵御重大风险、克服重大阻力、解决重大矛盾，推进各项事业发展，并为解决人类面临的各种复杂问题贡献中国智慧和中国方案。

- **核心素养教学建议**

（1）能够运用唯物史观的立场、观点和方法，深刻理解中国改革开放的必要性和历史意义，认识中国特色社会主义进入新时代的重大意义。

（2）能够将中国的改革开放和社会主义现代化建设置于20世纪世界历史中思考，从"国内"与"国际"、"理论"与"实践"等不同角度了解中国在改革开放和社会主义现代化建设新时期所取得的巨大成就及所处的新的历史方位。

（3）能够在整理、辨析会议文件、媒体报道、口述史料等相关史料基础上，聚焦改革开放和社会主义现代化建设新时期中如"家庭联产承包责任制""四个特区的建立""一国两制""全面建成小康社会"等重大史事，区别不同史料的证史价值。

（4）能够在比较、分析已有史料的基础上，客观、全面、系统地认识中国特色社会主义进入新时代的重大意义，增强中国特色社会主义道路自信、理论自信、制度自信、文化自信。

（5）能够通过照片收集、小报制作、参观会址等方式创设情境，引导学生将身边的人和事融入中国当代史的学习中，在真实的生活情境中根植家国情怀。

第二部分　教材比较

- **与初中课程标准、教材比较**

《中外历史纲要（上）》第十单元"改革开放和社会主义现代化建设新时

期"、第十一单元"中国特色社会主义新时代"以时间为轴,主要叙述了中共十一届三中全会以来的相关重要史实,属于中国现代史范畴。从文本内容来看,该单元是《中国历史第四册》第三单元"中国特色社会主义道路"、第四单元"民族团结与祖国统一"、第五单元"国防建设与外交成就"、第六单元"科技文化与社会生活"的延伸。

1. 课程标准相关课程内容要求表述

表 10-1　初中课程标准与高中课程标准相关课程内容要求对照

初中课程标准	高中课程标准
1. 知道中共十一届三中全会,了解农村改革、城市改革、经济特区建设、沿海港口城市开放、上海浦东开发开放、加入世界贸易组织等史事,认识邓小平对改革开放所起的重要作用,认识改革开放对中国社会发展的重大意义和对世界的重要影响; 2. 了解社会主义市场经济体制的建立与完善; 3. 知道"一国两制"对实现祖国完全统一的意义; 4. 了解改革开放后的外交成就;了解邓小平理论、"三个代表"重要思想、科学发展观对社会主义现代化建设的重要指导意义; 5. 知道中共十八大以来,中国特色社会主义进入新时代,党和人民面临的主要任务是,实现第一个百年奋斗目标,开启实现第二个百年奋斗目标新征程; 6. 了解习近平新时代中国特色社会主义思想; 7. 通过新时代中国在经济建设、政治建设、文化建设、社会建设、生态文明建设等领域取得的成就,以及综合国力和国际影响力不断提高的史事,特别是取得脱贫攻坚的伟大胜利、全面建成小康社会的史事,认识中国特色社会主义建设对中国社会发展的意义及对世界的贡献; 8. 认识中国共产党百年奋斗的历史意义和历史经验	1. 认识真理标准问题讨论和中共十一届三中全会的历史意义; 2. 认识改革开放以来中国在各个领域取得的成就、综合国力及国际影响力的不断提高; 3. 认识"一国两制"对实现祖国完全统一的重大意义; 4. 认识邓小平理论对建设中国特色社会主义的重要指导意义; 5. 认识"三个代表"重要思想是加强和改进党的建设、推进我国社会主义自我完善和发展的强大理论武器; 6. 认识科学发展观是马克思主义关于发展的世界观和方法论的集中体现; 7. 认识中国特色社会主义进入新时代的重大意义,认清我国发展新的历史方位; 8. 认识习近平新时代中国特色社会主义思想是全党全国人民为实现中华民族伟大复兴而奋斗的行动指南; 9. 形成对中国特色社会主义道路、理论体系、制度、文化的形成过程及意义的系统认识

初中课程标准就中国改革开放以来的经济体制改革、社会各领域所取得的成就，以及为推动民族团结和祖国统一所做出的努力等方面提出了明确的要求，对相关史实的表述较为详细。相较于初中课程标准，高中课程标准更强调在梳理重大史实的基础上从整体上来理解"改革开放和社会主义现代化建设新时期"以及"中国特色社会主义新时代"的特征与内涵，重点突出这段时期是新中国历史发展的"新"阶段，在理论和实践方面均有许多新的伟大成就。

2. 教材相关单元、课、目编排

《中国历史第四册》与《中外历史纲要（上）》相关单元、课、目编排对照见表10-2。

表10-2 《中国历史第四册》与《中外历史纲要（上）》相关单元、课、目编排对照

《中国历史第四册》		《中外历史纲要（上）》	
第三单元 中国特色社会主义道路 第四单元 民族团结与祖国统一 第五单元 国防建设与外交成就 第六单元 科技文化与社会生活		第十单元 改革开放和社会主义现代化建设新时期 第十一单元 中国特色社会主义新时代	
第三单元 第7课 伟大的历史转折	中共十一届三中全会	第27课 中国特色社会主义的开创与发展	伟大的历史转折
	拨乱反正		
第三单元 第8课 经济体制改革	家庭联产承包责任制		改革开放进程
	城市经济体制改革		
	社会主义市场经济体制		
第三单元 第9课 对外开放	经济特区的建立		
	对外开放格局的形成		
	加入世界贸易组织		
第三单元 第10课 建设中国特色社会主义	邓小平理论指导地位的确立		中国特色社会主义理论体系的概括提出
	中国共产党第十六次全国代表大会		
	中国共产党第十七次全国代表大会		

（续表）

《中国历史第四册》		《中外历史纲要（上）》	
第三单元 第 10 课 建设中国特色社会主义	中国共产党第十八次全国代表大会	第29课 中国特色社会主义进入新时代	中共十八大和中华民族伟大复兴的中国梦
	中国共产党第十九次全国代表大会		中共十九大和习近平新时代中国特色社会主义思想
	中国共产党第二十次全国代表大会		
第三单元 第 11 课 为实现中国梦而努力奋斗	中国梦宏伟蓝图		
	"四个全面"战略布局		中共二十大与全面建设社会主义现代化国家新征程
	经济建设取得重大成就		
	开启新征程		
第四单元 第 12 课 民族大团结	民族区域自治制度		中共十八大和中华民族伟大复兴的中国梦
	共同繁荣发展		
第四单元 第 13 课 香港和澳门回归祖国	"一国两制"的构想	第28课 改革开放和社会主义现代化建设的巨大成就	"一国两制"与祖国统一大业
	香港和澳门回归祖国		
	保持香港、澳门长期繁荣稳定		
第四单元 第 14 课 海峡两岸的交往	解决台湾问题的基本方针		
	推动两岸关系和平发展		
	新时代推进祖国完全统一的方略		
第五单元 第 15 课 钢铁长城	陆、海、空军的建设		综合国力不断提高
	导弹部队的发展		
	新时代强军之路		
第五单元 第 16 课 独立自主的和平外交	加强与亚非拉国家的团结合作		国际影响力不断扩大

(续表)

《中国历史第四册》		《中外历史纲要（上）》	
第五单元 第17课 外交事业的发展	全方位外交	第30课 新时代中国特色社会主义的伟大成就	中国特色大国外交和推动构建人类命运共同体
第六单元 第18课 科技文化成就	从"两弹一星"到漫步太空		综合国力显著提升
	杂交水稻与青蒿素		
	文化事业的发展		
第六单元 第19课 社会生活的变迁	日常生活的变化		全面建成小康社会
	交通、通信的不断发展		在应对风险中推进各项事业

◆ 从内容编排看，《中国历史第四册》第三单元"中国特色社会主义道路"、第四单元"民族团结与祖国统一"、第五单元"国防建设与外交成就"及第六单元"科技文化与社会生活"，共12课时，4个单元涉及改革开放以来中国在理论和实践等多个方面取得的一系列成就。《中外历史纲要（上）》第十单元"改革开放和社会主义现代化建设新时期"、第十一单元"中国特色社会主义新时代"共4课时，单元主题不仅围绕这一阶段的重大历史事件，更侧重于叙述现代化建设中改革开放的地位和成就以及中国特色社会主义理论体系的形成和不断发展，进而突显理论建设对于中国特色社会主义现代化建设的重要现实意义。

◆ 就知识点而言，《中外历史纲要（上）》第十单元、第十一单元相较于《中国历史第四册》第三、四、五、六单元新增知识点大致有1982年《中华人民共和国宪法》、第十三届全国人民代表大会第一次会议、《中华人民共和国宪法修正案》、《巴黎协定》、全面建成小康社会、推动构建人类命运共同体等。《中国历史第四册》中关于改革开放以来中国在科技、医药、文化、军事等领域取得的具体成就不再重复出现。

◆ 从行文表述上看，需要特别指出下列方面。

关于"两个凡是"的表述，《中国历史第四册》第7课中阐述了"两个凡是"的内容；《中外历史纲要（上）》第28课的导言部分没有重复阐述"两个凡是"的内容，而是在叙述《实践是检验真理的唯一标准》的相关内容时直言"两个凡是"是"错误观点"。

关于十一届三中全会的内容，相较于《中国历史第四册》第 7 课，《中外历史纲要（上）》第 27 课增加了"……恢复了党的民主集中制的优良传统，审查解决了历史上遗留的一批重大问题和一些重要领导人的功过是非问题"。

■ 与华师大版高中教材比较

《中外历史纲要（上）》第十单元关于改革开放的历史进程与华师大版《高中历史第六分册》第七单元"中国特色社会主义事业的开拓"的内容基本一致，《中外历史纲要（上）》新增了改革开放以来中国在各个领域取得的巨大成就和中国特色社会主义理论体系的形成与发展；第十一单元"中国特色社会主义新时代"等内容在华师大版教材中没有涉及。

◆ 从内容编排看，华师大版《高中历史第六分册》第七单元基本按照重大历史事件发生的时序，采用"一事一课"的形式编排。《中外历史纲要（上）》第十单元紧扣"改革开放"与"社会主义现代化建设新时期"这两个核心概念，突出改革开放在社会主义现代化建设当中的地位和成就，以及中国特色社会主义理论体系的形成过程，通过补充大量时政史料，引导学生系统认识中国特色社会主义道路、理论体系、制度、文化的形成过程及意义。

◆ 就知识点而言，《中外历史纲要（上）》第十单元相较于华师大版《高中历史第六分册》第七单元，新增知识点大致有平反冤假错案、十一届六中全会召开、1982 年《中华人民共和国宪法》、城市经济体制改革、"九二共识"、中国特色社会主义理论体系的形成与发展、综合国力不断提升、国际影响力不断扩大等。华师大版《高中历史第六分册》中有关科教领域的拨乱反正、南方谈话的细节、浦东开发、"一国两制"构想的意义等相关内容在《中外历史纲要（上）》第十单元中没有涉及。

◆ 从行文表述看，需要特别指出下列方面。

关于"十一届三中全会意义"的表述，华师大版《高中历史第六分册》是"重新确立了马克思主义的思想路线、政治路线和组织路线"。《中外历史纲要（上）》的表述是"重新确立了党的思想路线、政治路线和组织路线"，强调了党的思想路线是重新确立实事求是的马克思主义思想路线，突显马克思主义基本原理与中国实际相结合的重要性，为下一课中"中国特色社会理论体系的形成与发展"的叙述做了铺垫。

关于改革开放成就的表述，华师大版《高中历史第六分册》主要通过上海浦东开发、开放成果的切入，以浦东一地的发展为例以小见大说明了中国改革开放的显著成就。《中外历史纲要（上）》通过具体的数据详细阐述改革开放的成效，如"到1983年，农业总产值年均增长率近8%""到2010年，中国国内生产总值超过40万亿元，经济总量跃升至世界第二位，成为仅次于美国的第二大经济体"，这些数据更直观地凸显出改革开放是决定当代中国命运的关键一招。

第三部分　核心问题释读

线索一　中共十一届三中全会

1.《实践是检验真理的唯一标准》发表的背景和意义是什么？

尽管科技、教育领域拨乱反正工作取得进展，但主要由于指导思想上"两个凡是"方针的严重束缚，使当时党和国家的工作在总体上仍处于徘徊中前进的局面，各方面工作仍然缺乏人们迫切需要的那种朝气和生机。

——何沁：《中华人民共和国史》，高等教育出版社2013年版，第289页。

凡经实践证明是错误的或者不符合实际的东西，就应当改变，不应再坚持……凡有超越于实践并自奉为绝对的"禁区"的地方，就没有科学，就没有真正的马列主义、毛泽东思想，而只有蒙昧主义、唯心主义、文化专制主义。

——特约评论员：《实践是检验真理的唯一标准》，《光明日报》1978年5月11日刊登。

《实践是检验真理的唯一标准》一文分为4个部分：一是"检验真理的标准只能是社会实践"；二是"理论和实践的统一，是马克思主义的一个最基本的原则"；三是"革命导师是坚持实践检验真理的榜样"；四是"任何理论都要在不断实践中接受检验"。

在"文化大革命"结束后的两年徘徊期，越来越多的干部群众在邓小平等一批老同志的带动和引导下，向"两个凡是"发起冲击。时任中共中央党校副校长的胡耀邦创办了《理论动态》,并将这一刊物作为批判教条主义、思想僵化的一个阵地。1978年5月,《理论动态》发表了由南京大学哲学系教师胡福明和多位理论研究者经过反复修改写成的《实践是检验真理的唯一标准》。次日,此文在《光明日报》上正式公开发表。之后,新华社、《人民日报》《解放军报》等转发、转载。这篇文章从理论上根本否定了"两个凡是"的错误方针,触及盛行多年的僵化思想和个人崇拜现象,在全党、全国引起了强烈反响。许多党员、干部支持文章的观点,但反对的声音也较响亮,由此引发了一场关于真理标准问题的激烈交锋。邓小平、李先念等领导干部着眼大局,把推进社会主义现代化建设作为这场讨论的落脚点,给予这场讨论及时而有力的支持,使真理标准问题的讨论过程成为引导人们思考中国的道路该走向何方这一重大课题,以及如何理解理论与实践的关系。

关于真理标准的大讨论,冲破了"两个凡是"和教条主义的禁锢,打破了思想僵局,促进了思想解放,为全面的拨乱反正,为十一届三中全会的召开,为开辟有中国特色的社会主义道路作了思想上和理论上的准备。

2. 如何理解《解放思想,实事求是,团结一致向前看》重要讲话的意义?

  1978年9月,邓小平在东北三省视察……他反复强调,现在摆在我们面前的问题,关键还是实事求是、理论与实际结合,一切从实际出发……中央如果不根据现在的条件思考问题、下决心,很多问题就提不出来、解决不了。他呼吁,世界天天发生变化,新的事物不断出现,新的问题不断出现……一定要根据现有的有利条件加速发展生产力,使人民的生活好一些。

——中共中央党史研究室:《中国共产党的九十年》,
中共党史出版社2016年版,第654页。

  一个党,一个国家,一个民族,如果一切从本本出发,思想僵化,迷信盛行,那它就不能前进,它的生机就停止了,就要亡党亡国。

——邓小平:《邓小平文选》第2卷,人民出版社1994年版,第143页。

邓小平的讲话既是对会议的重要总结,又为十一届三中全会提出了基本指导思想,实际上成为中共十一届三中全会的主题报告,是开辟新时期、新道路,开创有中国特色的社会主义新理论的宣言书。

——何沁:《中华人民共和国史》,高等教育出版社2013年版,第294页。

邓小平在《解放思想，实事求是，团结一致向前看》的讲话中，提出解放思想是当前一个重大政治问题。中共十一届三中全会围绕邓小平讲话的核心思想，明确提出把党和国家的工作重心转移到经济建设上来，实行改革开放的战略决策。邓小平的这个讲话，对于坚持解放思想、实事求是，以及探索马克思主义同新时期中国国情相结合具有深远的意义。

● 线索二　中国特色社会主义道路的实践探索

1978年中共十一届三中全会召开以来，中国进入改革开放和社会主义现代化建设新时期。改革开放是中华民族发展史上的一次伟大革命，推动了中国特色社会主义事业的迅猛发展，使中华民族迎来了从站起来、富起来到强起来的伟大飞跃。

1. 家庭联产承包责任制的实行对农村和城市分别产生怎样的影响？

> 农民的干活积极性高了，也能充分发挥个人所长，富余劳动力有做工的，有养殖的，有做买卖的、搞运输的，收入都大大增加……1975年、1976年全部靠集体，我们人均年收入还不到100元，到1981年，人均年收入超过了500元，增加了好几倍……到这个时候，不单单是我们改变了，整个广东乃至全国都在变了。
>
> ——原中山县板芙公社里溪大队党支部书记林德成，转引自上海市教育委员会教学研究室：《上海市高中历史学科教学基本要求》，华师大出版社2021年版，第60页。

家庭联产承包责任制是在土地公有制基础上把土地长期包给各家各户使用，农业生产基本上变成分户经营，自负盈亏，其主要形式有包产到组和包产到户。

家庭联产承包责任制率先在安徽凤阳小岗村实行，其在不改变生产资料公有制的情况下，使农民获得了生产经营和分配的自主权，克服了平均主义的弊端，极大调动了农民的生产积极性，促进了农业生产的发展。随着家庭联产承包责任制在全国各地逐步推广，到1983年，农业总产值年均增长率近8%，农民收入明显增加。家庭联产承包责任制还调整了农村产业结构，发展乡镇企业和非农产业，农村改革向专业化、商品化、社会化方向发展，从根本上改变了农村的经济形势和社会面貌。此外，农村经济改革的成功为城市经济发展提供生产原料和产品市场，推动了城市经济体制改革在全国逐步召开。城市经济体制改革按照逐步扩大国有企业经营自主权、实行政企分开原则，进行城市经济体制改革综合试点，极大地解放了社会生产力，推动了国民经济的高速发展。

2. 对外开放的格局是如何一步步形成的？

现在的世界是开放的世界。中国在西方国家经历了产业革命以后变得相对的落后了，一个重要原因就是我们的闭关自守，这给我们带来了一些发展和进步的困难。三十几年的经验告诉我们，关起门来搞建设是不行的，发展不起来。

——邓小平：《邓小平文选》第 3 卷，人民出版社 1993 年版，第 64 页。

邓小平是我国对外开放和现代化建设的总设计师。当时的中国还有许多条条框框的限制，不允许外国人在中国投资，也不允许向外国输出资本，邓小平深深感到了中国与世界的差距。1978 年这一年邓小平出访了 8 个国家，这些国家在利用外资方面的经验给了他很大的启示。回国后，他便多次提出要把利用外资作为对外开放内容的一项大政策来抓。

当听说广东提出建设"贸易合作区"的名称还定不下来时，邓小平说还是叫特区好，陕甘宁开始叫特区嘛！当谈到配套资金时，邓小平说中央没有钱，可以给些政策，你们自己搞，杀出一条血路来。

——南岭：《深圳基因：市场经济体制形成之初》，《特区实践与理论》2019 年第 3 期，第 37 页。

邓小平对外开放思想初步形成之时，便开始思索在哪儿先进行试点。要开放就必须得有一个突破口、试验田。要能辟出一小块地方，实行开放政策，让地方放开手去干，即使可能会失败，但是影响也不大。如果成功了，就可以实行渐进式的开放。

1980 年，国务院宣布在深圳、珠海、汕头、厦门设立经济特区。为什么选择这些地方做经济特区？从地理位置上看，这些地区临近港澳台，靠近国际市场，且地处沿海，交通便利；从历史沿革看，这些地区历史上与海外有密切交往，拥有深厚的经商传统和开明思想，有利于吸引侨资。

吸收外国的技术，一般采取过去很多国家采取的方式，实行国际交往，吸收外国好的东西来发展自己，用银行贷款的方式也可以，用这样的方式来购买我们需要的设备和技术。

——中共中央文献研究室：《邓小平思想年谱》，中央文献出版社 1998 年版，第 73 页。

"经济特区"中的"特"字主要指政策上的"特殊性",总结起来有以下几点重要措施。第一,财政外汇实行大包干;第二,在对外经济贸易方面给予了极大的机动权;第三,省内的企事业单位除铁路、邮电、银行、民航、国防军工以外,全部下放给省管理;第四,兴办出口特区,吸收外商投资,发展出口生产。中国从此打开了对外开放的第一步。

> 特区是个窗口,是技术的窗口,管理的窗口,知识的窗口,也是对外政策的窗口。从特区可以引进技术,获得知识,学到管理,管理也是知识。特区成为开放的基地,不仅在经济方面、培养人才方面使我们得到好处,而且会扩大我国的对外影响。
>
> ——邓小平:《办好经济特区,增加对外开放城市》
> (一九八四年二月二十四日),《新湘评论》2015年第3期,第60页。

深圳等经济特区的尝试,实现了本地区经济的快速持续发展。它们作为全国经济体制改革的试验田,有效发挥了示范、辐射和带动作用。1984年,国务院进一步开放了一批沿海港口城市。1985年起,国务院又先后在长江三角洲、珠江三角洲等地区开辟经济开放区。最终,"经济特区——沿海开放城市——沿海经济开放区——沿江和内陆开放城市——沿边开放城市"的局面基本成型,一批经济技术开发区和保税区建成,多层次、多渠道、多种形式的全方位对外开放新格局形成。2021年,随着中国正式加入世界贸易组织,中国更深层次地参与经济全球化的进程,这标志着我国对外开放又进入一个新的阶段。

实践证明,对外开放有力地促进了我国社会生产力的发展,增强了综合国力和国际竞争力,推动了我国建立社会主义市场经济体制的进程。

3. 社会主义市场经济体制是如何建立起来的?

1978年,中共十一届三中全会是我国社会主义市场经济体制初步探索的开端,在这次会议上,党将工作重心转移到经济建设上来,同时肯定了价值规律的重要作用。1982年,中共十二大提出了"建设有中国特色社会主义"的重大命题,指出"正确贯彻计划经济为主、市场调节为辅的原则,是经济体制改革中的一个根本性问题。"1987年,中共十三大提出了社会主义初级阶段的理论,确立了"一个中心,两个基本点",指出"社会主义有计划商品经济的体制,应该是计划与市场内在统一的体制"。

> 计划多一点还是市场多一点,不是社会主义与资本主义的本质区别。

> 计划经济不等于社会主义，资本主义也有计划；市场经济不等于资本主义，社会主义也有市场，计划和市场都是经济手段。社会主义的本质，是解放生产力，发展生产力，消灭剥削，消除两极分化，最终达到共同富裕。
>
> ——邓小平：《邓小平文选》第3卷，人民出版社1993年版，第373页。

1992年，邓小平发表"南方谈话"，彻底澄清了对市场经济的错误认识和模糊观念，为中共十四大确定经济体制改革的目标奠定了思想理论基础，"南方谈话"被视为当代中国的第二次思想解放。中共十四大明确提出我国经济体制改革的目标是建立社会主义市场经济体制。我国按照建立现代企业制度的总体思路推进国企改革，大力推进财政、税收、外贸、外汇、价格、住房、社会保障等方面的体制改革。21世纪初，社会主义市场经济体制初步形成，社会主义市场经济飞速发展。

> 实践充分证明，党的十一届三中全会以来我们党团结带领全国各族人民开辟的中国特色社会主义道路、理论、制度、文化是完全正确的，形成的党的基本理论、基本路线、基本方略是完全正确的。
>
> ——习近平：《在庆祝中国共产党成立100周年大会上的讲话》，转引自《人民日报》2021年7月2日。

中国共产党领导建立的社会主义市场经济体制是社会主义发展史上的伟大壮举。社会主义市场经济体制的确立和完善，极大调动了各方面的积极性，促进了生产力的发展，创造了经济增长的奇迹。这种成功探索更是体现了中国共产党领导的制度优势。中共十九届四中全会《关于坚持和完善中国特色社会主义制度、推进国家治理体系和治理能力现代化若干重大问题的决定》，明确将社会主义市场经济体制纳入我国基本经济制度的内涵中，社会主义市场经济体制成为中国特色社会主义制度的重要组成部分。社会主义市场经济体制的不断完善和发展对于进一步解放和发展生产力，解决发展不平衡不充分问题，满足人民日益增长的美好生活需要，建设现代化经济体系和形成全面开放新格局具有重要的现实意义。

4. 如何认识"一国两制"的实践成果及其历史意义？

20世纪80年代初，以邓小平为核心的第二代中央领导集体从中华民族的根本利益出发，创造性地提出了"一国两制"的科学构想。在此基础上逐步形成了"和平统一、一国两制"的基本方针。

"一国两制"指在一个中国前提下，国家主体坚持社会主义制度，香港、澳门、台湾保持原有的资本主义制度长期不变。两种制度长期共存、和平共处、相互支援、共同发展。

十一届三中全会以后，社会主义现代化建设的极大发展，为香港、澳门的回归创造了有利条件。1997年7月1日，中国对香港恢复行使主权。1999年12月20日，中国对澳门恢复行使主权。

"一国两制"伟大构想具有强大生命力。贯彻"一国两制""港人治港""澳人治澳""高度自治"的方针，严格按照宪法和基本法办事，完善与基本法实施相关的制度和机制，保持香港、澳门长期繁荣稳定，支持和推动香港、澳门更好融入国家发展大局，让香港、澳门同胞同祖国人民共担民族复兴的历史责任、共享祖国繁荣富强的伟大荣光。

——习近平：《在庆祝澳门回归祖国二十周年大会暨澳门特别行政区第五届政府就职典礼上的讲话》，转引自《人民日报》2019年12月21日。

"一国两制"的科学构想，成功解决了中国对港、澳的主权问题，标志着在中国国土上彻底结束了外国列强的占领。"一国两制"构想，是在尊重历史和现实的基础上，为实现祖国统一，提出的一项大胆的、创造性的战略构想。"一国两制"构想的成功实践丰富和发展了马克思主义，为解决国际历史遗留问题和国际争端、维护世界和平提供了新的思想和方式。

线索三　中国式现代化

习近平总书记在党的二十大报告中指出，从现在起中国共产党的中心任务就是团结带领全国各族人民全面建成社会主义现代化强国、实现第二个百年奋斗目标，以中国式现代化全面推进中华民族伟大复兴。习近平总书记在党的二十大上首次全面概括了中国式现代化的丰富内涵、五个特征、九个本质要求。

1. 中国式现代化与西方现代化和"苏联模式"有哪些本质差异？

"中国式现代化，是中国共产党领导的社会主义现代化，既有各国现代化的共同特征，更有基于自己国情的中国特色。"

——习近平：《高举中国特色社会主义伟大旗帜为全面建设社会主义现代化国家而团结奋斗——在中国共产党第二十次全国代表大会上的报告》，《党的二十大文件汇编》，党建读物出版社2022年版，第17页。

虽然中国式现代化遵循了现代化之一般性规律，具有世界各国现代化之部分特征，并汲取了东西方现代化的一些有益经验和成果，但从根本上看，中国式现代化是立足于中国特色社会主义，根植于中国现实国情而走出的一条现代化新路。

中国式现代化是一条社会主义现代化道路，与西方资本主义现代化道路有着根本区别。以资本逻辑为导引的西方现代化道路，必然会陷入经济周期性停滞、政治矛盾激化、社会动荡不安、精神腐朽衰败、生态环境危机、全球冲突对抗的资本主义现代性泥潭。中国式现代化实现了马克思主义基本原则与现代化实践的有机结合，在追求中华民族伟大复兴的同时也推动世界共同进步，在促进人类自身发展的同时也维系自然生态和谐，在推动社会发展进步的同时也创造人民美好生活，在推进物质生产充裕的同时也注重人的精神世界富足，从而有效规避西方现代化道路所产生的风险困境。

中国式现代化绝不是苏联、东欧等其他社会主义国家现代化道路的再版，而是一条将"社会主义""现代化""中华民族"这三个关键要素深度融合的现代化道路，是三者的创造性汇合。此外，与其他社会主义国家的现代化道路相比，中国式现代化是基于社会主义初级阶段这个中国最大的国情而走出来的。这条道路上所展开的现代化，是人口规模巨大的现代化，是全体人民共同富裕的现代化，是物质文明和精神文明协调发展的现代化，是人与自然和谐共生的现代化，是走和平发展道路的现代化。

2. 中国式现代化理论是如何形成的？

"在新中国成立特别是改革开放以来长期探索和实践基础上，经过十八大以来在理论和实践上的创新突破，我们党成功推进和拓展了中国式现代化。"

——习近平：《高举中国特色社会主义伟大旗帜 为全面建设社会主义现代化国家而团结奋斗——在中国共产党第二十次全国代表大会上的报告》，《党的二十大文件汇编》，党建读物出版社2022年版，第17页。

近代以来，中国的先进人物艰辛地探寻中国现代化的出路，洋务运动、维新变法和辛亥革命等各种救国方案轮番登场。这些方案在一定程度上推进了中国的现代化进程，但总体上脱离了中国国情，最终都不可避免地失败。

中国共产党成立之后，中国现代化道路的探索有了坚强的领导核心、科学的理论指导和正确的目标引领。经过新民主主义革命的锤炼，中国共产党领导人民推翻了三座大山，成功建立了新中国，为中国式现代化新道路的开辟奠定了根本前提。新中国成立初期，中国共产党又领导人民成功探索出一条富有中国特色的社会主义改造道路，在1956年确立了社会主义基本制度，此后我国的社会主义现代化建设在探索中逐步前行，为中国式现代化新道路的形成发展奠定了坚实基础，提供了有益借鉴。中共十一届三中全会以来，中国共产党领导人民在开辟中国特色社会主义道路过程中，逐步开创了中国式现代化新道路。进入伟大新时代，伴随着中国特色社会主义道路越走越宽广，中国式现代化新道路也日渐成熟完善。

中国式现代化是在改革开放40多年的伟大实践中走出来的，是在中华人民共和国成立70多年的持续探索中走出来的，是在中国共产党领导人民进行百年艰苦奋斗中走出来的，是在对近代以来中华民族发展历程的深刻总结中走出来的，是在对中华民族五千多年悠久文明的传承中走出来的。

3. 中国式现代化有哪些本质要求？

"中国式现代化的本质要求是：坚持中国共产党领导，坚持中国特色社会主义，实现高质量发展，发展全过程人民民主，丰富人民精神世界，实现全体人民共同富裕，促进人与自然和谐共生，推动构建人类命运共同体，创造人类文明新形态。"

——习近平：《高举中国特色社会主义伟大旗帜 为全面建设社会主义现代化国家而团结奋斗——在中国共产党第二十次全国代表大会上的报告》，《党的二十大文件汇编》，党建读物出版社2022年版，第18页。

坚持中国共产党领导。习近平总书记指出："全面建设社会主义现代化国家、全面推进中华民族伟大复兴，关键在党。"坚持和完善党的领导，是党和国家的根本所在、命脉所在，是全国各族人民的利益所在、幸福所在。中共十八大以来，我们全面加强党的领导，确保党中央权威和集中统一领导，确保党发挥总揽全局、协调各方的领导核心作用，使全党思想上更加统一、政治上更加团结、行动上更加一致，推动党对社会主义现代化建设的领导在职能配置上更加科学合理、在体制机制上更加完备完善、在运行管理上更加高效。

坚持中国特色社会主义。习近平总书记指出："中国特色社会主义道路是实现社会主义现代化、创造人民美好生活的必由之路。"我们推进的现代化，摒弃了西方以资本为中心的现代化、两极分化的现代化、物质主义膨胀的现代化。中共十八大以来，以习近平同志为核心的党中央坚持和发展中国特色社会主义，全面贯彻党的基本理论、基本路线、基本方略,统筹推进"五位一体"总体布局,协调推进"四个全面"战略布局,攻克了许多长期没有解决的难题,办成了许多事关长远的大事要事,经受住了来自政治、经济、意识形态、自然界等方面的风险挑战考验,彰显了中国特色社会主义的强大生机活力。

实现高质量发展。习近平总书记指出:"高质量发展是全面建设社会主义现代化国家的首要任务。"没有坚实的物质技术基础,就不可能全面建成社会主义现代化强国。中共十八大以来,以习近平同志为核心的党中央提出并贯彻新发展理念,着力推进高质量发展,推动构建新发展格局,实施供给侧结构性改革,制定一系列具有全局性意义的区域重大战略,我国经济实力实现历史性跃升,国内生产总值从53.9万亿元增长到114.4万亿元,占世界经济的比重从11.3%提高到18.5%,稳居世界第二位。在党的领导下,我国经济实力、科技实力、综合国力跃上新台阶,经济迈上更高质量、更有效率、更加公平、更可持续、更为安全的发展之路。

发展全过程人民民主。习近平总书记指出:"全过程人民民主是社会主义民主政治的本质属性,是最广泛、最真实、最管用的民主。"全过程人民民主实现了过程民主和成果民主、程序民主和实质民主、直接民主和间接民主、人民民主和国家意志相统一,是全链条、全方位、全覆盖的民主。中共十八大以来,我们坚持走中国特色社会主义政治发展道路,全面发展全过程人民民主,社会主义民主政治制度化、规范化、程序化全面推进,有效保证了人民当家作主。

丰富人民精神世界。习近平总书记指出:"全面建设社会主义现代化国家,必须坚持中国特色社会主义文化发展道路。"我们要建设的社会主义现代化强国,不仅要在物质上强,更要在精神上强。中共十八大以来,以习近平同志为核心的党中央确立和坚持马克思主义在意识形态领域指导地位的根本制度,社会主义核心价值观广泛传播,中华优秀传统文化得到创造性转化、创新性发展,文化事业日益繁荣,网络生态持续向好,不断满足人民群众多样化、多层次、多方面的精神文化需求,更好构筑中国精神、中国价值、中国力量,推动全党全国各族人民文化自信明显增强。

实现全体人民共同富裕。习近平总书记指出:"中国式现代化是全体人民共同富裕的现代化。"我们推动经济社会发展,归根结底是要实现全体人民共同富裕。中共十八大以来,以习近平同志为核心的党中央深入贯彻以人民为中心的发展思想，把满足人民对美好生活的新期待作为发展的出发点和落脚点，在幼有所育、学有所教、劳有所得、病有所医、老有所养、住有所居、弱有所扶上持续用力，建成世界上规模最大的教育体系、社会保障体系、医疗卫生体系，人民群众获得感、幸福感、安全感更加充实、更有保障、更可持续，共同富裕取得新成效。

促进人与自然和谐共生。习近平总书记指出："尊重自然、顺应自然、保护自然，是全面建设社会主义现代化国家的内在要求。"我国现代化是人与自然和谐共生的现代化，注重同步推进物质文明建设和生态文明建设。中共十八大以来，以习近平同志为核心的党中央坚持绿水青山就是金山银山的理念，坚持山水林田湖草沙一体化保护和治理，开展了一系列根本性、开创性、长远性工作，生态文明制度体系更加健全，生态环境保护发生历史性、转折性、全局性变化，我们的祖国天更蓝、山更绿、水更清。

推动构建人类命运共同体。习近平总书记指出，中国式现代化"是走和平发展道路的现代化"，"中国始终坚持维护世界和平、促进共同发展的外交政策宗旨，致力于推动构建人类命运共同体"。当今世界，百年变局加速演进，和平赤字、发展赤字、安全赤字、治理赤字加重，人类社会面临前所未有的挑战。习近平总书记提出构建人类命运共同体，倡导共建"一带一路"，提出全球发展倡议和全球安全倡议，为建设一个持久和平、普遍安全、共同繁荣、开放包容、清洁美丽的世界提供了中国智慧和中国方案。

创造人类文明新形态。习近平总书记指出："中国共产党领导人民成功走出中国式现代化道路，创造了人类文明新形态。"中共十八大以来，以习近平同志为核心的党中央创立了习近平新时代中国特色社会主义思想，实现了马克思主义中国化时代化新的飞跃；坚持"五位一体"总体布局和"四个全面"战略布局，推动物质文明、政治文明、精神文明、社会文明、生态文明协调发展；把弘扬中华优秀传统文化同坚持马克思主义立场观点方法结合起来，推动中华优秀传统文化创造性转化、创新性发展；坚持弘扬平等、互鉴、对话、包容的文明观，创造出光彩夺目的文明新形态、书写出人类文明新篇章。

4. 如何把握中国式现代化的开创性意义？

中国式现代化道路是人类现代化史上的伟大创造，破解了人类社会发展的诸多难题。中国式现代化道路的形成和拓展，彰显了中国特色社会主义的强大生命力和巨大优越性，破除了"现代化就是西方化"的迷思，不仅对中国，而且对世界都具有重大价值和意义。

中国共产党领导中国人民，用几十年时间走完了发达国家几百年走过的工业化历程，创造了举世瞩目的发展成就，中国式现代化的成功实践表明，西方现代化道路并非人类走向现代化的唯一道路，中国式现代化不仅为中国发展繁荣进步创造了重要条件，而且改变了长期以来西方现代化模式占主导的世界现代化格局，展现了世界现代化模式的多样性，为世界现代化模式多元发展开辟了广阔前景，具有重大的开创性意义。

中国式现代化是走和平发展道路的现代化。一些老牌资本主义国家走的是暴力掠夺殖民地的道路，是以其他国家落后为代价的现代化。我国现代化坚持走和平发展道路，强调同世界各国互利共赢，推动构建人类命运共同体，努力为人类和平与发展作出贡献。走和平发展道路，构建人类命运共同体，能为全面建成社会主义现代化强国构建新型国际关系和营造良好国际环境。同时，我国在现代化过程中，把握历史规律，顺应时代潮流，倡导加强国际合作，携手应对全球性挑战，共同解决全球性问题，破解了人类社会发展的诸多难题，走出了一条通过合作共赢实现共同发展、和平发展的现代化之路。

走和平发展道路，是对扩张掠夺式现代化的摒弃和超越、是对世界和平发展事业的重要贡献、是构建人类命运共同体的必由之路。

■ 历史之音

1. 如何理解有学者提出改革开放是"中华民族发展史上的一次伟大革命"？

> 改革开放是中华民族发展史上的一次伟大革命。改革开放的启动，以自我革命勇气和魄力，纠正了"文化大革命"的错误路线，继续发扬人民至上的根本信念，把尽快改善人民生活作为奋斗目标，明确了社会主义的目的是全体人民共同富裕。改革开放的实行，极大激发了人民群众的积极性和创造性，不断解放和发展了社会生产力，中国实现了快速崛起，人民生活水平得到极大改善。
>
> ——方彦明：《"四史逻辑"研究的科学方法论》，《科学社会主义》（双月刊）2021年第6期，第64页。

◆ 经济体制改革的启动与发展对实现社会主义现代化有什么作用？

"政社合一"的人民公社，经营管理过于集中，分配上存在着严重平均主义倾向，这种体制不利于调动农民的生产积极性，在很大程度上抵消了国家对农业的巨大投入，致使农业生产的发展和农民生活的改善都比较缓慢。1978年，还有2.5亿人口没有解决温饱问题。

——中共中央党史研究室：《中国共产党的九十年：改革开放和社会主义现代化建设新时期》，中共党史出版社2016年版，第688页。

（邓小平提出）我国经济管理体制一个严重缺点是权力过于集中，应该有领导地大胆下放，让地方和工农企业在国家统一计划的指导下有更多的经营管理自主权，当前最迫切的是扩大厂矿企业和生产队的自主权，使每个工厂和生产队能够千方百计地发挥主动创造精神。

——何沁：《中华人民共和国史》，高等教育出版社2013年版，第315页。

我国是传统的农业大国，农村和农业的状况对国民经济和社会的发展关系极大。1978年11月，安徽凤阳小岗村的18户农民创造了"包干到户"的方式取得了一定的成效，并得到邓小平的肯定，国家从政策层面为农村经济体制改革创造了良好的政治环境。实践有力地推动着认识的变化，家庭联产承包责任制使农民获得生产和分配的自主权，把农民的责、权、利紧密结合起来，既克服了以往分配中的平均主义、"吃大锅饭"等弊病，又纠正了管理过分集中、经营方式过分单一等缺点，促进了农业生产力的发展，效果显著，并逐渐推广到全国。

城市经济体制改革的重点在于扩大企业自主权，增强企业活力；划分中央和地方的管理权限，调动地方管理经济的积极性。经济责任制是在国家计划指导下，以提高社会经济效益为目的，以责、权、利相结合为基本特点的生产经营管理制度。国家从政策层面，为企业改革创造良好的外部条件。在这一时期，随着指导思想的拨乱反正，在所有制方面逐步摒弃了片面追求单一公有制的局限，其他所有制也开始发展起来。经济体制改革的启动和发展对实现社会主义现代化产生了深远的影响和极大的推动作用。

◆ 思想解放后对外开放格局有什么变化？

要实现四个现代化，就要善于学习，大量取得国际上的帮助，要引进国际上先进技术、先进设备，作为我们发展的起点。

——邓小平：《邓小平文选》第2卷，人民出版社1994年版，第133页。

开放是世界经济的大势所趋,社会主义建设不能闭门造车。通过在实践中不断总结经验、完善政策,我国的对外开放由南向北、由东向西层层推进,在全国范围内形成了全方位的对外开放格局。对外开放格局从初步到完善,对外开放所取得的成绩也伴随形势的不断发展而不断增加,这些成绩也呈现出思想解放后的中国迎来了新局面。

◆ **如何看待中国特色社会主义道路的开辟?**

  1978年,在邓小平先生倡导下,以中共十一届三中全会为标志,中国开启了改革开放历史征程。从农村到城市,从试点到推广,从经济体制改革到全面深化改革,40年众志成城,40年砥砺奋进,40年春风化雨,中国人民用双手书写了国家和民族发展的壮丽史诗。

  ——习近平:《开放共创繁荣创新引领未来——在博鳌亚洲论坛2018年年会开幕式上的主旨演讲》(2018年4月10日)。

1978年以来的改革开放是在中国共产党的带领下抓住机遇、迎接挑战、深化改革、扩大开放的过程中逐步开展的,是在实践推进和经验总结相结合、长远规划和阶段性目标相结合的过程中不断进行的。因此,改革开放有效避免了社会主义道路探索时期冒进、片面追求速度等弊端,保障了国民经济持续、快速、健康发展和社会的全面稳定与进步。改革开放以来中国所取得的巨大成就,既源于中国特色社会主义道路的开辟,又在实践中检验了中国特色社会主义道路的正确性。